Gabriele Grassegger, Gabriele Patitz, Otto Wölbert (Hrsg.)

Natursteinsanierung Stuttgart 2008

Neue Natursteinrestaurierungsergebnisse und messtechnische Erfassungen sowie Sanierungsbeispiele

Tagung am 14. März 2008 in Stuttgart

Herausgeber
Dr. Gabriele Grassegger
Materialprüfungsanstalt Universität Stuttgart (MPA – Otto-Graf-Institut)
Stabsabteilung Forschung und Entwicklung

Pfaffenwaldring 4
70569 Stuttgart

und Referat 412 Denkmalschutz

Telefon: (0711) 685- 62705
Telefax: (0711) 685- 66797
Email: Gabriele.grassegger@mpa.uni-stuttgart.de
www.mpa.uni-stuttgart.de

Dr.-Ing. Gabriele Patitz
Ingenieurbüro für Bauwerksdiagnostik, Schadensgutachten,
Tragwerksplanung (IGP)

Alter Brauhof 11
76137 Karlsruhe

Telefon: (0721) 3 84 41 98
Telefax: (0721) 3 84 41 99
Email: patitz@t-online.de
www.gabrielepatitz.de

mit Unterstützung
Landesamt für Denkmalpflege im Regierungspräsidium Stuttgart

Berliner Straße 12
73726 Esslingen am Neckar

Satz und Layout
Manuela Gantner – Karlsruhe

Druck und Bindung
BoD – Books on Demand – Norderstedt

Einband
Frauenkirche Esslingen, Apostel am Chor

Photogrammetrie erstellt durch:
Ingenieurbüro Fischer, Photogrammetrie + Vermessung – Müllheim

Foto:
Archiv Dag Metzger, historische Quelle

1. Auflage
2008 Fraunhofer IRB Verlag,
Nobelstraße 12, 70569 Stuttgart

ISBN 978-3-8167-7553-9

Liebe Teilnehmer, liebe Leser,

wir begrüßen Sie ganz herzlich zur 14. Fachtagung Natursteinsanierung in Stuttgart und wünschen Ihnen einen regen interdisziplinären fachlichen Austausch. Zu den Gästen gehören wieder Denkmalpfleger, Restauratoren, Architekten, Ingenieure, Anwender und ausführende Firmen sowie Kollegen aus der Forschung und Entwicklung. Neben einem vielfältigen Vortragsprogramm haben Sie die Möglichkeit, sich an Firmenständen zu informieren und Kontakte zu knüpfen. Die Vorträge sind von Fachartikeln in diesem Band begleitet, die den Kenntnisstand erweitern sollen und neue Verfahren, Erkenntnisse und gelungene Sanierungsobjekte vorstellen.

Die diesjährige Exkursion wird uns nach Esslingen an die Frauenkirche führen. Zur Restaurierungsgeschichte und beispielhaften Erhaltungs- und Erneuerungsarbeiten bei der laufenden Unterhaltung werden Sie durch zwei Beiträge während der Tagung informiert. Die betreuenden Architekten Herr Metzger und Frau Kindl und die Bauhütte, vertreten durch Herrn Baki, haben sich hier dankenswerterweise gemeinsam mit dem Landesamt für Denkmalpflege, speziell die Restaurierungswerkstatt (Herr Wölbert, Herr Menrad), sehr engagiert.

Umfangreiche Instandsetzungen an der Walhalla in Donaustauf werden genauso Gegenstand der Tagung sein wie Informationen und praktische Hinweise zur Sicherung von Bachkatzenmauerwerk, das nicht nur in Ravensburg häufig anzutreffen ist.

Restauratorische Untersuchungen zur Farbigkeit werden am Freiburger Münster und Steinkonservierungen an der mittelalterlichen Kreuzigungsgruppe von Schloss Eberstein vorgestellt. Weitere Themen sind historische Putze und Mörtel in Nord- und Südtirol. Zur Diskussion werden Forschungsergebnisse zur berührungslosen Hohlstellendetektion an Wandmalereien sowie ein geplantes Forschungsprojekt zur Dauerüberwachung von historischen Bauwerken gestellt.

Frau Prof. Dr. Hanaa Ghorab aus Kairo berichtet über die Baumaterialien ägyptischer Denkmäler aus der Zeit des 7.-19. Jahrhunderts. Der Architekt Wolfgang Mayer wird als Leiter der Hans-Seidel-Stiftung Naher Osten eine unendliche Geschichte über die Steinkonservierung in Ägypten beginnen ...

Wir wünschen Ihnen als Besucher zwei spannende und anregende Tage und Ihnen als Leser eine interessante Lektüre.

Die Veranstalter

Dr. Gabriele Grassegger   **Dr.-Ing. Gabriele Patitz**

Historische Putze und Mörtel in Nord- und Südtirol – Zusammensetzung und Restaurierung

von Anja Diekamp, Peter W. Mirwald und Thomas Bidner

Aus dem vielfältigen Bestand gut erhaltener Putze und Mörtel an historischen Bauwerken in Nord- und Südtirol wurden von repräsentativen Objekten 150, zum Großteil datierte Putz- und Mörtelproben, hinsichtlich ihrer Bindemittelzusammensetzung untersucht. Wesentliches Ergebnis ist, dass kaum reine Kalkmörtel verarbeitet wurden – die Bindemittel bestehen aus Dolomitkalkmörtel und/oder Kalkmörtel mit einem Anteil an natürlichen hydraulischen Phasen.

1. Einleitung

In Tirol und Südtirol sind an vielen romanischen und gotischen Bauwerken noch originale Putzoberflächen und Mörtel erhalten. Viele sind in einem erstaunlich guten Zustand, an einigen Bauwerken sind auch nach mehreren Jahrhunderten frei exponierter Standzeit noch die Strukturen von romanischem Fugenstrich (siehe Abb. Titelseite dieses Artikels: Turm in Oetz, Fugenstrich, datiert 1379 und Abb. 1) oder gotischem Fächerputz (Abb. 2) zu erkennen.

Im Gegensatz dazu gibt es in heutiger Zeit immer wieder Probleme mit der Verarbeitung und Haltbarkeit von Kalkputzen und -mörteln, insbesondere, wenn dieses Material auf belastete Untergründe (Feuchte, Salze) aufgetragen wird oder aber die traditionellen Handwerkstechniken und Regeln im Umgang mit Kalkmörteln nicht eingehalten werden.

Im Rahmen eines Interreg III A Forschungs-Projektes (Österreich – Italien) werden Bindemittelzusammensetzungen und Porenstrukturen von gut erhaltenen, datierten historischen Putzen und Mörteln aus Tirol und Südtirol untersucht. Die Untersuchungen sollen Erkenntnisse über die Ursachen der erstaunlichen Dauerhaftigkeit der historischen Materialien und Hinweise für Restaurierarbeiten liefern.

2. Zusammensetzung der Bindemittel

2.1 Material und Untersuchungsmethoden

Es wurden insgesamt 150 Putz- und Mörtelproben verschiedenen Alters und verschiedener Bauphasen von folgenden Objekten untersucht:

Tirol: Leonhardskapelle in Nauders, Festungsanlage Finstermünz im Oberen Inntal, Schloss Landeck, Michaelskapelle in Imst, Turm in Oetz, Stift in Stams, Liebfrauenkirche und Kirche St. Andreas in Kitzbühel.

Südtirol: St. Johann in Taufers im Münstertal, Ruine Greifenstein bei Glaning, Schloss Siegmundskron bei Bozen und St. Nikolaus in Klerant.

Die zum Großteil datierten Putz- und Mörtelproben wurden zur Bestimmung der Bindemittelzusammensetzung vorsichtig zerkleinert und die Fraktion kleiner 0,063 µm zur Trennung von Bindemittel und Zuschlag abgesiebt. Diese Fraktion besteht zum überwiegenden Teil aus Bindemittelmaterial, die Untersuchungen an den Pulverproben mittels Röntgenphasenanalyse zeigen aber, dass immer auch geringe Anteile aus dem Zuschlag (z. B. Quarz, Dolomit, Feldspäte, etc., entsprechend der in Dünnschliffanalysen identifizierten Zuschläge) enthalten sind.

Die Mineralphasen der Pulverproben wurden mittels Röntgenphasenanalyse (Röntgendiffraktometrie XRD) und Thermischer Analyse (Differenzthermoanalyse DTA, Thermogravimetrie TG: Temperatur-

Abb. 1: *Ruine Greifenstein bei Glaning, Fugenstrich, vermutlich 12. oder 13. Jh.*

Abb. 2: *Liebfrauenkirche in Kitzbühel, Fächerputz, datiert 1566–1570*

intervall 25 °C–1000 °C, Aufheizrate 10 °C/min, Heliumatmosphäre, Korundtiegel) bestimmt. Das Thermoanalysengerät ist mit einem Quadrupol-Massenspektrometer gekoppelt, mit dem die freiwerdenden Reaktionsgase ionisiert und anhand unterschiedlicher Massenverhältnisse bestimmt werden können. Mit dieser Versuchsanordnung ist es möglich, das Entweichen bestimmter Gase mit dem Massenverlust bei bestimmten Temperaturen zu korrelieren. In den vorliegenden Untersuchungen wurde dies zur qualitativen Analyse der thermisch freigesetzten Gase CO_2 und H_2O verwendet.

Von Bruchstücken ausgewählter Proben wurden Aufnahmen der Bindemittelgefüge mit dem Rasterelektronenmikroskop (REM) angefertigt.

Ergänzende Untersuchungen an polierten Dünnschliffen mit Durchlichtpolarisationsmikroskop, Elektronenstrahlmikrosonde und Laser-Raman-Spektroskopie sind in Diekamp & Konzett (2007) dargestellt.

2.2. Ergebnisse – Überblick

Wenn man von historischen Putzen und Mörteln spricht, geht man im Allgemeinen von Kalkmörteln aus, d. h. man erwartet Calciumcarbonat (Calcit, $CaCO_3$) als Bindemittel.

Ein überraschendes Ergebnis unserer Bindemitteluntersuchungen ist, dass entgegen der vorherrschenden Auffassung in der Denkmalpflege an den bisher untersuchten historischen Objekten in Nord- und Südtirol nur sehr selten „reine" Kalkmörtel und -putze gefunden werden konnten.

Eine besonders große Rolle in der Zusammensetzung spielt hier der Dolomit $[CaMg(CO_3)_2]$. So kann nicht nur in knapp 50 % der Proben Dolomit als Zuschlag nachgewiesen werden, auch als Ausgangsmaterial für die Bindemittelherstellung wurde Dolomit sehr oft verwendet. Insgesamt zeigen 65 % aller untersuchten Proben Hinweise auf Magnesiumphasen im Bindemittel, d. h. hier diente Dolomitkalk als Grundlage zur Herstellung (Diekamp & Konzett 2007). Zu betonen ist auch, dass an allen untersuchten Bauwerken zumindest in einzelnen Bauphasen Magnesiumanteile im Bindemittel gefunden werden konnten.

Proben ohne Hinweise auf Dolomitkalk im Bindemittel finden sich nur in den frühen Bauphasen der älteren Bauteile (Brückenturm, Siegmundseck und Hauptturm) des Ensembles der Festungsanlage Finstermünz im Oberen Inntal, den romanischen Bauphasen der Leonhardskapelle in Nauders und der Ruine Greifenstein bei Glaning und in verschiedenen Mörteln aus dem Bereich der Ausgrabung an Schloss Landeck (Vorgängerbauten, vermutlich vor 1000 n. Chr.). In diesen Proben wurde Dolomit, der in Dünnschliffen mittels Polarisationsmikroskop und Elektronenstrahlmikrosonde bzw. in Pulverproben durch XRD-Untersuchungen nachgewiesen werden konnte, zwar z. T. als Zuschlag verwendet, im Bindemittel liegen aber keine Magnesiumphasen vor.

Aber auch bei diesen Mörteln handelt es sich nicht um reine Kalkmörtel: im Bindemittel können neben Calciumcarbonat geringe Mengen natürlicher hydraulischer Anteile aus dem Brand von mergeligen Kalksteinen nachgewiesen werden.

Eine Besonderheit bilden die gotischen Putze der Liebfrauenkirche und der Kirche St. Andreas in Kitzbühel: sie enthalten neben Dolomitkalk hydraulisch wirkende Schlacken als Relikte der Bergbauaktivitäten im Kitzbühler Raum während des 15. und 16. Jh. (Diekamp et al. 2006, Diekamp & Konzett 2007, Pescoller 2007). An der Liebfrauenkirche ist in der Renaissance auch einer der in Tirol seltenen, „relativ" reinen Kalkmörtel (enthält nur sehr geringe Mengen an Magnesium im Bindemittel) verarbeitet worden (Weber 2002).

Diese Bindemittelzusammensetzungen scheinen einen wesentlichen Einfluss auf die erstaunliche Dauerhaftigkeit der historischen Mörtel und Putze in Tirol/Südtirol zu haben. Nachfolgend werden die Ergebnisse der Untersuchungen mittels XRD und DTA an Dolomitkalkmörteln und Mörteln mit natürlichen hydraulischen Bestandteilen und Rasterelektronenmikroskop-Aufnahmen typischer Bindemittelgefüge vorgestellt.

2.3 Dolomitkalkmörtel
2.3.1 Mineralphasen

Dolomitkalk unterscheidet sich von Weißkalk durch einen hohen Magnesiumgehalt. Im Ausgangsgestein des Dolomitkalkes ist ein Teil des im Kalkstein enthaltenen Calciums durch Magnesium ersetzt und neben Calcit $[Ca(CO_3)_2]$ liegt das Mineral Dolomit $[CaMg(CO_3)_2]$ in unterschiedlichen Mengenanteilen vor. Dolomitkalke als Bindemittel zeichnen sich durch hohe Frühfestigkeiten und ein langsames Nacherhärten aus (Niesel & Schimmelwitz 1971, Atzeni et al. 1996).

Die Reaktionsmechanismen beim Brennen, Löschen und Erhärten von Dolomitkalk sind von mehreren Autoren (Niesel & Schimmelwitz 1971, Atzeni et al. 1996, Siedel et al. 2003a und 2003b) beschrieben und werden hier nur im Wesentlichen zusammengefasst.

Beim Brand zersetzt sich Dolomit zu CaO, MgO und CO_2. Beim Löschen (Zugabe von Wasser) bildet sich $Ca(OH)_2$ und $Mg(OH)_2$. Die Erhärtung unter dem Einfluss einer CO_2-haltigen Atmosphäre führt theoretisch neben Wasser zu Calciumcarbonat $CaCO_3$ und Magnesiumkarbonat $MgCO_3$.

Die Reaktion von $Mg(OH)_2$ und CO_2 zu $MgCO_3$ und H_2O verläuft jedoch sehr langsam und über verschiedene Zwischenstufen, abhängig von den Rahmenbedingungen bei der Erhärtung der Mörtels (Feuchtegehalt im Mörtel, CO_2- und Feuchtegehalt der umgebenden Atmosphäre).

Nach Siedel et al. (2003b) können in erhärtenden Dolomitkalkmörteln folgende Magnesium-Phasen auftreten:

Magnesit	$Mg(CO)_3$
Hydromagnesit	$4Mg(CO)_3 \cdot Mg(OH)_2 \cdot 4H_2O$
Nesquehonit	$Mg(CO)_3 \cdot 3H_2O$
Artinit	$Mg(CO)_3 \cdot Mg(OH)_2 \cdot 3H_2O$
Brucit	$Mg(OH)_2$

Siedel et al. (2003a) zitieren verschiedene Arbeiten, wonach in historischen Mörteln Brucit, Magnesit und/oder Hydromagnesit eindeutig nachgewiesen wurden; Nesquehonit konnte in der Literatur bisher nur in Laborproben, nicht aber in historischen Putz- oder Mörtelproben bestimmt werden, was darauf hindeutet, dass es sich hier wahrscheinlich um eine unter Bauwerksbedingungen instabile Phase handelt.

2.3.2 Röntgenphasenanalyse

In 40 % der hier untersuchten historischen Putze und Mörtel aus Nord- und Südtirol konnten mittels XRD-Untersuchungen neben Calcit eine oder meh-

Abb. 3: *Bindemittelgefüge eines Dolomitkalkmörtels mit Calcit, Brucit und Magnesit als Hauptphasen (Turm in Oetz, Probe OET4); REM-Aufnahme: MPA Bremen*

Abb. 4: *Bindemittelgefüge eines Dolomitkalkmörtels mit Calcit und Magnesit als Hauptphasen (Schloss Landeck, Probe SL25.2); REM-Aufnahme: MPA Bremen*

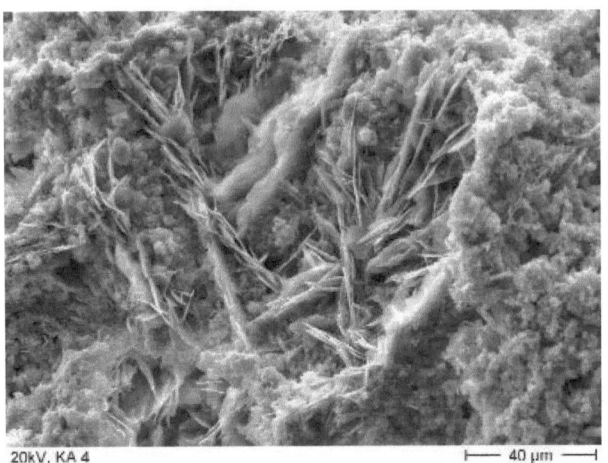

Abb. 5: *Hydromagnesitfächer im Bindemittel eines Dolomitkalkmörtels (St. Andreas, Kitzbühel, Probe KA 4); REM-Aufnahme: MPA Bremen*

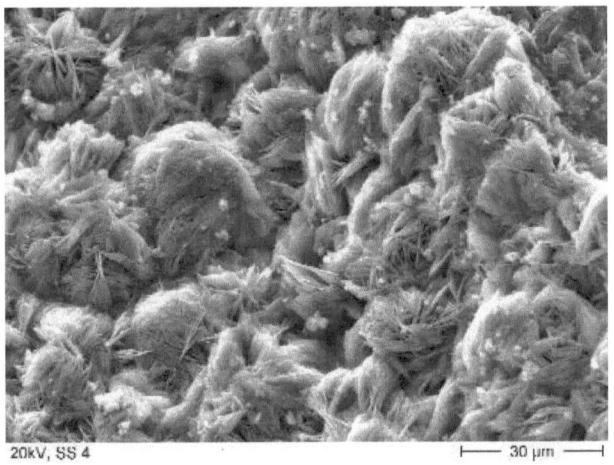

Abb. 6: *Hydromagnesit auf einer Porenwandung (Stift Stams, Probe SS4); REM-Aufnahme: MPA Bremen*

Abb. 7: *Bindemittelgefüge eines Kalkmörtels mit natürlichen hydraulischen Anteilen (Festungsanlage Finstermünz, Torturm, Probe AF-T1); REM-Aufnahme: MPA Bremen*

rere Magnesiumphasen eindeutig bestimmt werden: Magnesit in 30 %, Hydromagnesit in 16 % und Brucit in 7,5 % der Proben. Nesquehonit und Artinit wurden bisher nicht nachgewiesen.

Die Ergebnisse der DTA-Untersuchungen lassen allerdings sogar in 65 % der Proben auf das Vorhandensein von Magnesiumanteilen im Bindemittel schließen.

Die unterschiedlichen %-Zahlen deuten auf die Schwierigkeiten bei der Identifizierung von Magnesiumphasen mittels Röntgenphasenanalyse hin. Die bereits in der Literatur dargestellten Probleme (Siedel et. al 2003a und 2003b) können durch die eigenen Beobachtungen bestätigt werden.

Magnesit und die wasserhaltigen Magnesiumphasen liegen im Bindemittel, zumindest zum Teil, in röntgenamorphem Zustand vor, der durch extrem kleine Kristalle oder schlechte Kristallinität bedingt ist.

Bruni et al. (1997) weisen darauf hin, dass in einer XRD-Aufnahme von einem Gemisch aus Calcit, Magnesit und Hydromagnesit die relativen Röntgenpeakintensitäten der Mineralphasen nicht dem tatsächlichen Mischungsverhältnis entsprechen. Die Peaks von Magnesit und insbesondere Hydromagnesit sind weniger ausgeprägt als der Calcit-Peak, was durch das unterschiedliche Streuvermögen der einzelnen Mineralphasen hervorgerufen wird.

In Proben der vorliegenden Untersuchungen, in denen im Dünnschliff eine große Anzahl von gut ausgebildeten Hydromagnesitaggregaten im Bindemittelbereich mikroskopisch sichtbar ist, ist Hydromagnesit auch mittels XRD nachweisbar. Die Intensitäten der Röntgenpeaks stehen aber in keinem Verhältnis zu den tatsächlichen Anteilen im Bindemittel. In den Proben, in denen neben kleineren Anteilen von kristallinem Hydromagnesit vorwiegend nicht weiter bestimmbare amorphe Magnesiumphasen vorliegen, ist mittels XRD weder Hydromagnesit noch eine andere Mg-Phase nachweisbar. Zu Detailuntersuchungen an Dünnschliffen mit der Mikrosonde siehe Diekamp und Konzett (2007).

Im Gegensatz dazu sind die Peakintensitäten beim Brucit im Röntgendiffraktogramm immer ausgeprägt, jedoch kann hier die Winkelposition der Peaks verschoben sein. Auch beim Magnesit finden sich Peakverschiebungen. Diese Beobachtungen stimmen mit Untersuchungen von Siedel et. al (2003a) überein.

All diese Gründe können dazu führen, dass Magnesiumphasen in XRD-Untersuchungen fehl interpretiert oder gar übersehen werden.

2.3.3 Thermische Analyse

Wie oben schon erwähnt, deuten die Ergebnisse der DTA-Analysen in 65 % der untersuchten Proben auf das Vorhandensein von Magnesiumanteilen im Bindemittel hin.

In Proben, bei denen in XRD-Untersuchungen Brucit, Hydromagnesit oder Magnesit eindeutig identifiziert werden können, sind auch die thermischen Effekte in den DTA-Kurven gut ausgebildet und eindeutig zuordbar.

In den Abbildungen 8 bis 10 werden DTA-, TG-Kurven und die Ionenströme für Wasser und Kohlendioxid während des Aufheizens von Bindemittelproben mit den typischen Mg-Phasen gezeigt. In den Diagrammen ist sowohl die DTA-Kurve (schwarze Kurve, schwarze Achse) als auch die TG-Kurve (grüne Kurve, grüne Achse) quantitativ dargestellt. Die Ionenströme für Wasser (blaue Kurve) und Kohlendioxid (orange Kurve) sind ausschließlich zum qualitativen Vergleich ohne Achsenrelationen in die Diagramme eingefügt.

Bei Massenverlusten, die einer Reaktion eindeutig zuordbar sind, wurde versucht die entsprechenden mineralischen Phasen zu quantifizieren. Die daraus bestimmten Gewichtsanteile und Verhältnisse sind als Anhaltswerte zu betrachten – die dargestellten Ionenströme deuten fast immer auf eine geringfügige Überlagerung von Reaktionen hin.

Mörtel mit Calcit und Brucit im Bindemittel (Abb. 8):
1. Endotherme Reaktion bei 410 °C, Abgabe von H_2O: Dehydroxylation von Brucit (thermische Zerlegung in MgO und H_2O); 11,9 % Masseverlust während der Reaktion, entspricht ca. 38,6 M.-% Brucit.
2. Endotherme Reaktion bei 740 °C, Abgabe von CO_2: thermische Zersetzung von Calcit zu CaO und CO_2; 11,3 % Masseverlust während der Reaktion, entspricht ca. 25,8 M.-% Calcit.
Verhältnis Calcit : Brucit = 1 : 1,5

Mörtel mit Calcit und Hydromagnesit im Bindemittel (Abb. 9):
1. Endotherme Reaktion bei 262 °C, Abgabe von H_2O und
2. Endotherme Reaktion bei 371 °C, Abgabe von H_2O und CO_2: thermische Zersetzung von Hydromagnesit zu $MgCO_3$, H_2O und CO_2 in zwei Stufen.
3. Endotherme Reaktion bei 452 °C, Abgabe von CO_2: thermische Zersetzung von $MgCO_3$ zu MgO und CO_2.
4. Endotherme Reaktion bei 740 °C, Abgabe von CO_2: thermische Zersetzung von Calcit zu CaO und CO_2; 17,8 % Masseverlust während der Reaktion, entspricht ca. 40,4 M.-% Calcit.

Die Anteile von Hydromagnesit an der Gesamtprobe lassen sich aufgrund der dreistufigen Reaktion und ihrer teilweisen Überlagerung bei der Abgabe von CO_2 und H_2O nicht eindeutig bestimmen. Verglichen mit Literaturdaten (z. B. Siedel et. al 2003b) erscheinen die thermischen Effekte der 2. und insbesondere der 3. Reaktion (Zersetzung von $MgCO_3$) zu niedrigeren Temperaturen verschoben, sie sind aber exemplarisch für die im Rahmen dieser Arbeit untersuchten Proben.

Mörtel mit Calcit und Magnesit im Bindemittel (Abb. 10):
1. Endotherme Reaktion bei 550 °C, Abgabe von CO_2: thermische Zersetzung von Magnesit zu MgO und CO_2; 21,4 % Masseverlust während der Reaktion, entspricht ca. 41,0 M.-% Magnesit.
2. Endotherme Reaktion bei 760 °C, Abgabe von CO_2: thermische Zersetzung von Calcit zu CaO und CO_2; 24,0 % Masseverlust während der Reaktion, entspricht ca. 54,5 M.-% Calcit.
Verhältnis Calcit : Magnesit = 1 : 0,75

Der überwiegende Teil der untersuchten Proben zeigt jedoch weniger stark ausgeprägte DTA-Signale und Überlagerungen von verschiedenen Reaktionen, so dass evtl. vorhandene Magnesiumphasen in vielen Fällen nur in Kombination mit der Betrachtung der Ionenströme von freiwerdendem H_2O und CO_2 erfasst werden können. Eine Quantifizierung der Anteile ist nicht möglich ist.

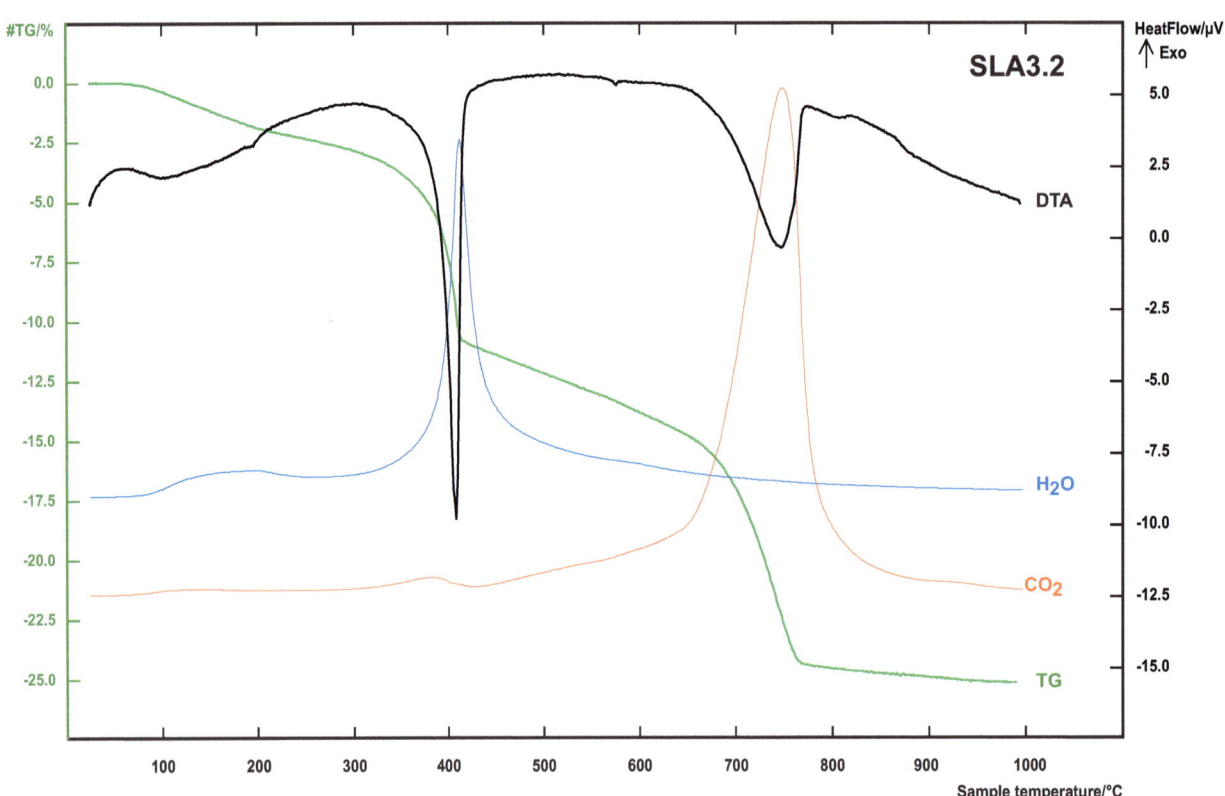

Abb. 8: *Bindemittel mit Calcit und Brucit als Hauptphasen (Schloss Landeck, Ausgrabung, Probe SLA3.2), DTA/TG-Aufnahme mit den qualitativen Verläufen der Ionenströme von freiwerdendem Wasser und Kohlendioxid (ermittelt mit einem an das Thermoanalysegerät gekoppelten Massenspektrometer)*

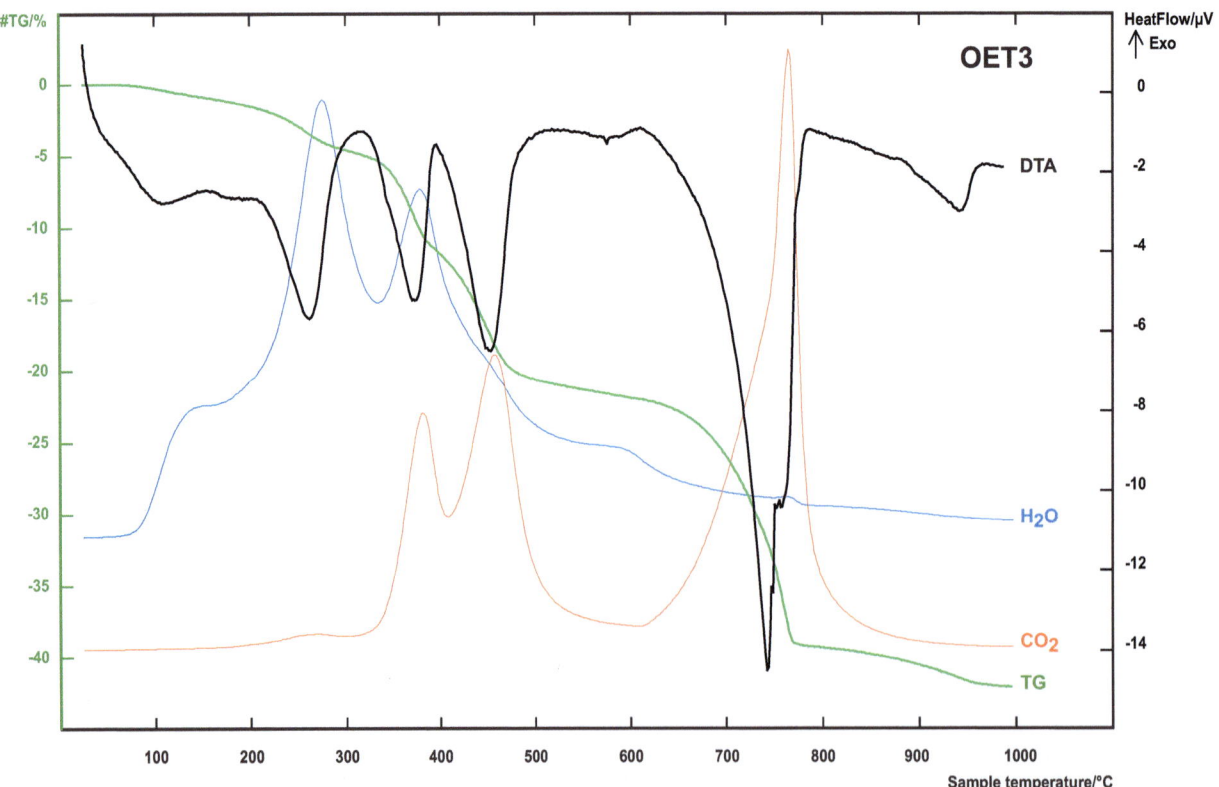

Abb. 9: *Bindemittel mit Calcit und Hydromagnesit als Hauptphasen (Turm in Oetz, Probe OET3), DTA/TG-Aufnahme mit den qualitativen Verläufen der Ionenströme von freiwerdendem Wasser und Kohlendioxid (ermittelt mit einem an das Thermoanalysegerät gekoppelten Massenspektrometer)*

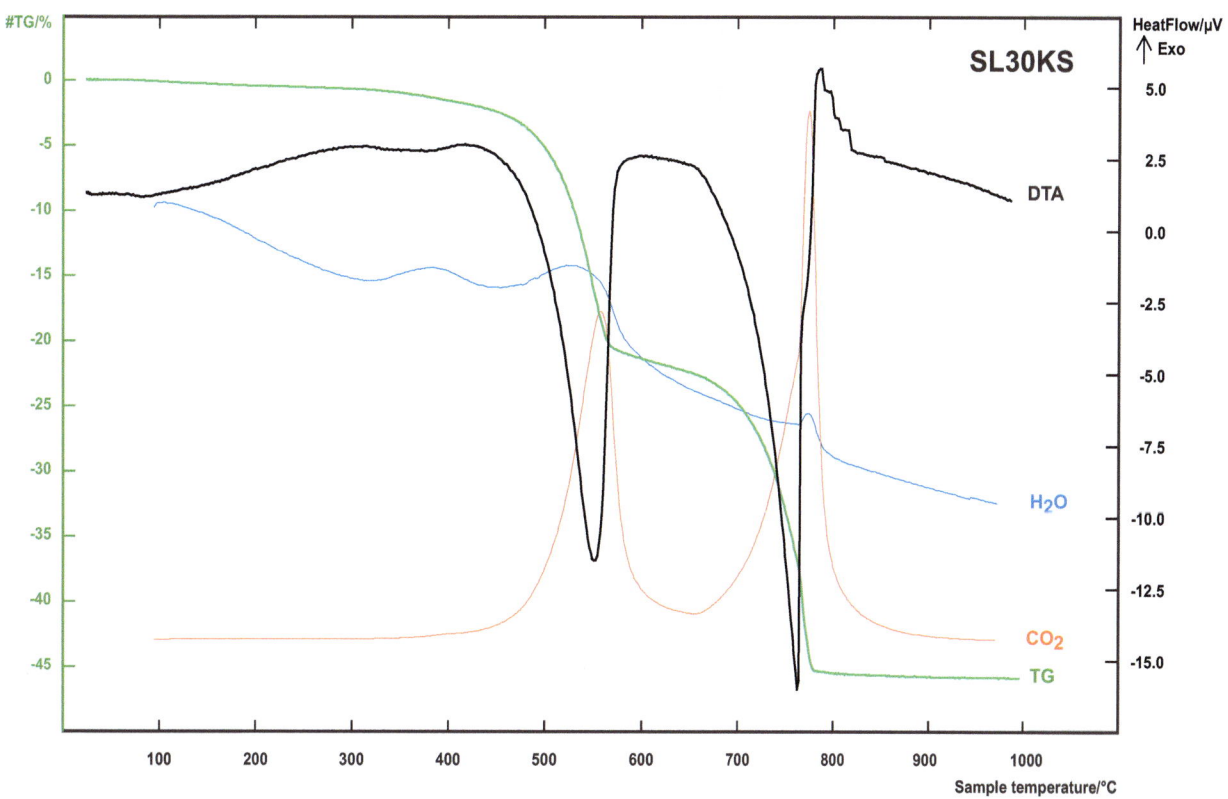

Abb. 10: Bindemittel (Kalkspatz) mit Calcit und Magnesit als Hauptphasen (Schloss Landeck, Probe SL30KS), DTA/TG-Aufnahme mit den qualitativen Verläufen der Ionenströme von freiwerdendem Wasser und Kohlendioxid (ermittelt mit einem an das Thermoanalysegerät gekoppelten Massenspektrometer)

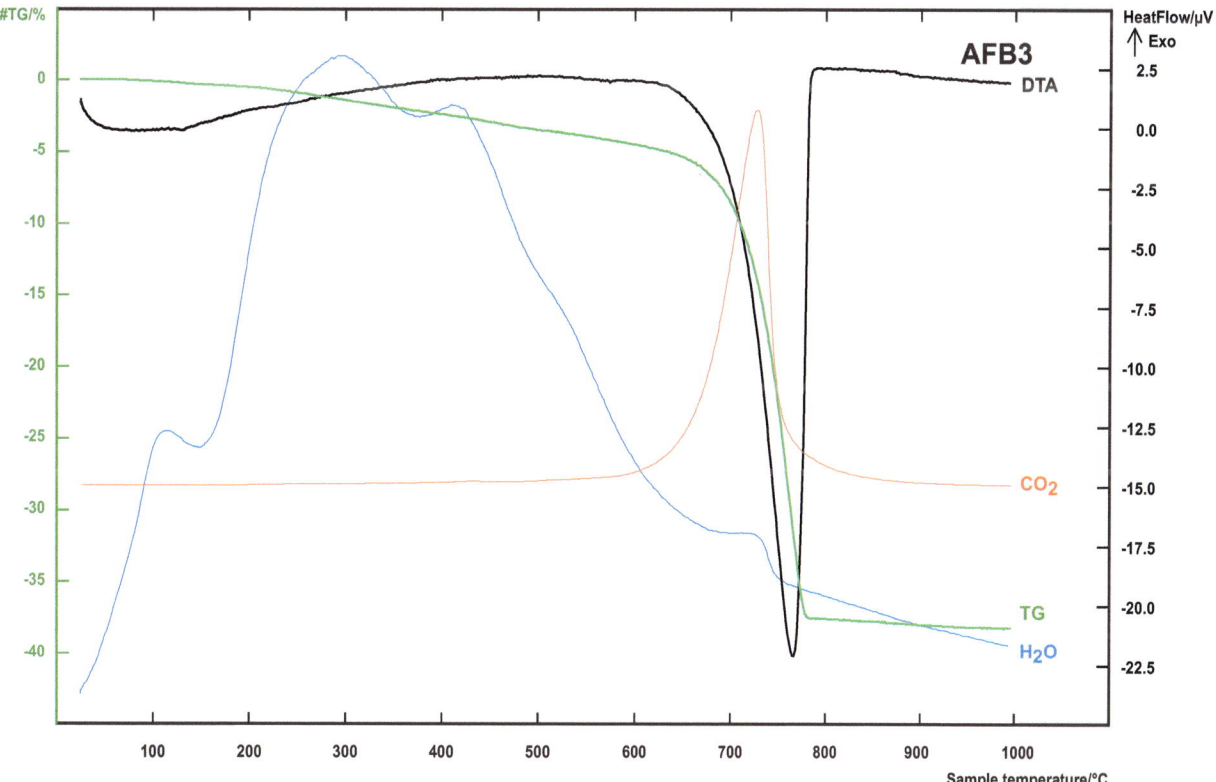

Abb. 11: Bindemittel mit natürlichen hydraulischen Anteilen (Festungsanlage Finstermünz, Brückenturm, Probe AF-B3), DTA/TG-Aufnahme mit den qualitativen Verläufen der Ionenströme von freiwerdendem Wasser und Kohlendioxid (ermittelt mit einem an das Thermoanalysegerät gekoppelten Massenspektrometer)

2.3.4 REM-Aufnahmen

Die Abbildungen 3 bis 6 zeigen typische Bindemittelgefüge von Dolomitkalkmörteln im Rasterelektronenmikroskop.

Abbildung 3 zeigt das sehr feinkörnige und dichte Gefüge eines Mörtels, dessen Bindemittel aus Calcit, Brucit und Magnesit besteht. Einzelne Mineralphasen sind optisch nicht zu unterscheiden. Abbildung 4 zeigt Bindemittel aus Calcit und Magnesit, auch hier sind die einzelnen Mineralphasen optisch nicht zu unterscheiden.

Hydromagnesit bildet dagegen Kristalle, die um einiges größer und sehr gut erkennbar sind. Sie sind im Bindemittel als fächerartige Strukturen (Abb. 5) und in Porenräumen (Abb. 6) oder auf Oberflächen als gut ausgebildete, kugelige Aggregate auszumachen.

2.4 Mörtel mit natürlichen hydraulischen Anteilen

2.4.1 Allgemeines

Das Auffinden und Quantifizieren hydraulischer Anteile in den vorliegenden Putzen und Mörteln erweist sich als ausgesprochen schwierig. Chemische Analysen der Bindemittel, z. B. nach Wisser und Knöfel (1987), liefern keine verwertbaren Ergebnisse, da fast in allen Proben calcitischer Zuschlag vorliegt, der während der chemischen Trennung von Bindemittel und Zuschlag mit kalter, verdünnter Salzsäure angelöst wird und somit die Ergebnisse verfälscht. Auch Anteile von Magnesiumphasen im Bindemittel führen bei diesem Analysegang zu verfälschten Ergebnissen, da sich $MgCO_3$ im Gegensatz zu $CaCO_3$ kaum in kalter, sondern erst in warmer verdünnter Salzsäure löst.

In den durchgeführten XRD-Untersuchungen erscheinen keine Hinweise auf hydraulische Phasen. Im Rasterelektronenbild des Bindemittelgefüges (Abb. 7) sind typische, körnige Bindemittelformen eines sehr gut auskristallisierten Kalkmörtels, aber keine Hinweise auf CSH-Phasen zu erkennen; EDX-Spektren des Bindemittels zeigen neben Calciumcarbonat jedoch einen Silikatanteil an, der nicht aus Zuschlägen zu stammen scheint.

Qualitative Hinweise auf hydraulische Anteile im Bindemittel zeigen sich in Dünnschliffen, bei Untersuchung mittels Polarisationsmikroskop, in Form von diffusen, braunen Schleiern und mit Reaktionssäumen umgebenen, glasigen Relikten. Mit der Mikrosonde angefertigte Elementverteilungen zeigen im Bindemittelbereich neben Calcium auch sehr fein verteiltes Silizium, was auf die Anwesenheit von CSH-Phasen hindeuten kann (Diekamp & Konzett 2007).

2.4.2 Thermische Analyse

Eine Gruppe von Wissenschaftlern aus Griechenland und Italien (Bakolas et al. 1995, Moropoulou 1995, Bakolas et al. 1998, Maravelaki-Kalaitzaki et al. 2003) haben in ihren Arbeiten ein Schema zur Charakterisierung historischer Mörtel hinsichtlich ihrer Bindemittelzusammensetzung anhand von DTA/TG-Untersuchungen entwickelt. Relative Gewichtsverluste in bestimmten Temperaturbereichen, die mit Hilfe thermischer Analyse ermittelt wurden, gelten als zuverlässige Indikatoren zur Bestimmung des hydraulischen Charakters einer Probe:

< 120 °C: Verlust von adsorbiertem Wasser

120 °C–200 °C: Verlust von Kristallwasser bei hydratisierten Salzen

200 °C–600 °C: Verlust von chemisch (hydraulisch) gebundenem Wasser, was auf den Anteil von hydraulischen Phasen im Bindemittel hinweist. In diesem Temperaturbereich sind allerdings auch Gewichtsverluste aufgrund von Zersetzungsreaktionen verschiedener anderer Phasen wie z. B. Calcium-, Magnesiumhydroxide, Hydromagnesit oder organischer Komponenten möglich, deren Anwesenheit im Bindemittel vorher ausgeschlossen werden muss.

> 600 °C: Verlust von CO_2 aus der Zersetzung von Karbonaten

Die Massenverluste durch freiwerdendes CO_2 im Temperaturbereich > 600 °C und H_2O im Temperaturbereich von 200 bis 600 °C und deren Verhältniswerte (CO_2 / H_2O) können als Maß zur Einteilung des hydraulischen Charakters untersuchter Mörtel dienen und somit zur Unterscheidung von reinen Kalkmörteln, Mörteln mit natürlichen hydraulischen Anteilen und Mörteln mit Puzzolanen herangezogen werden. Nach Maravelaki-Kalaitzaki et al. (2003) können folgende Werte für hydraulisch gebundenes Wasser und für Kohlendioxid aus dem karbonatischen Anteil des Bindemittels als charakteristisch gelten:

Kalkmörtel: weniger als 1,5 % H_2O, Werte zwischen 30–38 % für CO_2
Natürlich hydraulische Kalkmörtel: bis zu 5 % H_2O, 27–34 % CO_2
Mörtel mit Ziegelmehl: 4–5 % H_2O, 24–26 % CO_2
Mörtel mit Puzzolanen (Vulkanaschen): mehr als 7 % H_2O, weniger als 20 % CO_2
Reine Kalkmörtel weisen in der Regel Verhältniswerte CO_2 / H_2O von über 20, Mörtel mit hydraulischem Charakter von unter 10 auf.

36 der insgesamt 150 untersuchten Proben konnten auf diese Weise ausgewertet werden, da Magnesium- oder andere Phasen mit Reaktionen im Temperaturbereich von 200 bis 600 °C im Bindemittel ausgeschlossen werden konnten. Die Verhältniswerte CO_2 / H_2O liegen zwischen 3,1 und 9,9, im Durchschnitt bei 6,3 und somit weisen alle Mörtel

einen hydraulischen Charakter auf.

Abbildung 11 zeigt eine typische DTA/TG-Kurve eines Mörtels mit natürlichen hydraulischen Anteilen, aus der folgende Werte ermittelt werden können: 4,0 % H_2O, 33,5 % CO_2 und somit ein Verhältniswert CO_2 / H_2O von 8,4.

Auch die Probe AF-T1 mit 4,0 % H_2O, 31,1 % CO_2 und einem Verhältniswert von CO_2 / H_2O von 7,8 lässt sich der Gruppe der natürlich hydraulischen Mörtel zuordnen, obwohl im Rasterelektronenmikroskop keine hydraulischen Phasen optisch zu identifizieren sind (Abb. 7).

Schematische Vergleichsuntersuchungen mit modernen, definierten Kalkmörteln und natürlich hydraulischen Kalkmörteln zur weiteren Quantifizierung der hydraulischen Anteile in historischen Mörteln werden derzeit durchgeführt.

3. Restaurierungsaspekte

Neben der Ausführungsqualität von Restaurierarbeiten und somit der Ausbildung und Eignung des Handwerkers, steht immer die Frage im Vordergrund, welches Material für die Restaurierung Verwendung finden soll.

Die seitens der Denkmalpflege durchaus verständliche Forderung nach der für jedes Baudenkmal individuellen, auf ebenso individuellen Ausgangsprodukten beruhenden Baustellenmischung, ist aufgrund des immer stärker werdenden Kosten- und Zeitdruckes im Zuge von Restaurierungsprojekten bei der Mehrzahl der Objekte aus praktischer Sicht nicht realisierbar. Dazu kommt, dass auch die jeweils dafür benötigten handwerklichen Spezialisten nicht immer zur Verfügung stehen.

Um in der Praxis dennoch eine hohe Qualität zu erreichen, hat sich ein pragmatischer Ansatz durchgesetzt. Es werden je nach der Größe des Objektes Baustellenmischungen oder spezifische Fertigmischungen in Absprache zwischen Restaurator und Baustoffhersteller verwendet.

Wesentliche Grundlage bildet die Zusammenarbeit zwischen Restaurator und Naturwissenschaftler, von denen die Anforderungskriterien vorgeben werden, und dem Baustoffhersteller, der gleichbleibende Produktqualität garantiert.

Kriterium der Materialwahl ist, die in der Restaurierung zu verwendenden Materialien in mineralogisch-chemisch-technologischer Sicht so weit möglich dem Originalbestand anzupassen. Dementsprechend handelt es sich bei Putzen und Mörteln um kalkbasierte Mischungen. Dies hat sich bei einer Vielzahl von Projekten bewährt, einige Beispiele werden von Bidner (2007) vorgestellt.

Putze und Mörtel auf Basis natürlich hydraulischer Kalke (NHL) in individueller Mischung mit Weißkalkhydrat/Sumpfkalk ermöglichen es, für die Masse der Baudenkmäler bei dem meist gegebenen Zeit- und Kostendruck Rezepturen auf Kalkbasis erfolgreich einzusetzen.

Natürliche hydraulische Kalke haben den Vorteil, dass sie den historisch verwendeten Materialien in ihrer Zusammensetzung und ihren chemischen und technologischen Eigenschaften sehr nahe kommen. Nur unter schwierigen Bedingungen, d. h. wo besondere Untergrundverhältnisse – vor allem starke Salzbelastung – oder entsprechend schwierige Umgebungsbedingungen dies notwendig machen, wird gelegentlich ein gewisser Zusatz von Weißzement zur gezielten Anpassung der Materialeigenschaften eingesetzt.

4. Zusammenfassung

Die bisher durchgeführten Bindemitteluntersuchungen an historischen Putzen und Mörteln verschiedener Bauwerke in Tirol und Südtirol geben einen ersten Überblick über vorkommende Bindemitteltypen.

Die wichtigste Bindemittelgruppe bilden Dolomitkalke: an jedem der untersuchten Objekte sind zumindest in einer Bauphase Spuren von Magnesiumphasen im Bindemittel zu finden, die die Verwendung von Dolomit als Ausgangsmaterial anzeigen.

Als Magnesiumphasen wurden Magnesit, Hydromagnesit und Brucit sicher identifiziert, die Untersuchungsergebnisse deuten aber darauf hin, dass vielfach auch röntgenamorphe, nicht näher bestimmte „Zwischenphasen" (wasserhaltige Magnesiumkarbonate) vorliegen.

Eine sichere Identifizierung der vorhandenen Magnesiumphasen kann oft nur durch die Kombination verschiedener Analysemethoden erfolgen.

Eine Quantifizierung des Magnesiumanteils in den vorliegenden Proben gelingt nur in wenigen, exemplarischen Fällen mittels DTA/TG-Untersuchungen, wenn Brucit und/oder Magnesit neben Calciumkarbonat im Bindemittel vorliegen und dabei Hydromagnesit und andere „Zwischenphasen" ausgeschlossen werden können.

Die zweite wesentliche Bindemittelgruppe wird von Kalken mit natürlichen hydraulischen Anteilen gebildet, die vermutlich aus dem Brand mergeliger Kalksteine stammen.

Von Mörteln und Putzen, die keine Magnesiumphasen im Bindemittel aufweisen, kann durch DTA/TG-Untersuchungen der hydraulische Charakter festgestellt und damit natürlich hydraulische Kalke von Weißkalken unterschieden werden.

Für eine genaue Quantifizierung der hydraulischen Phasen im Bindemittel sind Vergleichsuntersuchungen mit definierten Bindemittelmischungen anzustreben.

Für die Restaurierung historischer Objekte gilt, dass der moderne Wissensstand es für die Mehrzahl der Anwendungen in der Denkmalpflege erlaubt, geeignete Putze und Mörtel auf Kalkbasis herzustellen.

Danksagung

Die vorgestellten Arbeiten zur Bindemittelzusammensetzung historischer Putze und Mörtel erfolgten im Rahmen eines Interreg III A – Projektes (Materialkundliche und interdisziplinäre Untersuchungen an ausgewählten Baudenkmälern als Schlüsselbeispiele zur optimierenden Planung von Erhaltungsmaßnahmen) und wurden von der Autonomen Provinz Bozen – Südtirol, dem Amt der Tiroler Landesregierung, Abteilung Kultur, dem österreichischen Bundesministerium für Bildung, Wissenschaft und Kultur und der Europäischen Union gefördert. Die Autoren bedanken sich bei den Fördergebern, bei Mag. Waltrad Wertl und Mag. Dr. Richard Tessadri, Institut für Mineralogie, Universität Innsbruck, für die Durchführungen der DTA bzw. XRD-Messungen und bei Dr. Frank Schlütter, MPA Bremen, für die REM-Aufnahmen.

Literaturverzeichnis

Atzeni, C.; Massidda, L. & Sanna, U. (1996): Magnesian limes. Experimental contribution to interpreting historical data. Science and Technology for Cultural Heritage 5, H.2, 29–36.

Bakolas, A.; Biscontin, G.; Contardi, V.; Franceschi, E.; Moropoulou, A.; Palazzi, D. & Zendri, E. (1995): Thermoanalytical research on traditional mortars in Venice. Thermochimica Acta, 269/270, 817–828.

Bakolas, A.; Biscontin, G.; Moropoulou, A. & Zendri, E. (1998): Characterization of structural byzantine mortars by thermogravimetric analysis. Thermochimica Acta, 321 (1–2), 151–160.

Bidner, T. (2007): Welches Material und warum? Überlegungen zur Praxis der Restaurierung. In: Anja Diekamp (Hrsg.), Naturwissenschaft und Denkmalpflege, innsbruck university press, 275–283.

Bruni, S.; Cariati, F.; Fermo, P.; Cairati, P.; Alessandrini, G. & Toniolo, L. (1997): White lumps in fifth- to seventeenth-century AD mortars from Northern Italy. Archaeometry, 39 (1), 1–7.

Diekamp, A.; Konzett, J.; Bidner, T. & Mirwald, P. W. (2006): Gothic Dolomitic Mortars with Slag fragments from the Liebfrauenkirche and the St. Andreas Kirche in Kitzbühel, Tyrol, Austria. In: R. Fort, M. Alvarez de Buergo, M. Gomez-Heraz & C. Vazques-Calvo (eds.), Heritage, Weathering and Conservation. Proceedings of the international Conference on Heritage, Weathering and Conservation (HWC 2006), 21–24 June 2006, Madrid, Spain, 97–101.

Diekamp, A.; Konzett, J. (2007): Bindemittelzusammensetzungen historischer Putze und Mörtel in Tirol/Südtirol. In: Anja Diekamp (Hrsg.), Naturwissenschaft und Denkmalpflege, innsbruck university press, 143–156.

Maravelaki-Kalaitzaki, P.; Bakolas, A. & Moropoulou, A. (2003): Physico-chemical study of Cretan ancient mortars. Cement and Concrete Research, 33 (5), 651–661.

Moropoulou, A.; Bakolas, A. & Bisbikou, K. (1995): Characterization of ancient, byzantine and later historic mortars by thermal and X-ray diffraction techniques. Thermochimica Acta, 269/270, 779–795.

Niesel, K. & Schimmelwitz, P. (1971): Zur Kenntnis der Vorgänge bei der Erhärtung und Verwitterung von Dolomitkalkmörteln. Tonind.-Zeitung 95, Nr. 6, 153–161.

Peskoller, M. (2007): Die Veränderung des Dings durch Dingkritik. In: Anja Diekamp (Hrsg.), Naturwissenschaft und Denkmalpflege, innsbruck university press, 223–230.

Siedel, H.; Michalski, M. & Zier, H.-W. (2003a): Brennen, Löschen und Erhärten von Dolomitkalken. In: Umweltbedingte Gebäudeschäden an Denkmälern durch die Verwendung von Dolomitkalkmörteln. Abschlussbericht zum DBU-Projekt Az 15678. Institut für Steinkonservierung, Bericht Nr. 16, 7–12.

Siedel, H.; Michalski, M.; Ulrich, B. & Zier, H.-W. (2003b): Zur Indentifikation von Magnesiumverbindungen im Kalkmörtel. In: Umweltbedingte Gebäudeschäden an Denkmälern durch die Verwendung von Dolomitkalkmörteln. Abschlussbericht zum DBU-Projekt Az 15678. Institut für Steinkonservierung, Bericht Nr. 16, 13–20.

Weber, J. (2002): Materialwissenschaftliche Untersuchungen an Putzproben der Liebfrauenkirche (Probe KL 2) und der Stadtpfarrkirche (Proben KS 4 und KS 5) von Kitzbühel, Tirol. Untersuchungsbericht, unveröffentlicht.

Wisser, S. & Knöfel, D. (1987): Untersuchungen an historischen Putz- und Mauermörteln. Teil 1: Analysegang. Teil 2: Untersuchungen und Ergebnisse. Bautenschutz und Bausanierung, 10, 124–126 und 163–171.

Die Frauenkirche Esslingen – Restaurierungsgeschichte im 19. und 20. Jahrhundert

von Dag Metzger

In Esslingen am Neckar sind durch das beherzte Handeln des Bürgermeisters der Stadt am Ende des zweiten Weltkriegs keine Bomben und kaum Schüsse gefallen, sodass auch die mittelalterlichen Kirchenbauwerke unzerstört geblieben sind. Dies sind: Die evangelische Stadtkirche St. Dionys des Speyrer Domkapitels aus dem 12. bis 14. Jh.; die wieder der katholischen Kirchengemeinde gehörende ehemalige Dominikanerkirche, das Münster St.Paul, 1268 von Albertus Magnus geweiht; der Chor der Franziskanerkirche, im Jahr 1300 fertiggestellt (Das Langhaus der Kirche wurde 1840 abgerissen) und nicht zuletzt die evang. Frauenkirche, eine Kapellenkirche, zwischen 1325 und 1510 erbaut und vor der Reformation in Esslingen fertiggestellt.

Esslingen 1884

Zur Baugeschichte der Frauenkirche

Die Kirche „Zu unserer lieben Frau" in Esslingen wurde anstelle einer kleinen Marienkapelle im Nordwesten der Stadt direkt an der Stadtmauer als Kapellenkirche gebaut. Sie sollte möglichst vielen Altardiensten Raum bieten. Die Bürger der seit 1213 freien Reichsstadt wollten eine von Speyer und von den in Esslingen ansässigen Orden unabhängige Kirche. Die Mittel konnten von der Stadtgemeinschaft bereitgestellt werden, da durch die Kapellenordnung von 1321 die Stadtväter einen Großteil der Spenden aus den Altardiensten vom Speyrer Domkapitel erhielten. Schon 1325 konnte mit dem Bau begonnen werden. Die Baumeister, die im ersten Abschnitt bis 1340 den Chor und zwei Joche des Langhauses erbauten, sind nicht überliefert (Abb. 1).

Der zweite Bauabschnitt, zwischen 1360 und 1420 datiert, wurde von den Ensingern, vor allem von Ulrich von Ensingen geleitet. Dieser Abschnitt umfasst die vier westlichen Joche des Kirchenschiffes und den Turmunterbau bis zur Glockenstube. Das Jahr 1440 brachte einen Wechsel der Baumeister von den Ensingern zu den Beblingern. Der in der Bauhütte schon als Geselle tätige Hans von Böblingen hatte sich durch den genialen Entwurf eines oktogonalen Turmhelmes über dem quadratischen Turm der Ensinger bei den Stadtvätern empfohlen. Da diese inzwischen Schwierigkeiten hatten, den Bau mit den anderweitig vielbeschäftigten Ensingern fortzuführen, wurde Hans von Böblingen als zukünftiger Baumeister eingesetzt. Er bekam den Auftrag, seinen Entwurf mit Glockenstube, durchbrochenem Turmhelm und dem im Norden angefügten Treppenturm zu verwirklichen.

Unter der Leitung des Baumeisters Hans von Böblingen und seiner Söhne wurde der Turmhelm mit Kreuzblume 1488 vollendet, die restlichen Arbeiten an Dachgalerie, Chorumgang und Ostgiebel zogen sich unter seinen Söhnen Marx und Lux und seinem Schwiegersohn Stefan Waid fast bis zur Einführung der Reformation in Esslingen hin (Abb. 2).

1. Restaurierungsphase 1860–1863, Innenraum

Vorgeschichte

Für die Arbeiten an und in der Frauenkirche im 16. bis 18. Jh. gibt es keine Quellen. Erst 1806 findet sich in den Jahresrechnungen der „Geistlichen Verwaltung" in Esslingen ein Hinweis auf Verfugungsarbeiten am Dachumgang. Weiter sind regelmäßig Zahlungen für Wartungsarbeiten am Dachumgang und am Dach erwähnt. Der Grund für den Sanierungsbedarf war offenbar Dachwasser, das durch offene Fugen in das Außenmauerwerk eingedrungen war. In den folgenden Jahrzehnten mehr-

Abb. 1: Frauenkirche von Süden, Fritz Schwäble

ten sich Anzeichen konstruktiver und statischer Mängel. Baurat Groß aus Esslingen ließ verschiedene Maßnahmen am Dach und den Dachumgängen ausführen. Der hölzerne Dachstuhl musste repariert werden. Die Maßwerkbrüstungen wurden laufend erneuert und der Chor neu fundamentiert. Gleichzeitig wurden im Langhaus und im Chor Schlaudern gesetzt mit dem Ziel, dem Auseinanderdriften der Außenmauern zu begegnen. Dies hatte jedoch zur Folge, dass das Gewölbe im Langhaus in Bewegung geriet. Im nördlichen Seitenschiff lösten sich Gewölberippen und einzelne Bruchsteine aus den Gewölbekappen, die auf den Boden fielen.

Jetzt wurde deutlich, dass eine umfassendere Sanierung des Bauwerks erfolgen musste.
1857 wurden zunächst die Architekten Beisbarth, Baumeister Brenner und Bauinspektor Glocker sowie Professor Heideloff gebeten, einen Restaurierungsplan für die Frauenkirche zu entwerfen. Diese Anfragen wurden nicht wirksam, da der Verwendungszweck der Kirche nicht geklärt war. Im März 1859 wurde schließlich dem Stiftungsrat mitgeteilt, dass der Auftrag an Hofbaumeister Joseph von Egle ergangen war, den Restaurierungsplan anzufertigen, den Kostenüberschlag zu erstellen und sich dann mit den Inspektoren Brenner und Glocker abzustimmen.

Der folgende erste Sanierungsabschnitt ist folglich eng mit der Person Joseph von Egles verbunden, welcher der Leiter der 1845 gegründeten Bauge-werkeschule in Stuttgart (heute Fachhochschule für Technik) war. Er interessierte viele seiner Studenten damals für die Esslinger Frauenkirche als Stu-dienobjekt für gotische Baukunst. Seit 1855 lagen ihm Aufmaßpläne der Frauenkirche vor, die auch veröffentlicht wurden. Diese waren neben seinem eigenen Studium die Grundlage seiner Planungen. Im Mai 1859 legte Egle, inzwischen zum Ersten Baumeister am württembergischen Hof ernannt, als königlicher Oberbaurat dem Esslinger Konsistorium die Pläne und den Kostenüberschlag für die Innen-erneuerung der Frauenkirche vor.

In vier Punkten benennt er seine Ziele:

1. Alle Ausbesserungen sollen den ursprünglichen Zustand wiederherstellen.
2. Hinzufügungen sollen vermieden werden, wenn die zukünftige Nutzung sie nicht erfordert.
3. Die notwendigen Hinzufügungen, wie Orgel-empore oder neuer Altar sollen nicht nur im allge-meinen gotisch, sondern speziell für die Frau-enkirche geschaffen werden, dass sie mit der „Kirche in schicklicher Harmonie stehen".
4. Es soll alles vermieden werden, das nicht mit den „evangelischen Anschauungen in vollem Einklang steht".

Der Stiftungsrat beschloss unter Hinzuziehung weiterer Gremien, einen zweiten, reichhaltigeren Vorschlag Egles realisieren zu lassen mit der Auf-lage, zunächst nur das „Notwendigste" anzufangen.

Dieser Vorschlag umfasste:
– Die Beseitigung der mit dem Stil der Kirche nicht in Übereinstimmung befindlichen Kanzel, Altäre, Orgelempore, Kirchenstühle usw.
– Durch Abgraben des Erdreichs im Norden sollte das Sockelmauerwerk freigelegt werden, um die Durchfeuchtung des Mauerwerks zu vermindern.
– An allen Fenstern waren die Windeisen komplett zu erneuern, da sie nach Meinung Egles zu ge-ring dimensioniert waren. Die Fensterstäbe und die Maßwerke mussten repariert werden
– Zur Sicherung des Bauwerks mussten sechs Gewölbekappen im nördlichen Seitenschiff aus-getauscht und Risse zwischen Gewölbe und Aussenmauerwerk geschlossen werden.
  Etwa die Hälfte der Gewölbe war neu zu ver-putzen.
– An der Nordostecke des Langhauses musste ein Portal und das östliche Langhausfenster neu geschaffen werden.

Städtebaulich setzte Joseph von Egle seine Vorstel-lung durch, die umgebende Bebauung so zu re-

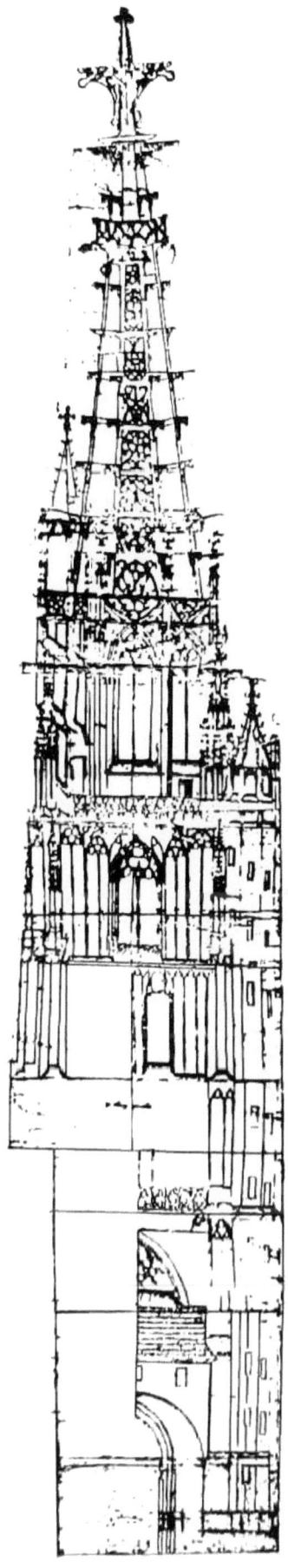

Abb. 2: *Turmriss des Hans von Böblingen, Stadtarchiv Esslingen*

duzieren, dass die Kirche im Süden freigestellt wurde. Von der unterhalb vorbeiführenden Strasse wurde eine großzügige Treppenanlage neu gebaut (Abb. 3).

Im Jahr 1860 begannen die Arbeiten im Inneren der Kirche, nachdem der letzte Gottesdienst der katholischen Gemeinde in der Frauenkirche stattgefunden hatte.

Die von Egle vorgeschlagene reichere Ausstattung wurde im Lauf der Arbeiten erheblich erweitert:
Zum Beispiel wurde auf der nach dem Plan Egles gestalteten Orgelempore auch eine neue Orgel der Fa. Weigle aufgestellt, der Chor ausgemalt, neben der neuen Kanzel und dem Altar 1866 ein Kruzifix des Bildhauers Carl Kopp aufgerichtet und die Fenster neben den mittelalterlichen Verglasungen durch eine Münchner Glaswerkstatt neu gestaltet. Der Herbst 1862 brachte die Reinigung der Gewölbe und des Chores von der alten Malerei. Schlusssteine und Gewölberippen wurden von verschiedenen Stuttgarter Handwerkern ausgemalt. Die von Egle entworfene neugotische Kanzel löste die aus der Renaissance stammende Vorgängerin ab. Der Einbau von Bänken in Reihen hob jetzt die Predigtkirche hervor, und damit verschwand der Raumeindruck der ursprünglichen Kapellenkirche. Mit dem Einbau der neuen Türblätter für das westliche

„Georgsportal" endete die Innenrestaurierung im August 1863 (Abb. 4).
Joseph von Egle gebührt der Verdienst, den teilweise zerfallenden Innenraum in der Substanz wiederhergestellt zu haben. Aber weil er den überkommenen dunkelroten Anstrich im Innern der Kirche durch steinmetzmäßige Bearbeitung der Oberfläche entfernen ließ, ist die originale Steinbearbeitung zerstört worden. Man versuchte damals zwar, durch Überschleifen den vergröberten Raumeindruck zu verfeinern, die originale Oberflächenbearbeitung war aber verloren. Durch die radikale Vorgehensweise sind auch mögliche Reste von Farbfassungen im Innenraum aus der Entstehungszeit verlorengegangen. Außerdem dominieren die vielen neugotischen Zutaten des 19. Jahrhunderts und geben dem Raum einen deutlichen Anstrich dieser Restaurierungszeit.

2. Restaurierungsphase
– Außenrestaurierung 1883–1891

Im Jahr 1872 zeigten sich Schäden am erst neu wiederhergestellten nordöstlichen Fenster des Langhauses. Zudem waren an den Dachumgängen, der sogenannten Dachgalerie des Langhauses und des Chores sowie am Mauerwerk des Turms beträchtliche Schäden entstanden, die eine umfassende Restaurierung des Äußeren notwendig

Abb. 3: Ansicht von Südwest, historisch

Abb. 4: Innenraum, ca. 1865, historisch

machten.

Im Herbst 1881 legte Joseph von Egle einen detaillierten Kostenvoranschlag vor. Die erforderlichen Arbeiten veranschlagte er auf sieben Jahre. Hauptsächlich waren die Fialtürme der Strebepfeiler und die Maßwerkbrüstungen der Dachumgänge zu erneuern. Auch der Turm und der Turmhelm waren erheblich geschädigt.

Die Arbeiten konnten im Jahr 1883 begonnen werden. Eine beträchtliche finanzielle Unterstützung kam dem Bauvorhaben durch den in diesem Jahr gegründeten „Frauenkirchenbauverein" zugute, dem sich namhafte Esslinger Bürger und Unternehmer angeschlossen hatten (Abb. 5).

Die Instandsetzungarbeiten begannen am Turmhelm (Abb. 6–8). Für den Steinaustausch wurde hauptsächlich der feinkörnige Obernkirchner Sandstein aus Südniedersachsen verwendet. Diese Steinpartien sind noch heute in gutem Zustand. Die damaligen Erneuerungen konnten nicht in allen Fällen in der ursprünglichen mittelalterlichen Form geschehen, da, wie Egle selbst berichtet, die Zerstörung teilweise bis zur Unkenntlichkeit fortgeschritten war. Während sich vor allem der Obernkirchner Sandstein gut bewährt hatte, verursachte der verwendete Zementmörtel in den folgenden 100 Jahren Schäden an den Fugenrändern.

Abb. 5: Spendenaufruf vom September 1883, Stadtarchiv Esslingen

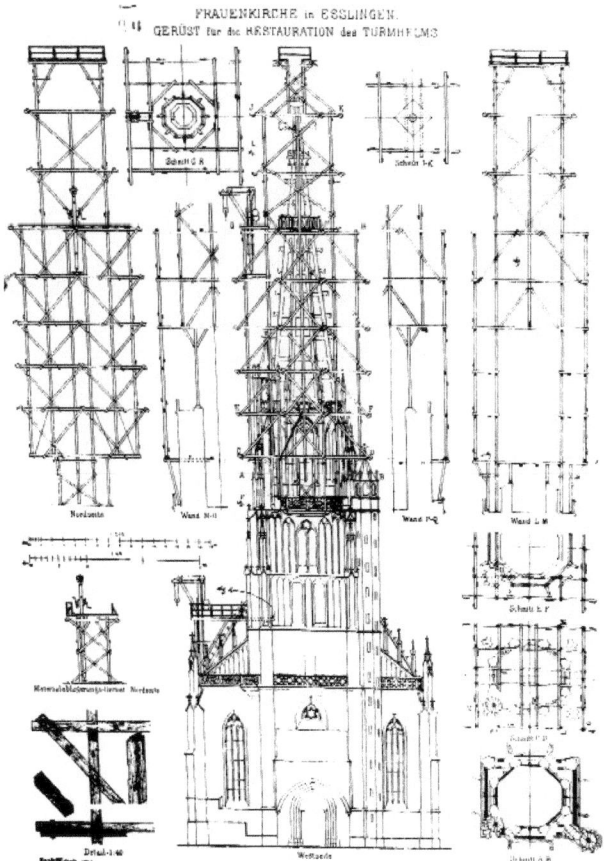

Abb. 6: Gerüstkonstruktion von 1884, historisch

Abb. 7: Foto von 1884, historisch

Abb. 8:   Aufnahme der Bauleute von 1884, historisch

*Abb. 9:   Tafel 1 der Dokumentation von 1898,
Stadtarchiv Esslingen*

Da das Problem der sich auseinander bewegenden Längswände des Bauwerks weiterhin bestand und der hölzerne Dachstuhl erhebliche Schäden aufwies, versuchte man die Schubkräfte des Daches durch eine neue, leichtere Dachkonstruktion zu verringern.

Die Ziegeldachdeckung und der hölzerne Dachstuhl wurden 1890 abgetragen und ein Notdach aufgebaut. Es wurde entschieden, einen eisernen Dachstuhl durch die Esslinger Maschinenfabrik realisieren zu lassen und eine Deckung aus Schieferplatten auf Holzschalung anzubringen. Trotz erheblicher Mehrkosten gegenüber einem neuen Holzdachstuhl versprach man sich neben der Gewichtsersparnis auch einen besseren Brandschutz. Der Dachstuhl über dem Chor wurde belassen, allerdings geschah die Eindeckung analog zum Kirchendach ebenfalls mit Schieferplatten. Die Außenerneuerung wurde mit Sanierungsarbeiten an der Sakristei auf der Südseite 1891 abgeschlossen. Zum Ende der Erneuerungsarbeiten veröffentlichte Joseph von Egle Dokumentationsunterlagen, die die Bau- und damalige Restaurierungsgeschichte in großer Gründlichkeit beschreiben und die durch die umfassenden und genauen Bauaufnahmepläne und Detaildarstellungen Grundlage für weitere Restaurierungsabschnitte bildeten (Abb. 9).

Abb. 10: Schäden am Turmhelm 1923, historisch

3. Restaurierungsphase
– Reparatur erneuter Schäden 1925–1933

Schon 30 Jahre später zeigte sich, dass die verbliebenen mittelalterlichen Sandsteine durch die umfassende Industrialisierung der Stadt Esslingen große Schäden erlitten hatten (Abb. 10).

Die Ansiedlung großer Betriebe im Westen hatte zusammen mit dem Anwachsen der Bevölkerung und der privaten Holz- und Kohleheizungen zur Folge, dass die teer- und schwefelhaltigen Abgase sich verheerend auf die Steinbauten auswirkten, vor allem auf die Türme von Stadtkirche und Frauen-kirche.

Ein Flugblatt forderte die Bevölkerung 1923 auf, für die Frauenkirche zu spenden, und der frisch er-nannte Stadtbaumeister, Oberbaurat Rudolf Lempp, bekam den Auftrag, die Schäden beheben zu lassen. Die damals vorgesehenen Maßnahmen wurden von ihm folgendermaßen beschrieben: *„Es wird nötig sein, zunächst die Steine auszuwechseln, die für den konstruktiven Bestand des Turmes von Bedeutung sind, sodann Steine, welche durch Herabfallen eine Gefahr für den Verkehr um die Kirche, und auch für die unter ihnen liegende Zier-architektur bilden. Der figürliche Schmuck muß durch Herstellen von Gipsabgüssen zur Fest-stellung des heutigen Bestandes für künftige kunst-*

geschichtliche Untersuchungen, wie für nötige Er-satzarbeiten festgehalten werden". Im Spenden-aufruf wurde die Warnung geäußert, dass bei mang-elndem Geldfluss die fein gegliederte Turmpyra-mide – 400-jähriges Wahrzeichen und Stolz der Esslinger Bürger – abgetragen werden müsse.

Abb. 11: Turmhelm von Südost, Uhland-Clauss

23

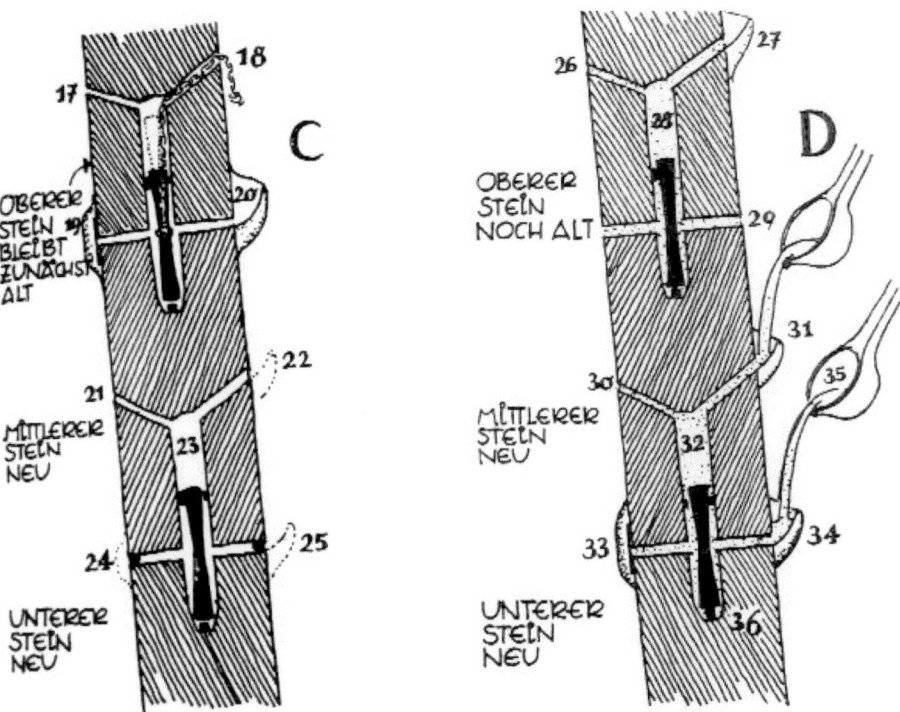

Abb. 12: Bleiverguss, Stadtarchiv Esslingen

Nachdem zwischen dem Landesamt für Denkmalpflege und der Kirchengemeinde Übereinstimmung herrschte, dass der Turmhelm nicht abgetragen sondern im Bestand erneuert werden solle, entbrannte ein Meinungsstreit über die Vorgehensweise. Prof. Mayer aus Stuttgart machte den Vorschlag, ein Betonkorsett im Inneren des Turmhelms einzubauen, das sich *„eng an die Rippen- und Maßwerkteile anschmiegt, um dadurch die Lasten des Rippen- und Maßwerkgefüges abzufangen und der Austausch betroffener Steinpartieen in Ruhe jederzeit vorgenommen werden könne"*. Dieser Vorschlag wurde vom damaligen Leiter der Denkmalbehörde zunächst für gut befunden.

Der Esslinger Oberbaurat Rudolf Lempp dagegen war der Auffassung, dass die *„Unterschiede in der Elastizität, der Ausdehnungen bei Wärme, die Gefahr bei Rost und anderer Zersetzung nur zum Schaden für das Gesamtgefüge gereicht hätte"*. Der Vorschlag Lempps sah vor, die nicht mehr haltbaren Maßwerk- und Rippenteile einzeln auszuwechseln, was durch eine speziell angefertigte Abfangkonstruktion möglich wurde.

Dem Vorschlag Lempps wurde stattgegeben. Er ließ zum Auswechseln schadhafter Steine und zum Ergänzen fehlender Bauglieder (nach historischem Vorbild) ein Abfanggerüst einbauen, das den Aus- und Wiedereinbau der einzelnen schadhaften Werkstücke zuließ.

Er beschrieb die ausgeführten Maßnahmen wie folgt:

„Am Fuß des Helms wurde begonnen, die schlechten Sandsteine (die Egle 1885 original bestehen ließ) durch gute (lothringische) Kalksteine zu ersetzen. Jedes Maßwerkfeld samt der zugehörigen senkrechten und waagrechten Rippe wurde heraus-

gebrochen und neu eingesetzt, mit Broncedollen verbunden und mit Blei ausgegossen. Dr. Supper, später auch als Denkmalpfleger für die Frauenkirche zuständig, war in dieser Zeit Volontär an der Baustelle und hat die Vergussaktion in einem Bericht der Esslinger Studien Nr.18 festgehalten (Abb. 12).

Abb. 13: Jakobus d. Ä. und Johannes, historisch

Die Arbeiten waren im Wesentlichen im Herbst 1930 fertiggestellt und das Turmgerüst konnte wieder abgebaut werden.

In den darauf folgenden Jahren wurden geschädigte Partien des nordwestlichen Treppenturmes und der Außenmantel des Glockengeschosses erneuert. Hierfür wurde Steinmaterial aus Lothringen, der Jaumont-Haustein und ein eisenhaltiger Muschelkalkstein verwendet, am Turmhelm sogar einzelne Betonteile. Während der lothringische Kalkstein wie auch der Muschelkalkstein heute, 70 Jahre später, vor der jetzt anstehenden Turmsanierung teilweise deutliche Risse aufweisen, sind die damals gegossenen und bearbeiteten, vereinzelten „Fertigteile" aus Eisenbeton in noch gutem Zustand. Das gilt auch für die damals ausgetauschten Chorfiguren der 12 Apostel, deren Originale in den Innenraum der Kirche verbracht wurden. Die Betonkopien wurden nach dem Krieg am Chorumgang aufgestellt (Abb. 13).

Im Jahr 1930 wurden am Ostgiebel Schäden ausgemacht. Um den Bestand der geschädigten Teile des Ostgiebels zu sichern, wurde der am Turmhelm bauleitende Architekt Feltz beauftragt, eine Bestandsaufnahme in der Zeit von September 1933 bis März 1934 anzufertigen.

Während dieser Zeit wurden erneut Bewegungen im Gewölbe und bei den Pfeilern des Langhauses festgestellt. Prof. Mörsch aus Stuttgart wurde aufgefordert, ein Gutachten anzufertigen, und er kam zunächst zu dem Schluss, dass der Schub des zu schweren Mittelgewölbes für die Verformungen verantwortlich sei. Die Folgerung, man müsse die Gewölbekappen durch ein leichteres Material ersetzen, fand in Esslingen wegen der zu hohen Kosten keinen Zuspruch, und so kam der zweite Vorschlag von Mörsch zum Zug, der eine Verschlauderung der Langhauspfeiler vorsah.

Die Professoren Seytter und Stortz aus Stuttgart wurden ebenfalls zu Rate gezogen. Zur Sicherung wurden Zugbänder im Langhaus eingezogen und die nördlichen Stützpfeiler abgesprießt. Lempp stellte aber im Jahr 1947 immer noch Bewegungen an der südlichen Langhauswand fest, und jetzt wurde der schon 1935 diskutierte Vorschlag Lempps verwirklicht, die ausgemauerten Gewölbekappen durch leichtere Bimsbetonsteine zu ersetzen, ohne die Gewölberippen auszubauen. Dadurch wurde es möglich, die bis dahin noch sichtbar im Innenraum angebrachten Eisenverbindungen der Pfeiler wieder zu entfernen. Die Arbeiten zur statischen Sicherung dauerten bis zum Frühjahr 1952, dann konnte die evang. Fauenkirchengemeinde ihre Kirche wieder nutzen.

4. Restaurierungsphase – Erneuerungsarbeiten in Muschelkalk 1952–1990

1952 war auch das Jahr, in welchem Steinmetzmeister Werner Klepser als selbständiger Unternehmer die Leitung der Bauhütte übernahm. Schadhafte Partien wie die Gurtgesimse, Teile der Dachgalerie usw. wurden nunmehr vorwiegend in Krensheimer Muschelkalk ausgetauscht, da die Steinmetze der Bauhütte zu große gesundheitliche Gefahren bei der Bearbeitung von Sandsteinen sahen. Im Angebotsverfahren wurde die Fa. Hehn aus Grünsfeld als Lieferant ausgewählt.

In den folgenden Jahren werden Erneuerungen weitgehend als Steinaustausch vorgenommen. Erwähnung finden nur die wichtigeren Maßnahmen:
1953–1956 werden Bodenplatte, Gesimse und Maßwerke des Dachumgangs am Chor erneuert.
1962–1964 werden Bodenplatten, Gesimsteile, Maßwerkbrüstungen und einzelne Wasserspeier auf der Südseite erneuert.
1971–1972 folgen Arbeiten an Dachgalerie, Wimperg und Portalstrebepfeiler.
Im Jahr 1973 werden Fassadenteile und Figurenschmuck um das Tympanon des Weltgerichtsportals gefertigt und neu versetzt (Abb. 14).
Im Januar 1974 wird die hölzerne Wendeltreppe des durchbrochenen Turmhelms instandgesetzt und bis Oktober 1974 werden die Maßwerkbrüstungen an der nördlichen Dachgalerie erneuert.

Abb. 14: Weltgerichtsportal, eigen

Abb. 15: Bauaufnahme der Egle-Zeit

Abb. 16: fertige Turmspitze, Karin Eisenmann

Im Jahr 1974 zeigt sich, dass die Turmspitze mit abschließender Kreuzblume so große Schäden aufweist, dass ihre Standsicherheit gefährdet ist. Das Gerüst für die Reparaturen an der Turmspitze wird am 5. 6. 1975 fertiggestellt und ab September werden vorläufige Sanierungsarbeiten an der Turmspitze ausgeführt.

Im Dezember 1975 wird begonnen, die Krabben für den Turmhelm in der Bauhütte anzufertigen. Die Steinbearbeitung der Turmspitze mit dem Krensheimer Muschelkalk erfolgt von August 1976 bis August 1977 durch Fa. Klepser in der Bauhütte.

Im April 1978 folgen Arbeiten an der nördlichen Dachgalerie und an den Strebepfeilergesimsen. Im Frühjahr 1979 wird das Turmgerüst für die Abnahme und den Wiederaufbau der Turmspitze ab dem obersten Umgang aufgebaut. Nach dem Richtfest am 28. September 1980 wird die fertige Turmspitze mit der Kreuzblume durch einen Autokran auf den Turmhelm aufgesetzt, und das Turmgerüst kann wieder abgebaut werden (Abb. 15, 16).

1983–1984 werden die Maßwerke der drei Chorfenster N 2, I u. S.2 erneuert (Abb. 17, 18).
Im Februar 1984 legt Dr. Snethlage, München, ein Gutachten zur Steinauswahl für die Instand-

setzungsarbeiten vor. In der Bewertung aller Untersuchungsergebnisse der für die Frauenkirche in Frage kommenden Steinarten erscheint es ihm *„wenig zweckmäßig, an der Frauenkirche weiterhin mit Muschelkalk zu arbeiten.“* Er schlägt als Austauschmaterial für das Mauerwerk den Bucher Sandstein oder den feinkörnigeren Neubrunner Sandstein vor.

1986 wird das Tympanonfeld des Marienportals von Restaurator Wölbert überarbeitet (Abb. 19).
Die Portalplastiken der Kirche waren während der Kriegsjahre ausgebaut und ausgelagert und wurden nach dem Wiedereinbau in so gutem Zustand vorgefunden, dass nur Maßnahmen zur weiteren Sicherung vorgenommen werden mussten.
Nach Erteilung der denkmalschutzrechtlichen Genehmigung zur Erneuerung der Stufen des Nordwest-Treppenturms erfolgen die Arbeiten bis Ende 1987.
1988–1990 werden die Maßwerke S III und S IV erneuert.
Im Jahr 1991 wird eine leistungsfähige Absauganlage in der Bauhütte installiert. Damit wird für die Steinmetze auch die Bearbeitung von Sandsteinen möglich.

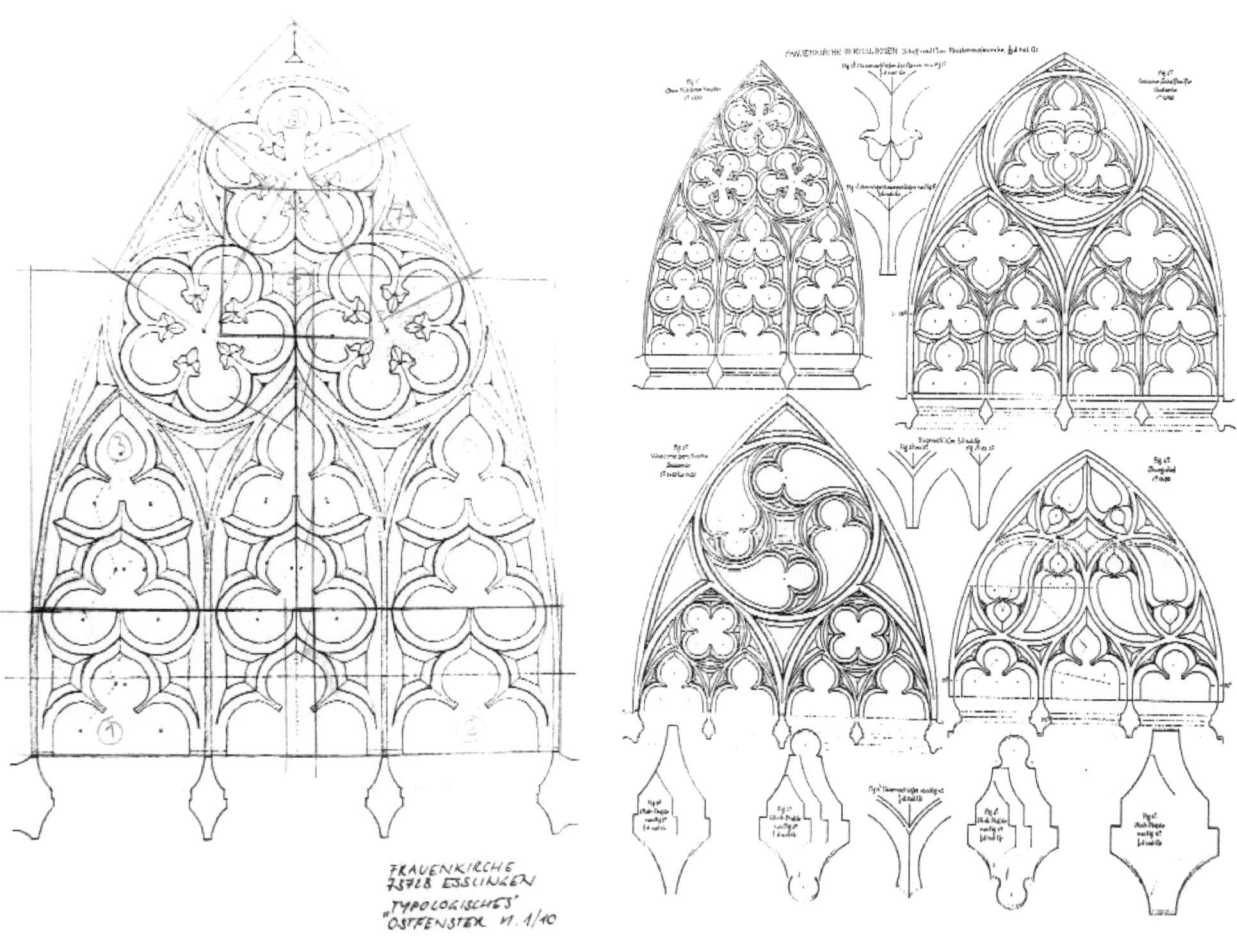

Abb. 17: Maßwerkskizze zur Fertigung, Ulrich Metzger 1982

Abb. 18: Maßwerkzeichnungen der Egle-Dokumentation, Stadtarchiv Esslingen

Abb. 19: Tympanon des Marienportals, historisch

1991–1993 werden die Abdeckplatten des Sockels im Chorhaupt mit Platten aus „Sander Grün" erneuert. Fassade und Treppe zur Sakristei, schadhafte Steine im Sockelbereich auf der Südseite werden überarbeitet und unter Begleitung von Restaurator Kieferle der Südweststrebepfeiler saniert.

Im Jahr 1993 wird das Pilotprojekt Nr. 7300 F der BMFT an der Frauenkirche Esslingen durchgeführt mit Untersuchungen zu Steinarten, Feuchteverhalten, Restauriermörteln, Konservierungsmethoden u. a. m.. Die Ergebnisse sind in einem Kolloqium aller Beteiligten dargestellt worden.

In der denkmalschutzrechtlichen Genehmigung vom Oktober 1993 werden auf der Grundlage der Ergebnisse des BMFT-Projektes folgende Festlegungen für die beginnende, umfassende Außenerneuerung getroffen:
Bei der Sanierung von Steinbauten dürfen nur geeignete Methoden wie Festigung oder Schlämmen, Antragung und Rissverpressung mit den dafür geeigneten Materialien angewendet werden. Wenn ausnahmsweise Steinaustausch erforderlich ist, dann ist die Steinart zu verwenden, die sich mit ihren physikalischen und chemischen Eigenschaften in den Bauwerksabschnitt gut einfügen lässt.

Zum Jahresende 1993 beendet die seit 1952 tätige Steinmetzfirma Klepser ihre Tätigkeit an der Frauenkirche.

Fa. Fischer aus Müllheim fertigt fotogrammetrische Pläne der gesamten Kirche als Grundlage der Dokumentation in CAD (Abb. 20).

Zusammenfassende Beurteilung der Restaurierungsgeschichte im 19. und 20. Jhdt.

Die im Zeitraum von 1800–1950 ausgeführten Maßnahmen, die das Baugefüge der Frauenkirche konstruktiv und statisch gesichert haben, waren so erfolgreich, dass in der zweiten Hälfte des 20. Jahrhunderts keine grundlegenden statischen Eingriffe mehr notwendig wurden. So konnte sich die Pflege der Frauenkirche auf Erhaltungsmaßnahmen an den Baugliedern und Zierteilen der Kirche konzentrieren.

Am Beispiel der Frauenkirche Esslingen wird deutlich, wie sich die Sanierungsmethoden von 1850 bis 1990 entwickelt und geändert haben. Im Gegensatz

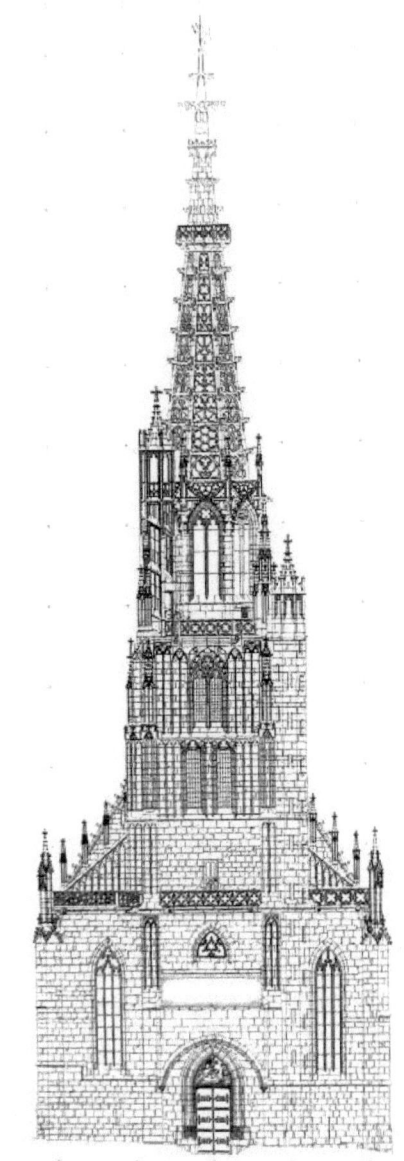

Abb. 20: Westansicht der Fotogrammetrie, Fa. Fischer, Müllheim

zu der bisher geübten Praxis, Steinerneuerungen in großem Umfang vorzunehmen, wird inzwischen die vorgefundene Substanz so schonend wie möglich gesichert und Ergänzungen werden nur nach genauer Kenntnis des Originalzustandes vorgenommen.

Die Methoden und Materialien zur Sicherung von Originalsubstanz haben sich enorm verfeinert, so dass radikale Veränderungen der Substanz ausgeschlossen sind. Ein Stein- oder Skulpturenaustausch findet nur in Ausnahmefällen statt, und Farbfassungen werden im vorgefundenen Zustand belassen.

Quellenangabe

Beschreibung der Restaurierungsgeschichte durch Dr. Ulrich Knapp in der Schriftenreihe Band 18 der Esslinger Studien mit Bildern, Quellenangaben und Protokollen. Herausgegeben vom Stadtarchiv 73728 Esslingen, 1998.

Frauenkirche Esslingen – Beispiele der Erhaltungs- und Erneuerungsarbeiten der laufenden Außenerneuerung

von Ellen Kindl und Constantin Baki

Vor 15 Jahren begann die systematische Außensanierung der Ev. Frauenkirche in Esslingen. Nachdem durch die Ausführung diverser, vorwiegend naturwissenschaftlicher Voruntersuchungen, durch die Erstellung photogrammetrischer Pläne, Bestands- und Schadensdokumentationen die Voraussetzungen für die Festlegung eines Maßnahmenkataloges geschaffen worden waren, konnte mit den Restaurierungsarbeiten begonnen werden. Die einzelnen Maßnahmen und deren Weiterentwicklung im Zuge des Arbeitsfortschrittes bis zum heutigen Datum sollen hier im Zusammenhang mit den ursächlichen Schadensbefunden erläutert werden.

1. Einleitung

Vor 15 Jahren begann die systematische Außensanierung der Esslinger Frauenkirche. Ausschlaggebend war die Aufnahme der Frauenkirche in das Projekt „Denkmalschutz" des BMFT, das sich in Zusammenarbeit mit der FMPA Baden-Württemberg mit der Untersuchung möglicher Steinaustauschmaterialien beschäftigte.

Zeitgleich kündigte der langjährige Steinmetzmeister Klepser, so dass die Bauhütte neu besetzt werden musste. Da zu dieser Zeit die Trägerschaft der Bauhütte nicht geklärt war, wurden nach einem umfassenden Bewerbungsverfahren der Steinmetzbetrieb Fa. Vetter aus Franken zusammen mit dem Steinmetzmeister Constantin Baki für eine Übergangszeit von zwei Jahren mit den Sanierungsarbeiten betraut. 1996 übernahm dann Herr Baki den Bauhüttenbetrieb. Der neue, zwischen der evangelischen Gesamtkirchengemeinde und Herrn Baki vertraglich festgelegte Status sieht bis heute nicht nur die Abrechnungsmodalitäten der Steinmetzarbeiten und die Nutzungsbedingungen der kircheneigenen Bauhütte vor, sondern auch die Anzahl und die Qualifikation der Beschäftigten, indem die Bauhüttenmannschaft auf jeweils einen Steinmetzmeister, einen Steinmetzgesellen und einen Lehrling begrenzt wurde. Dadurch wurde nicht nur ein überschaubarer Kostenrahmen im Hinblick auf das jährlich zur Verfügung stehende Budget erhalten, sondern auch auf eine qualitativ hochwertige

Abb. 1: *Vorzustand des nördlichen Fassadenfeldes N7*

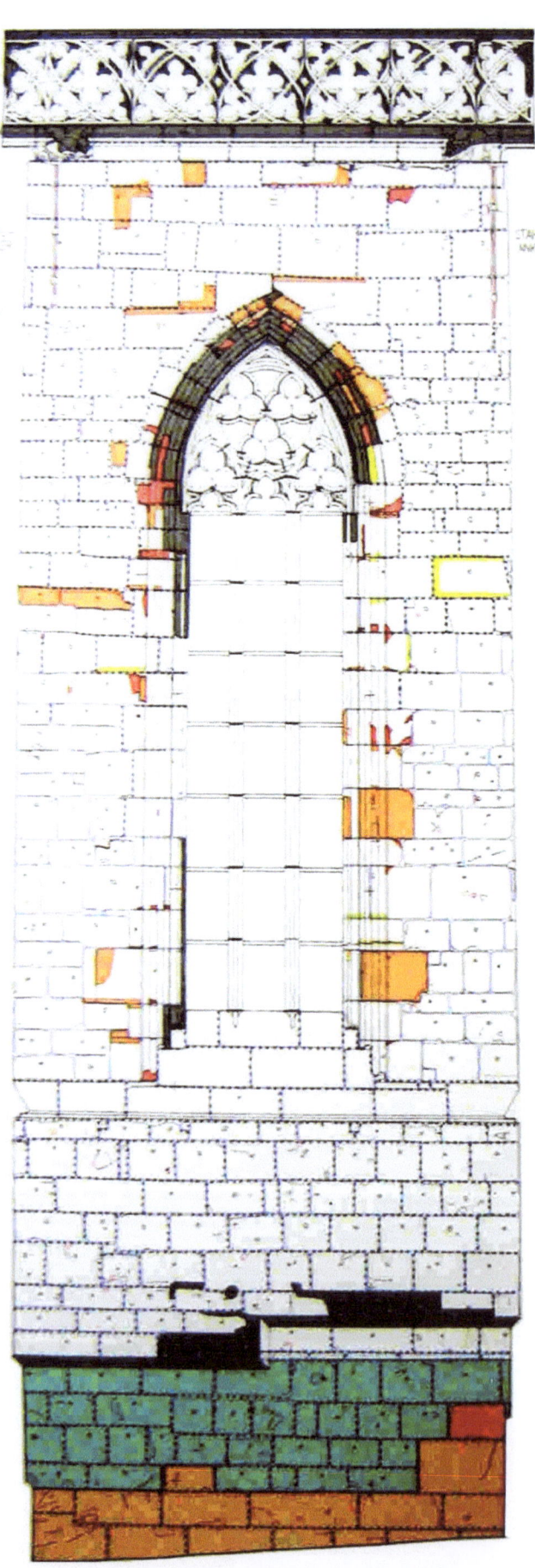

Abb. 2: *Schadensdokumentation des nördlichen Fassadenfeldes N7*

Ausführung vor allem der Neuteile und der konservatorischen Arbeiten hingearbeitet, da diese im Taglohn abgerechnet werden. Die Fassadenreinigung, Festigung und Neuverfugung werden hingegen als akkordierte Leistungen ausgeführt.

Begonnen wurden die Arbeiten 1994 am nördlichen Kirchenschiff. Die Bauabschnitte wurden so eingeteilt, dass die 3-Mann starke Bauhüttenbesetzung die Arbeiten innerhalb eines Jahres fertigstellen konnte. In der Regel wurden in einem Bauabschnitt zwei Fassadenfelder und zwei Strebepfeiler mit einer Fläche von ca. 300 bis 350 qm bearbeitet (Abb. 1). Hierfür musste das kircheneigene Gerüstbaumaterial entsprechend aufgestockt werden. Für die Sanierung des Kirchenschiffes und des Chores bis auf Höhe des Dachumganges wurden zehn Jahre benötigt. 2005 wurde mit den Sanierungsarbeiten am Turm begonnen, an welchem inzwischen die ersten drei Turmgeschosse fertiggestellt worden sind. Aktuell werden die Maßnahmen, insbesondere die Gerüststellung am achteckigen Glockengeschoss und Turmhelm geplant.

Voraussetzung für ein systematisches Arbeiten ist die Erstellung steinsichtiger Bestandspläne. Bereits im Jahr 1992 wurde mit der photogrammetrischen Aufnahme des Bauwerks durch das Ingenieurbüro Fischer aus Müllheim begonnen. Die digitalisierte Darstellung der Bestandspläne wurde in verschiedenen Maßstäben, von den kompletten Gebäudeansichten im Maßstab 1/100 bis zu den Ansichten der einzelnen Fassadenfelder und Pfeiler im Maßstab 1/20 ausgearbeitet. Die Bestandspläne müssen nach erfolgter Gerüststellung nochmals vor Ort ergänzt werden, da immer Teilbereiche vorhanden sind, die photogrammetrisch nicht erfasst werden können. Dies gilt auch teilweise für die Erfassung sonstiger Befunde wie Steinmetzzeichen, Zangenlöcher, Putzreste, Farbfassungen, alte Antragungen und Vierungen, mechanische Bearbeitungsspuren, Eisenteile und sonstige Fremdkörper.

Nach der Ergänzung der Bestandspläne und der Aufnahme der Steinmaterialien in einem gesonderten Steinartenplan erfolgt eine detaillierte Schadenskartierung im Maßstab 1/20 (Abb. 2), die die Schadensbilder bis auf kleinste Teilflächen innerhalb eines Steines berücksichtigt. Die Steinansprachen und Schadenskartierungen werden in die digitalisierten Bestandspläne übertragen. Die Darstellungsart der Dokumentationspläne wurde im Jahr 1993 in Zusammenarbeit mit der FMPA Baden-Württemberg entwickelt und festgelegt. Exemplarisch wurde sie dann auch für andere Sanierungsvorhaben übernommen.

Auf der Grundlage der Schadensdokumentation werden in einem nächsten Schritt die Maßnahmenpläne erstellt, die mit dem Landesamt für Denkmalpflege abgestimmt werden. Bei unklaren Befunden werden zusätzlich externe Fachleute für naturwissenschaftliche, statisch-konstruktive und restauratorische Untersuchungen und Beprobungen hinzugezogen.

2. Sanierung des nördlichen Kirchenschiffes 1994–1997

Auf der Grundlage der Ergebnisse des BMFT-Projekts wurde 1993 in Zusammenarbeit mit dem Landesamt für Denkmalpflege, insbesondere mit dem Steinrestaurator Otto Wölbert, ein Maßnahmenkatalog erstellt, der im Allgemeinen bis heute Gültigkeit besitzt. Die einzelnen Maßnahmen werden im Zusammenhang mit den ursächlichen Schadensbildern im Folgenden beschrieben.

Problematisch bei der Festlegung und der Ausführung der Maßnahmen sind die unterschiedlichen Steinmaterialien, die an der Frauenkirche beim Bau und bei späteren Renovierungsphasen eingebaut wurden. Aus der Erbauungszeit stammen der lokale Stubensandsstein und der Schilfsandstein. Der Stubensandstein, der für die Fassadenflächen und Pfeiler verwendet wurde, kommt in einer dunkleren, quarzhaltigeren und in einer hellen, tonigen Varietät vor. Mit grünem, rot-grün geadertem oder rotem Schilfsandstein wurden die Fensterleibungen, Portale und sonstige Bauzier ausgeführt. Bei späteren Renovierungsphasen kamen diverse Austauschmaterialien zum Einsatz: lokale Stubensandsteine, z. B. Pliezhäuser, Gaggenauer Tigersandstein für die Mauerwerksflächen, Obernkirchener Sandstein für Zierteile, Krensheimer und Crailsheimer Muschelkalk sowie Travertin vorwiegend für Maßwerkelemente, Gesimse und Zierteile sowie ein gelber, französischer Kalkstein, der am Turm eingebaut wurde.

2.1 Steinreinigung im JOS-Verfahren

An der Fassadenfläche am nördlichen Kirchenschiff war, neben einer leichten schwarzen Kruste, ein starker, organischer Bewuchs vorhanden. Der Sockelbereich wies leichte Versalzungen auf. Nach einer manuellen Entfernung des starken Bewuchses mit Wurzelbürsten und dem Abkehren bzw. Absaugen der Salze werden die Flächen mit dem JOS-Verfahren, einem Niederdruck-Rotationswirbel-Verfahren gereinigt (Abb. 3). Die Wasserzufuhr wird möglichst gering gehalten, um den Wassereintrag in das Gestein zu minimieren. Die Mauerwerksflächen werden mit Glaspudermehl mit einer Körnung von 0,1–0,5 mm mit einem Druck von max. 3 bar gereinigt. Die Entfernung der Düse zum Mauerwerk beträgt mindestens 40 cm. Feingliedrige Maßwerk- und Zierteile werden mit der Mikro-Düse gereinigt. Der Druck wird dabei auf max. 1,5 bar reduziert. In Bereichen mit alten Farbfassungen und Putzresten kommt Steinpudermehl mit einer Körnung von 0,0–0,3 mm zum Einsatz, der Druck ist auf max. 1,5 bar beschränkt, der Reinigungsabstand ist auf ca. 50 cm zu erhöhen. Die Auswahl des Reinigungsverfahrens und die Festlegung der Werte erfolgte aufgrund einer im Jahr 1990 ausgeführten Beprobung verschiedener Reinigungsmethoden an der Esslinger Stadtkirche St. Dionys, bei welcher mit dem JOS-Verfahren die besten Ergebnisse erzielt worden waren. Bei der darauffolgenden Erstellung von Musterfeldern an der Frauenkirche wurden die guten Ergebnisse bestätigt.

Abb. 3: *Reinigung der Fassadenfläche im JOS-Verfahren*

Die Reinigung wurde auf substanzschonendste Weise durchgeführt. Alte Putzreste, Farbfassungen und aufgemalte Fugen konnten so erhalten bleiben. Einige Befunde kamen sogar erst nach der Reinigung zum Vorschein. Sonstige starke Verunreinigungen wie Teerflecken, Zementmörtelfahnen etc. müssen manuell abgearbeitet werden.

Der gewünschte Reinigungserfolg wurde bei den meisten der verbauten Steinmaterialien erreicht. Nur beim dunkel verfärbten Obernkirchener Sandstein ist das Reinigungsergebnis rein „optisch" unbefriedigend.

2.2 Steinfestigung

Vor allem der Stubensandstein, insbesondere die helle Varietät weist durchgehend ein starkes Absanden auf (Abb. 4). Auf der Grundlage der Voruntersuchungen, die zerstörungsarm mittels Bohrhärtewiderstandsmessungen durch die FMPA Baden-Württemberg [1] ausgeführt worden waren, wurde auf eine Festigung mit Kieselsäureester ohne hydrophobierende Wirkung zurückgegriffen. Die Festigung mit Rajasil OH erfolgt flutend nass in nass. Schwierigkeiten, abgesehen von der genauen Beobachtung der Witterungsverhältnisse bei großen zu festigenden Flächen, ergaben sich durch die unterschiedlichen Steinarten, da von einem möglichen Festigungserfolg beim Stuben- und Schilfsandstein, nicht aber beim Muschelkalk ausgegangen werden musste. Während bei einigen Bauteilen ein Aussparen der Muschelkalkbereiche relativ leicht zu bewerkstelligen war, war die Abgrenzung z. B. beim umlaufenden Gurtgesims unterhalb der Fensterbänke etwas problematischer. Hier musste mittels Einbau von Auffangrinnen und eingeklebten Abweiserfolien das Eindringen von Festiger in den Muschelkalk unterbunden werden. Zudem musste die unterschiedliche Saugleistung des Stuben- und des Schilfsandsteins berücksichtigt werden. Während bei der Festigung des Stubensandsteins 5–6 l/qm verbraucht wurden, reduzierte sich die Saugleistung beim Schilfsandstein in etwa auf die Hälfte.

Der Festigungserfolg wird durch die FMPA nach der Abbindezeit nochmals überprüft. In der Regel konn-

Abb. 4: *Absanden mit Schuppenbildung am hellen Stubensandstein*

Abb. 5: *Alte Kalkzementantragung an einer Fensterbank*

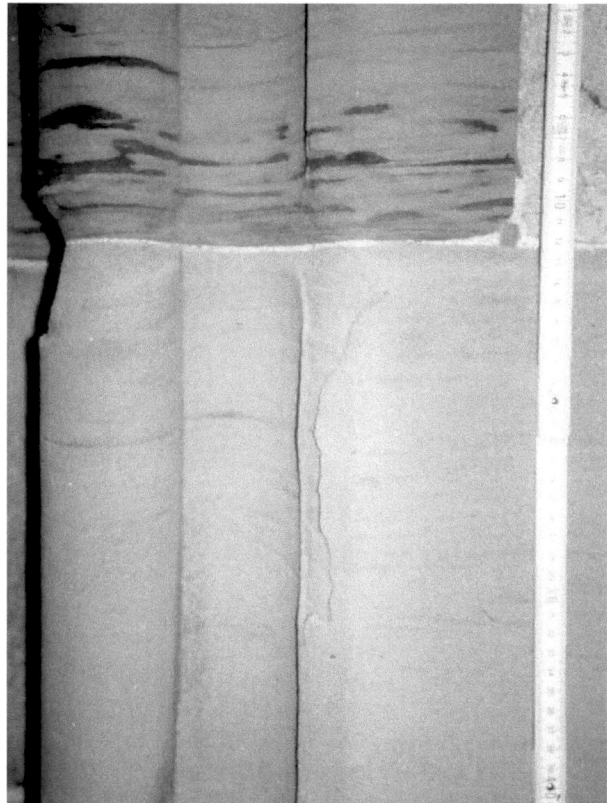

Abb. 6: *Fensterleibung aus Schilfsandstein mit verschiedenen Schadensbildern*

Abb. 7: *Rissbildungen und Fehlstellen an einer Fensterrippe*

te eine Verbesserung der Gesamtfestigkeit erreicht werden, Überfestigungen in den äußeren Randzonen sind nicht eingetreten. Die Vor- und Nachuntersuchungen durch die FMPA wurden exemplarisch erstmals an einem nördlichen Fassadenfeld durchgeführt. Sobald sich auf Grund der Bauwerkslage neue Bewitterungssituationen und Änderungen in der oberflächlich begutachteten Steinfläche ergaben, wurden neue Untersuchungen in Auftrag gegeben. Dies galt auch für den später auf den Markt gekommenen lösemittelfreien Festiger.

Zwar konnte im Vergleich zum lösemittelhaltigen Festiger keine Verbesserung der Festigkeit festgestellt werden, aber dafür wurden die gesundheitsschädlichen Nebenwirkungen für die Steinmetze beträchtlich reduziert.

Hydrophobierungen wurden auch an den stark mit organischem Bewuchs belasteten Gesimsen, Fensterbänken und Abdachungen auf der Nordseite nicht vorgenommen.

2.3 Konservatorische Arbeiten

Steine, die leichte Schäden wie Absanden, Schuppenbildungen, kleinere Abwitterungen und Fehlstellen aufweisen, werden konserviert. Nach der Festigung werden die schadhaften Bereiche mit Antragmörtel geschlossen. Alte Zementantragungen (Abb. 5), Eisenteile und sonstige Fremdkörper werden entfernt und ebenfalls angetragen. Die Antragungen werden mit Steinrestauriermörtel der Fa. Rajasil, der sowohl physikalisch als auch optisch in Struktur und Farbe dem Werkstein angepasst ist,

ausgeführt. Hierfür wurde entsprechend den verschiedenen vorhandenen Steinmaterialien Proben in den jeweiligen Farbtönen erstellt, auf die ähnlich einem Katalog zurückgegriffen werden konnte.

Für die Rissverspritzung wurde über mit reversiblem Heißkleber befestigte Packer Acrylharz in die schadhaften Bereiche injiziert.

2.4 Steinbearbeitung

Bei Steinen mit tiefen Abwitterungen, großen Schalenbildungen, Fehlstellen und Rissen erfolgt ein partieller Steinaustausch mittels Vierungen oder ein komplette Erneuerung des Steines, in den Mauerwerksflächen als ca. 12 cm tiefer Blender, ansonsten als massiver Stein. Betroffen waren vor allem die aus Schilfsandstein bestehenden Leibungen und Rippen der Maßwerkfenster (Abb. 6, 7) . An einem der nördlichen Fassadenfelder mussten die zwei Fensterrippen komplett erneuert werden (Abb. 8). Die Standeisen konnten erhalten bleiben, sie wurden entrostet, grundiert und mit einem Eisenglimmer-Dickschichtlack gestrichen. Die einzelnen Rippenelemente wurden mit Edelstahldübeln gesichert. Das Maßwerk wurde über das Außen- und ein zusätzlich aufgebautes Innengerüst abgefangen.

Auch an den vorwiegend aus Muschelkalk bestehenden Pfeilerabdachungen mit ihren Zierteilen waren im Vergleich zu den Mauerwerksflächen stärkere Substanzverluste, Rissbildungen und Fehlstellen festzustellen (Abb. 9). Größtenteils wurden die schadhaften Partien durch das Einkleben von Vierungen (Abb. 10) erneuert, manchmal mussten

*Abb. 8: Versetzen der neuen Fensterrippe im
             Feld N5*

*Abb. 9: Fehlstellen und Risse an den Zierteilen
             einer Strebepfeilerabdachung*

auch komplette Neuteile hergestellt und eingebaut werden, an welchen die Steinmetze ihr Können unter Beweis stellen konnten (Abb.11, 12).

Das Austauschmaterial wird in der Regel entsprechend der bestehenden Steinvarietät ausgewählt. In nur einem Fall wurde an einem Strebepfeiler der später eingebaute Muschelkalk wieder mit dem ursprünglich eingebauten Schilfsandstein ersetzt. Die Oberflächenbearbeitung erfolgt entsprechend dem Bestand, meistens wird scharriert. Die neuen Steine

und Vierungen werden weder formal noch farblich angepasst, sie sind immer scharfkantig und werden farblich nicht retuschiert. Quader für die neuen Blender und größere Platten für die Vierungen werden auf Maß bei den jeweiligen Steinbrüchen bestellt und in der Bauhütte manuell bis zur fertigen Oberfläche bearbeitet. Als Austauschmaterial für den Stubensandstein wird Bucher aus dem Fränkischem eingesetzt, der rote Schilfsandstein kommt aus Maulbronn, der grüne Schilfsandstein, dunkle

*Abb. 10: Vorarbeiten an einer Strebepfeilerab-
               dachung für den Einbau einer Vierung*

*Abb. 11: Neues Werkstück für eine Strebepfeilerab-
               dachung*

Abb. 12: Neue Kreuzblume für eine Strebepfeilerabdachung

Abb. 13: Alte Zementfuge in der Fassadenfläche

Bank, kam bisher aus Sinsheim. Weiterhin kommen Krensheimer Muschelkalk sowie Obernkirchner Sandstein zum Einsatz.

Die neuen Blender werden verankert und mit Trasskalkmörtel hinterfüllt, Vierungen werden vernadelt und mit eingefärbtem Epoxydharz eingeklebt. Hochwertige Ausbauteile werden photographiert, inventarisiert und im Lapidarium, welches 1998 über dem nördlichen Kirchenschiff im Dachraum eingerichtet wurde, eingelagert.

2.5 Neuverfugung

Ein beträchtliches Schadenspotential haben die Zementfugen (Abb. 13). Sowohl am Stubensandstein, insbesondere an der hellen Varietät, als auch am Schilfsandstein sind an den Fugenflanken starke Rückwitterungen zu verzeichnen. Die Zementfugen werden in der Regel erneuert, nur intakte Zementfugen, die zu keinen Schäden an den angrenzenden Steinpartien geführt haben, bleiben erhalten. Dies betrifft auch die Originalfugen (Abb.14), sofern sie nicht schadhaft sind.

Die Frauenkirche hat keine Pressfugen, beim Bau wurden bereits Keile in Form von kleinen Steinen, Schieferresten eingebaut, d. h. die Fugen sind relativ breit und wurden durch die späteren Renovierungsphasen insbesondere durch den Einsatz von Zementmörtel, der über die zurückgewitterten Fugenflanken gezogen wurde, „optisch" zusätzlich verbreitert.

Für die Neuverfugung wird ein Trasskalkmörtel 0–1 der Fa. Rajasil verwendet. Der Farbton wurde auf den Ton der Originalfugen abgestimmt. Die neuen Fugen werden bündig abgezogen, um die Randzonen der Steinquader zu schützen. Im Sockelbereich kommt ein porenhydrophob ausgestatteter Fugenmörtel 0–2 der Fa. Rajasil zum Einsatz.

Nur beim Verfugen der neuen Fensterrippen, musste auf Fugenmörtel mit Haftzusätzen, z. B. für stark saugendes Mauerwerk, zurückgegriffen werden, da auch nach mehrmaligen Versuchen bis hin zum Anbringen von feuchten Wickeln, um die Abbindezeit zu verlängern, der Trasskalkmörtel an den Fugenflanken abgerissen ist.

3. Sanierung des Chores, des südlichen und westlichen Kirchenschiffes 1998–2004

Im Zuge des Arbeitsfortschrittes haben sich sowohl durch Veränderungen im denkmalpflegerischen Ansatz, durch die technische Weiterentwicklung und das Aufkommen neuer Materialien als auch durch neue witterungs- und materialbedingte Situationen am Bauwerk Änderungen und Ergänzungen im Maßnahmenkatalog ergeben.

Am Chor und am südlichen Kirchenschiff entsprachen die Schadensbilder und somit die zu ergreifenden Maßnahmen im Allgemeinen denen der Nordfassade. Die schwarze Krustenbildung war stärker, der organische Bewuchs gering, die Schäden am Stein waren in etwa gleichwertig. Die am südlichen Chor durch Kantendruck aufgetretenen, starken Rissbildungen an den Vorderkanten der Strebepfeiler bedingten zwar partiell einen vermehrten Einbau von Vierungen und Blendern, aber im Allgemeinen war ein Rückgang beim Steinaustausch zu verzeichnen, wohingegen der Anteil an konservatorischen Arbeiten immer größer wurde.

Abb. 14: Originale Kalkfuge

Abb. 15: Verwitterung und Riss- bzw. Schalenbildung an einer Maßwerkbrüstung aus
Muschelkalk

Bei den Restaurierungsmörteln kam als neues Material der BL-Antragmörtel mit Acryl als Stabilisationsmittel hinzu, der ein Arbeiten auf Null erlaubt. Hierzu wurden vorab an leicht zugänglichen Bereichen des nördlichen Chores Proben hergestellt, um die Haltbarkeit und etwaige Veränderungen in Struktur und Farbe über einen längeren Zeitraum kontrollieren zu können. Der Mörtel kam mit einer Körnung von 0,02–0,8 mm in verschiedenen Farbtönen zum Einsatz und wurde vorwiegend für die Restaurierung der stark geschädigten Fensterleibungen und Fensterrippen aus Schilfsandstein verwendet.

Als neue Aufgabenstellung für die Steinmetze kam die Konservierung schadhafter Steinpartien durch das Auftragen von Schlämmen hinzu. An den aus Muschelkalk bestehenden Maßwerkbrüstungen des Dachumganges nahmen im Vergleich zum nördlichen Kirchenschiff die Schäden stark zu, die sich in tiefen Oberflächenverwitterungen bis hin zu Riss- und Schalenbildungen zeigten (Abb. 15). Wohlweislich waren bereits 1994 durch den Restaurator Albert Kieferle [2] an der Nordseite diverse Festigungs- und Schlämmproben ausgeführt und über einen längeren Zeitraum untersucht worden. Neben Festigungsproben mit Acryl und Kieselsäureester wurden auch Schlämmproben auf mineralischer Basis und mit Kieselsäureester jeweils mit und ohne hydrophobierende Wirkung getestet. Die Schlämme auf mineralischer Basis ohne hydrophobierende Wirkung zeigte die besten Ergebnisse. Die raue Oberfläche wird geschlossen und ist weniger anfällig für das Eindringen von Schadstoffen, wobei die

Oberflächenstruktur erhalten bleibt. Es konnten auch keine Farbveränderungen festgestellt werden. Die Schlämme besteht aus Weißzement, Schwarzkalk und Quarzsand in drei verschiedenen Körnungen. Um das genau abgestimmte Verhältnis der Inhaltsstoffe nicht zu verändern, wird auf die Zugabe von Farbpigmenten verzichtet, auch wenn dies den Nachteil hat, dass die geschlämmten Bereiche anfangs schneeweiß erscheinen (Abb. 16).

Auch die zwölf Apostelfiguren, die als Nachbildungen aus einem Betongussmörtel die Strebepfeiler des Chores zieren, wiesen vor allem an den nicht durch Baldachine geschützten und somit stärker bewitterten Bereichen eine deutliche Aufrauung der Oberfläche auf. Betroffen waren vor allem die Schultern und hervorstehende Partien an Armen, Händen und den typischen Attributen (Abb. 17). Zum Teil waren auch Haarrisse vorhanden, die aber eher durch Schwinden bei der Herstellung entstanden sind, da sie partiell bereits ausgebessert waren. Es konnte auch eine gipshaltige Schmutzkruste festgestellt werden. Ein zusätzliches Schadenspotential bargen die im Rücken der Figuren eingemörtelten, rostenden Eisenhalterungen. Im Jahr 1999 wurde die FMPA Baden-Württemberg [3] mit den Untersuchungen zu den Schadensbildern und den möglichen Maßnahmen beauftragt.
Die Ergebnisse zur Bestimmung der Karbonatisierungstiefe, kapillaren Wasseraufnahme, Verschmutzung und zu einer eventuell vorhandenen Bewehrung fielen nicht so gravierend aus wie erwartet, so dass man sich auf das Aufbringen einer

Abb. 16: Maßwerkbrüstung nach dem Aufbringen der Weißzement-Schlämme

Abb. 17: Apostelfigur Thomas: Hand mit stark ausgewaschener Oberfläche

Abb. 18: Apostelfigur Thomas: Hand nach dem Aufbringen der Schutzbeschichtung

Abb. 19: Alte Fassungsreste und aufgemalte Fugen an der Sakristei

Schutzbeschichtung beschränken konnte, um die aufgerauten Oberflächen zu glätten. Infolge des unzugänglichen Einbauortes der Figuren an den Chorstrebepfeilern in ca. 20 m Höhe war zudem der Einsatz einer langfristig haltbaren Beschichtung notwendig. Hierfür wurde eine Fertigschlämme aus der Betonsanierung ausgewählt. Der Funcosil Ausbesserungsmörtel „fein" von Fa. Remmers ist ein kunststoffvergüteter Werktrockenmörtel, der mit einer Haftemulsion zu vermischen ist. Um Aussagen

zur Verarbeitbarkeit des Mörtels und zum optischen Ergebnis der Schlämme erhalten zu können, wurden zuerst verschiedene Proben erstellt und bewittert, da das Aufbringen des Ausbesserungsmörtels als irreversible Maßnahme einzuordnen ist (Abb. 18).

Vor Beginn des Schlämmens wurden die Figuren im JOS-Verfahren gereinigt, Risse wurden mit Acrylharz verspritzt, Antragungen und sonstige Ausbesserungen wurden mit Funcosil Ausbesserungs-

Abb. 20: *Westliche Vorhalle am Georgsportal: Bogenleibung aus Schilfsandtein nach Abschluss der konservatorischen Arbeiten mit Syton W 30*

Abb. 21: *Schadhafte Pfeilerabdachung aus Muschelkalk am südöstlichen Eckstrebepfeiler des Turmes*

mörtel ausgeführt. Die rostenden Halter wurden durch Edelstahlhaken ersetzt. Für jede Figur mussten die Bestandspläne um die Seiten- und Rückansichten ergänzt werden, da photogrammetrisch nur die Ansicht vorhanden war. Die Schadens- und Maßnahmenkartierungen erfolgten im Maßstab 1/10.

Interessant an den südlichen Fassadenflächen des Chor und der Sakristei war zudem, dass vermehrt alte Farbfassungen, aufgemalte Fugen und Putzreste vorgefunden wurden (Abb. 19). Vor allem bei der Reinigung war höchste Vorsicht geboten, die zudem durch die stärkere Verschmutzung des Natursteinmauerwerkes erschwert wurde. Auch wenn die Steinmetze zunehmend im konservatorischen Bereich tätig wurden, so war es hier unumgänglich, einen Restaurator hinzuzuziehen.

Den Auftrag für die Konservierungsarbeiten an den Farb- und Putzresten, die je nach Befund mal mehr, mal weniger aufwendig in den Jahren 2000 bis 2002 ausgeführt wurden, erhielt die Restauratorin Martina Fischer. Der Auftrag beinhaltete auch die Konservierung von zwei stark verwitterten Konsolen am Marienportal. Sie sind insofern erwähnenswert, da sie den einzigen Fall darstellen, bei welchem aus mangelnder Kenntnis über die originale Formgebung, keine Nachbildungen erstellt werden konnten. Die Konsolen wurden somit am Einbauort belassen und konservatorisch so gut wie möglich vor dem weiteren Verfall geschützt.

Leider kann hier im Detail nicht weiter auf die Arbeiten eingegangen werden. Dies betrifft auch die umfangreichen Restaurierungsarbeiten an den Portalen. Das Marienportal war bereits im Jahre 1989 durch Herrn Wölbert restauriert worden, das Weltgerichtsportal in den Jahren 1994 bis 1995 durch die Restauratorinnen Frau Fischer und Frau Piper-Wölbert. Für das auf der Westseite befindliche Georgsportal erhielt Frau Fischer im Jahr 1995 den Auftrag.

An der Westfassade war eine besonders starke, schwarze Kruste vorhanden, vor allem im Bereich des Georgsportales. Hier wurden diverse Reinigungsmethoden ausprobiert, eine konservatorische Reinigung war aber für den gesamten Bereich zu zeit- und kostenintensiv, so dass für den Sockelbereich auf das Jos-Verfahren zurückgegriffen wurde, auch wenn zum Teil der „optische" Reinigungserfolg nicht gänzlich zufriedenstellend war.

An der Bogenleibung der Vorhalle waren starke Schuppen- und Schalenbildungen sowie Abwitterungen und Rissbildungen am Schilfsandstein zu sehen. Nach einer Einweisung durch die Restauratorin Frau Fischer wurden durch die Steinmetze sowohl Schalen hinterfüllt und angeböscht als auch abgewitterte Bereiche angetragen. Hierfür wurde eine mit KSE-gebundene Schlämme aus Syton W 30 mit den entsprechend abgestimmten Zuschlägen eingesetzt. Anschließend wurden die überarbeiteten Partien mit Kieselsäureester ohne hydrophobierende Wirkung gefestigt. Die Rissverspritzung erfolgte ebenso mit Syton W 30. Durch diese Arbeiten konnten alle Leibungssteine erhalten bleiben, die zehn Jahre früher wahrscheinlich größtenteils durch Vierungen oder Blender ersetzt worden wären (Abb. 20).

4. Sanierung des Turmes 2005 bis heute

Mit der Sanierung der drei Turmgeschosse oberhalb des Dachumganges wurde 2005 begonnen. Da zeitgleich das bisher an der Franziskanerkirche in Esslingen verwendete, kircheneigene Gerüst inklusive Personenaufzug frei wurde, konnten die drei Turmgeschosse auf einmal eingerüstet werden. Einerseits garantierte dies einen vernünftigen Arbeitsablauf, anderseits konnte der Bauabschnitt mit einer Fläche von ca. 950 qm nicht mehr innerhalb eines Jahres bewältigt werden.

Im Unterschied zu den Fassadenflächen des Kirchenschiffes war der Erhaltungszustand des Natursteinmauerwerkes an den drei Turmgeschossen besser als erwartet. Der Stubensandstein wies zwar eine starke, schwarze Kruste auf, aber oberflächlich betrachtet war er fest und sandete nicht ab. Um Klarheit über diesen Befund zu erhalten wurde die FMPA Stuttgart hinzugezogen [4]. Die Untersuchungen ergaben, dass sich hinter der relativ intakten Oberfläche eine mehr als 3 cm tiefe, aufgelockerte Zone befand, so dass auf eine komplette Festigung der Fassadenflächen verzichtet wurde und nur partiell die absandende Fugenflanken und Vorderkanten der Lisenen und Pfeiler gefestigt wurden.

In den Fassadenflächen aus Stubensandstein war der Steinaustausch minimal, wohingegen wiederum an den Zierteilen aus Muschelkalk starke Abwitterungen, Riss- und Schalenbildungen (Abb. 21) festzustellen waren, so dass hier neben dem

Abb. 22: Abgewitterte Krabben aus französischem Kalkstein an der Abdachung des südlichen Westgiebels

Abb. 23: Neue Auskleidung eines Wasserspeiers am zweiten Umgang mit Bleiblech

Schlämmen offenporiger Steinpartien auch einige Neuteile hergestellt werden mussten. Der französische Kalkstein, der vor allem an den Gurtgesimsen und Giebelabdachungen (Abb. 22) verbaut worden war, wies leichtere Verwitterungen auf, die aber konservatorisch behandelt werden konnten. Während für den Muschelkalk weiterhin die Weißzement-Schlämme, die sich nun über die Jahre hinweg bewährt hatte, eingesetzt wurde, musste für den französischen Kalkstein eine neue Rezeptur erprobt werden. In Abstimmung mit dem Landesamt für Denkmalpflege wurde unter den von der FMPA vorgeschlagenen Empfehlungen einer Schlämme mit Syton X 30 als Bindemittel der Vorzug gegeben. Um die Schlämme in Struktur und Farbe auf den Kalkstein abzustimmen, wurden einige Proben mit Mehl aus Jaumont-Kalkstein (Banc Lacour) und Quarzsand, jeweils in verschiedenen Körnungen, hergestellt, bis die endgültige Rezeptur, die diesmal leicht mit böhmischer Grünerde und/oder Umbra eingefärbt wurde, festgelegt werden konnte.

Auch die Wasserspeier aus den Kalksteinvarietäten wiesen starke Abwitterungen auf. Hier wurde nach dem Aufbringen der entsprechenden Schlämmen zusätzlich im Bereich der Ablaufrinne eine Bleiverkleidung oberseitig angebracht (Abb. 23), um die Durchfeuchtung des Steines von oben zu minimieren.

Eine zusätzliche Herausforderung war im Bereich der Turmgeschosse die Sicherung der freistehenden Fialen an den Giebelabdachungen und an den Eckstrebepfeilern. Zum Teil waren alte Verankerungen schadhaft, zum Teil waren auch durch die Zeit oder nach Stürmen Lockerungen an den Fugen und Verdübelungen der einzelnen Werkstücke untereinander entstanden, so dass manchmal vom Gerüst aus, manchmal aber auch im Bergsteigergurt sitzend, die entsprechenden Sicherungsarbeiten ausgeführt werden mussten. An den Fialen waren teilweise auch Verbleiungen vorhanden, die entsprechend erneuert wurden.

Auch bei der Überarbeitung der Anschlüsse des Turmes an die Dachflächen sind, neben der notwendigen Schwindelfreiheit, handwerkliche Fähigkeiten und Ausdauer gefragt. Der Bereich zwischen Dachdeckung und Steingesims war entweder komplett mit Zementmörtel ausgefüllt oder mit Seitenkehlen, die mit silikonähnlichem Material und rostenden Klammern am Stein befestigt wurden, verwahrt worden. Abgesehen von diversen Undichtigkeiten im Laufe der Zeit, hat dies auch zu Schäden am Naturstein geführt. Heute wird der Zementmörtel entfernt und es werden neue Seitenkehle eingebaut, die aber in den Stein eingenutet werden. Die entstehende Fuge wird mit eingestemmter Bleiwolle geschlossen. Es ist eine sehr mühsame Arbeit in Anbetracht des geringen Abstandes zwischen der Dachhaut und der auskragenden Gesimsunterseite und der Steilheit des Daches, die nur ein Arbeiten von Dachleitern aus zulässt.

Zur Zeit werden die Maßnahmen am Glockengeschoss und am Turmhelm geplant. Der Beginn der Gerüstbauarbeiten ist für das Frühjahr 2008 vorgesehen, so dass dann mit der Schadenskartierung begonnen und der letztendliche Maßnah-

Abb. 24: Schadenskartierung und Notsicherung am Turmhelm im Jahre 1997

Abb. 25: Turmhelm: Abwitterung am Muschelkalk und am französischen Kalkstein im Vergleich

menkatalog festgelegt werden kann.

Bereits im Jahr 1997 wurde durch Steinmetzmeister Baki eine Schadenskartierung und Photodokumentation erstellt (Abb. 24), nachdem vermehrt Abbruchstücke auf den Umgängen vorgefunden worden waren. Da zu der Zeit eine Gerüststellung nicht in Frage kam, bot sich Herr Baki als erfahrener Bergsteiger an, sich vom Turm abzuseilen. Bei der Begutachtung wurden starke Schäden vor allem Abwitterungen, Schalen- und Rissbildungen an den Bauteilen aus Muschelkalk festgestellt. Am französischen Kalkstein hingegen waren die Abwitterungen geringer (Abb. 25). An den Krabben aus beiden Kalksteinvarietäten waren häufig Rissbildungen vorhanden, ab und zu auch Fehlstellen. Teile, die abzufallen drohten, wurden im Zuge der Begutachtung sogleich entfernt (Abb. 26). Der Obernkirchener Sandstein wies geringfügige Schäden auf. Aus einer früheren Renovierungsphase stammen ein Rippenstück und eine Maßwerkvierung aus Betonwerkstein, wobei am Rippenstück feine Haarrisse festgestellt werden konnten.

Aufgrund der Schadensdokumentation wird bisher davon ausgegangen, dass auf einen Steinaustausch kompletter Werkstücke, vor allem im Bereich der tragenden Rippen, verzichtet werden kann. Neben der wohl unumgänglichen partiellen Erneuerung schadhafter Bereiche durch Vierungen wird das Hauptaugenmerk auf der Konservierung der vorhandenen Bausubstanz liegen. Hierfür sollen nicht nur die bisher eingesetzen Materialien und Techniken zum Einsatz kommen, sondern auch der mögliche Einsatz von KSE-gebundenen Steinkle-

bern und Injektionsmassen für die Rissverspritzung geprüft werden.

5. Sonstige restauratorische Arbeiten

Bei den Restaurierungsarbeiten sind neben den Steinmetzen auch zahlreiche andere Gewerke involviert. Insbesondere sind hier die Arbeiten an den ornamentalen Bleiverglasungen im nördlichen und südlichen Chor zu erwähnen. Die Verglasungen aus dem 19. Jahrhundert wurden ausgebaut und in der Werkstatt der Fa. Saile aus Stuttgart überarbeitet. Sie wurden in einem trockenen Reinigungsverfahren gesäubert, das Bleinetz wurde repariert, stellenweise auch erneuert, Fehlstellen wurden ergänzt und neue Windeisen angebracht. Zudem wurde eine Schutzverglasung mit der notwendigen Umrüstung der Standeisen montiert.

Ein weiteres Projekt ist die Restaurierung der zwölf Dachgauben aus Zinkblech, die Ende des 19. Jahrhunderts im Zuge der Erneuerung des Dachstuhls entstanden sind. In Abstimmung mit dem Landesamt für Denkmalpflege, insbesondere mit dem Metallrestaurator Herr Blumer, wurde ein Konservierungskonzept entwickelt. Abgesehen von der Erneuerung der stark korrodierten Nockenbleche und Seitenkehlen und einigen Verbesserungen an der Unterkonstruktion, um die Bildung von Druckstellen, das Aufplatzen von Nähten und somit das Eindringen von Regenwasser zu vermeiden, werden nur konservatorische Arbeiten an den Gauben ausgeführt. Risse, offenstehende Nähte und Fehlstellen

Abb. 26: Turmhelm: Fehlstelle an einer Krabbe aus französischem Kalkstein

Abb. 27: Dachgaube S5 nach Abschluss der konservatorischen Arbeiten

werden mit Polyester verkittet und überstrichen, bewitterte Partien wie die Spitze und die Dachflächen erhalten einen Schutzanstrich mit Dickschichtfarbe, um die aufgeraute Oberfläche zu glätten (Abb. 27). Zusätzlich werden anstelle der Gitter aus Maschendraht Dachläden aus Holz eingebaut. Im Zuge der Erneuerung der Nockenbleche muss in den angrenzenden Bereichen die zweifarbige Schieferdeckung unter Beachtung des eingearbeiteten Musters ergänzt bzw. erneuert werden. Die Konservierungsarbeiten, die zur Zeit an der vorletzten der zwölf Gauben stattfinden, werden durch die Restauratorin Martina Fischer ausgeführt.

Von 1993 bis heute wurden für die gesamte Aussensanierung der Frauenkirche ca. 3,3 Mio Euro ausgegeben, die je zu einem Drittel vom Land Baden-Württemberg, von der Stadt Esslingen und von der Ev. Gesamtkirchengemeinde getragen wurden. Bei den Steinmetzen fielen für die konservatorischen Arbeiten und das Herstellen von Werkstücken circa 26.000 Stunden an. Es wurde eine Fläche von circa 4.500 qm bearbeitet, hierfür wurden in etwa 12.000 l Festiger, 3.000 kg Restauriermörtel, 8.500 kg Fugenmörtel und 26 cbm Steinmaterial benötigt.

6. Zusammenfassung

In den letzten 15 Jahren wurden vielfältige Erfahrungen in der Natursteinrestaurierung gesammelt. Oberstes Ziel war immer, entsprechend den vorhandenen Möglichkeiten, soviel wie möglich der originalen Bausubstanz zu erhalten. Die Entwicklung neuer Techniken und Materialien im konservatorischen Bereich war und ist dabei immer noch von großer Bedeutung. Der ursprünglich festgelegte Maßnahmenkatalog besitzt zwar im allgemeinen weiterhin seine Gültigkeit, im besonderen müssen aber auch neue Entscheidungen getroffen und neue Anwendungen erlernt werden. Die Planer und die Ausführenden müssen, ohne den Blick auf Bewährtes zu verlieren, offen für neue Entwicklungen bleiben, wobei der tatsächliche Bedarf genau zu untersuchen und der Einsatz neuer Materialien extern und/oder vor Ort über einen längeren Zeitraum erprobt sein muss.

Literaturverzeichnis

[1] FMPA Baden-Württemberg: Dr. Friedrich Grüner: Esslingen, Frauenkirche: Untersuchung der KSE-Festigung, Auftragsnummer 32–1055, 23.11.1995, Auftragsnummer 32–26580, 07.11.1997, Auftragsnummer 32–30992, 09.03.2000

[2] Albert Kieferle, Restaurator: Frauenkirche Esslingen: Konservierungsproben an Muschelkalkwerkstücken, 1994

[3] FMPA Baden-Württemberg: Dr. Friedrich Grüner: Esslingen, Frauenkirche: Restaurierung der Chorfiguren aus Gussmörtel, Auftragsnummer 32–29643, 12.03.1999

[4] MPA Stuttgart: Dr. Friedrich Grüner: Esslingen, Frauenkirche: Untersuchungen zum Gesteinszustand am Turm, Auftragsnummer 900 9818 00, 11.08.2005

Abbildungsverzeichnis

Abb. 2 : Architekturbüro Metzger, Esslingen

Abb. 19: Martina Fischer, Schwäbisch Gmünd

Abb. 23: Architekturbüro Metzger, Esslingen

Abb. 27: Martina Fischer, Schwäbisch Gmünd

Alle anderen Abbildungen: Bauhütte der Frauenkirche, Esslingen

Berührungslose Hohlstellendetektion an Wandmalereien

von Ch. Franzen, T. Löther, J. Meinhardt-Degen, S. Weise

Mittels aktiver Infrarot-thermographie lassen sich Hohlstellen in Wandmalereien berührungslos ermitteln. Im Rahmen eines Projektes mit der Deutschen Bundes-stiftung Umwelt wurden die Randbedingungen, die eine solche Herangehensweise erfordert, weiter untersucht. Laboruntersuchungen liefer-ten dabei wichtige Erkennt-nisse, die an den unter-suchten Wandmalereien in Bad Schmiedeberg in Sachsen-Anhalt und in Kühren, Sachsen, umgesetzt wurden.

1. Einleitung

Zerstörung mittelalterlicher Wandmalereien geschieht häufig zunächst unsichtbar durch Ablösung von Malschichten oder Malschichtuntergründen von ihrer jeweiligen Unterlage. Diese Ablösungen führen zur Ausbildung von nicht angebundenen, hohl stehenden Bereichen, so genannten Hohlstellen, die, wenn sie einen kritischen Punkt überschritten haben, spontan abfallen und zu gravierenden Verlusten der Malerei führen. Hohlstellen in Wandmalereien stellen somit eine große Gefahr für ihren Bestand dar. Es ist daher von großem Interesse, die Verteilung der Hohlstellen in den Wandmalereien zu erfassen, um sie rechtzeitig behandeln zu können. Perkussionsuntersuchungen, das Abklopfen der Oberfläche mit dem Finger oder einem geeigneten Werkzeug, sind die gängige Methode, diese Bereiche zu untersuchen. Perkussionsuntersuchungen bedingen oft mehrfache mechanische Berührungen der Malerei. Die Methode ergibt einen akustischen Wert, der von dem Untersuchenden aufgenommen, interpretiert und dokumentiert werden muss. Daher können diese Untersuchungen in Abhängigkeit von dem Ausführenden zu unterschiedlichen Ergebnissen führen.

Mittels aktiver Infrarotthermografie lassen sich die Hohlstellen berührungslos detektieren. Allerdings müssen bei solchen Untersuchungen verschiedene Randbedingungen berücksichtigt werden, die im Rahmen eines Forschungsprojektes bewertet wurden. Die empfindlichen Malschichtoberflächen der Wandmalereien erlauben nur begrenzte Aktivierungsleistungen. Wandmalereien in historischen Gebäuden sind einer natürlichen Schwankungsbreite von Luftfeuchte und Temperatur durch ihre Umgebung ausgesetzt. Aus konservatorischen Gründen darf eine zusätzliche Änderung der Temperatur diese im Jahresverlauf entstehende Schwankungsdifferenzen nicht überschreiten. Extreme Temperaturen können zum Zerfall der Pigmente, Zersetzung des Bindemittels oder Scherspannungen im

Gefüge führen. Daher wurde im Rahmen einer Studie untersucht, wie sich an dem immobilen Kunstgut mess- und auswertbare Temperaturdifferenzen induzieren lassen, ohne bei der Untersuchung den sensiblen Bestand zu gefährden. Vor dem Einsatz am Objekt waren daher umfangreiche Laboruntersuchungen notwendig. Danach wurde an Wandmalereien in der Nikolaikirche in Bad Schmiedeberg (Sachsen-Anhalt) und der Pfarrkirche in Kühren (Sachsen) Messungen durchgeführt.

2. Temperaturstrahlungsmessung

Körper mit einer Temperatur oberhalb des absoluten Nullpunktes von 0,0 K (-273,15 °C) senden elektromagnetische Strahlung aus. Bestimmt man die Intensität dieser Strahlung, ist man in der Lage, daraus die Temperatur des aussendenden Körpers berührungslos zu ermitteln. Die Infrarotstrahlung ist der Teil des elektromagnetischen Spektrums, der sich an der langwelligen Seite des sichtbaren Spektrums an das rote Licht bei einer Wellenlänge von ca. 760 nm anschließt und sich bis zu etwa 1 mm Wellenlänge erstreckt. Detektiert wird dabei ausschließlich die Oberflächentemperatur des untersuchten Festkörpers. Der mit einer IR-Kamera gemessene Strahlungswert ist abhängig vom Emissionsgrad des realen Objektes und kann auf seinem Weg zur Kamera noch verändert werden (Abb. 1).

Die gemessene Strahlung setzt sich zusammen aus der Emission, der Transmission und der Reflektion der Strahlung des Messobjektes. Im Fall der Untersuchung von Wandmalereien im Innenraum können verschiedene Parameter, die wie in Abb. 1 dargestellt die Messungen beeinflussen, unberücksichtigt bleiben. Aufgrund der geringen Distanz der Messanordnung in normaler Atmosphäre, in der die Infrarotstrahlung in großen Bereichen des infraroten Spektrums nahezu unbeeinflusst bleibt, sind Signal-

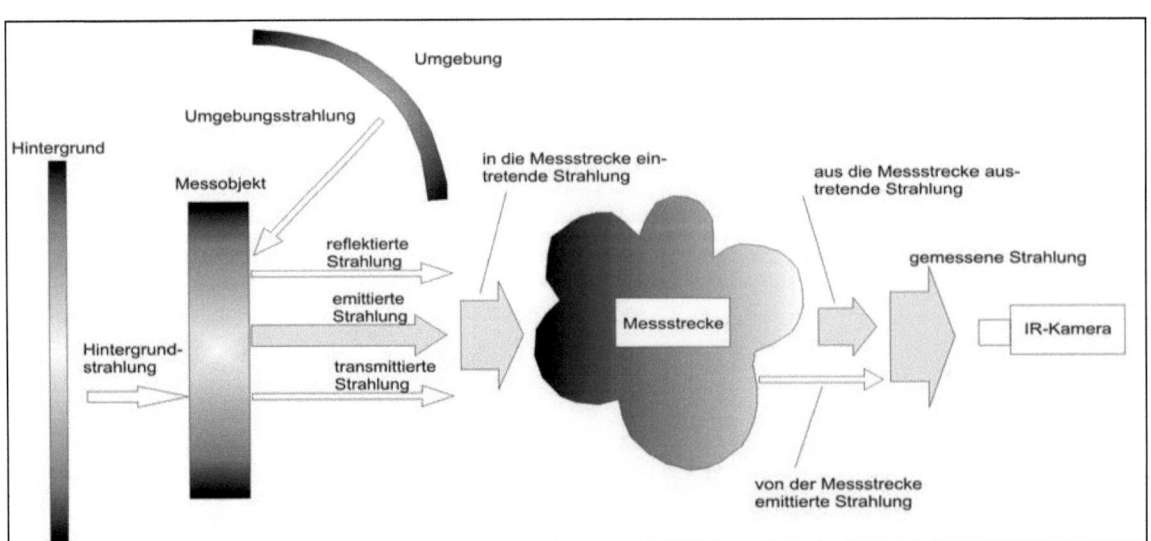

Abb. 1: *Mehrere externe Faktoren können auf die gemessene Strahlung Einfluss nehmen und müssen berücksichtigt werden (aus InfraTec 2004)*

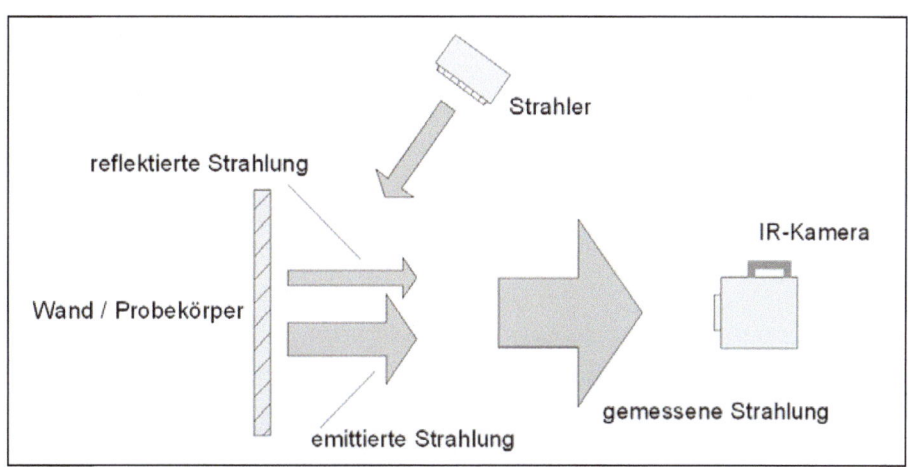

Abb. 2: *Bei der aktiven Thermografie an Wandmalereien zu berücksichtigende Einflussfaktoren*

abschwächungen in der Messstrecke nicht zu erwarten. Aus der Umgebung in die Messstrecke eintretende Strahlung ist vernachlässigbar. Von einem normalen Wandquerschnitt ausgehend, auf dem die Wandmalereien liegen, kann davon ausgegangen werden, keine Transmissionsanteile von Strahlung zu erhalten. Nicht vernachlässigbar ist hingegen der Einfluss durch Reflektionsstrahlung, insbesondere unter Berücksichtigung des Einflusses der eingesetzten Heizstrahler. Daraus ergibt sich der in Abb. 2 dargestellte Fall. Der Einfluss der Reflektion der Heizstrahlerstrahlung auf das Messbild ist ein bedeutender Störfaktor, dessen Einflussgröße berücksichtigt werden muss.

2.1 Methodik

Für die infrarot-thermografischen Untersuchungen wurde eine VARIOSCAN 3021 ST der Firma InfraTec eingesetzt. Die Kamera arbeitet im Wellenlängenbereich zwischen 8–12 µm. Die Auswertung erfolgte mit einer Software derselben Firma („IRBIS-professional V2.2"). Die vom Körper ausgesendete

elektromagnetische Strahlung wird von der Kamera zweidimensional hochauflösend bestimmt und von einer Software in einen Farbcode übertragen. Die Auswertung der Messaufnahmen erfolgte zumeist im sogenannten Differenzbild. Dabei werden die Temperaturwerte der ersten Aufnahme von den Temperaturwerten eines Messbildes für jeden Pixel subtrahiert. Das Bild zeigt somit ausschließlich die Temperaturdifferenz relativ zum Ausgangsbild. Damit werden leichte Temperaturdifferenzen in der Absoluttemperatur ignoriert. Zur aktiven Induzierung eines Temperaturgradienten kamen zwei Halogenstrahler HAL 3000 (Fa. Master) mit je 2 x 1500 Watt Leistung zum Einsatz. Diese wurden schräg zur Untersuchungsfläche so aufgestellt, dass die bestrahlten Flächen sich überlagerten und das sichtbare Bestrahlungsfeld deutlich größer war, als der untersuchte Bildausschnitt (Abb. 3). Die gleichmäßige und ausreichende Erwärmung einer Wandoberfläche in dieser Konstellation wurde durch Voruntersuchungen getestet. Die Kamera schaut zwischen den Bestrahlungseinheiten hindurch senkrecht auf die Untersuchungsfläche (Abb. 4).

Abb. 3: *Mit zwei Infrarotstrahlern wird die Wandoberfläche gleichmäßig erwärmt (Laboraufnahme)*

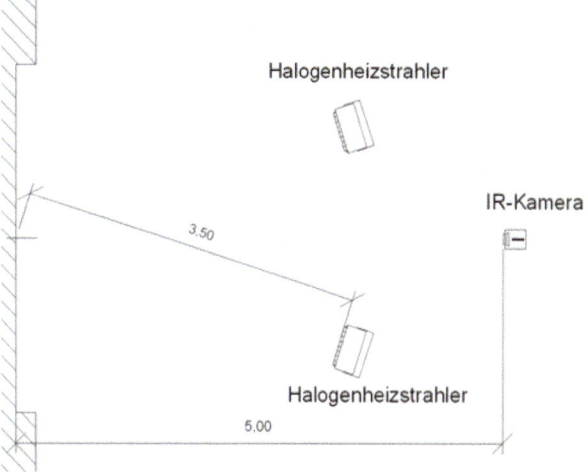

Abb. 4: *Schematische Skizze zur Verdeutlichung des Versuchsaufbaus; Kamera, Heizeinheiten und Objektmitte liegen auf einer Ebene, die Kamera schaut zwischen den über Kreuz gestellten Heizeinheiten hindurch*

45

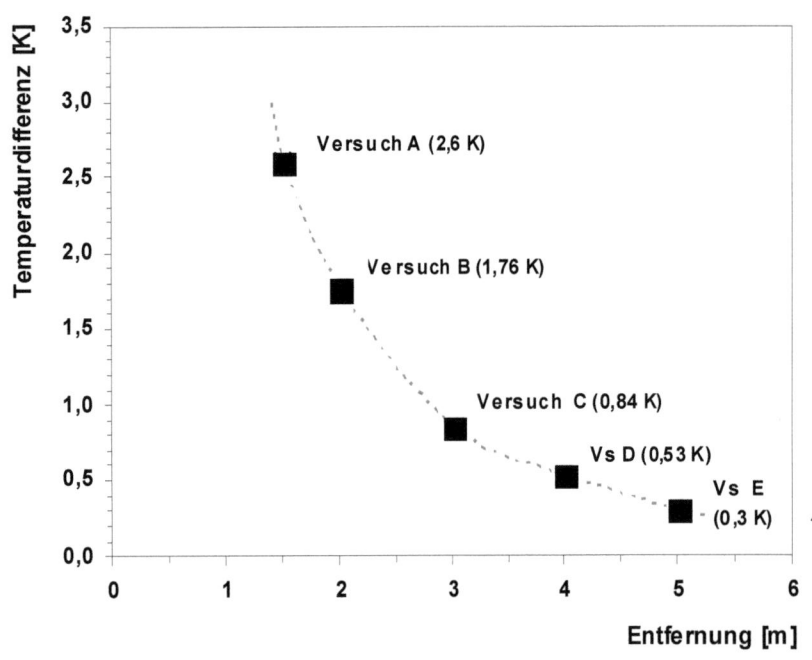

Abb. 5: Abhängigkeit zwischen dem Abstand der Wärmequelle und der Oberflächentemperatur der Versuchswand

2.2 Passive Thermografie

Passive Thermografie bedeutet die Beobachtung vorliegender Oberflächentemperaturen im stationären Zustand. Notwendig zur Ortung von Anomalien ist ein vorliegender Temperaturgradient durch (natürliche) Umgebungsbedingungen. Die Interpretation der gewonnenen IR-Bilder kann schwierig sein, da die Messungen von nicht konkret nachvollziehbaren Faktoren beeinflusst wird. Der Zeitpunkt der Untersuchung muss abhängig von den Umgebungsbedingungen gewählt werden. Vorteile der passiven Thermografie stellen die einfache Handhabung und die leichte Untersuchung großer Oberflächen, größer 10 m², dar (Grinzato 2001). Bei großen Entfernungen kann auch die Absorption der IR-Strahlung durch die Atmosphäre die Messungen beeinflussen, da Kohlendioxid und Wasser einen Teil des Infrarotspektrums absorbieren (Maldague 2001).

2.3 Aktive Thermografie

Bei der aktiven Thermografie wird Energie in das zu untersuchende Objekt eingebracht, um messbare Temperaturdifferenzen zu erhalten. Die Geschwindigkeit der Wanderung der Wärmefront hängt von verschiedenen thermischen Materialeigenschaften wie Dichte, Wärmekapazität, thermische Leitfähigkeit, Struktur und unter der Oberfläche befindlichen Störstellen ab. Diese Temperaturdifferenzen werden infrarot-thermografisch aufgezeichnet und ausgewertet. Eine Datenanalyse ermöglicht das Herauslösen quantitativer Informationen über das untersuchte Objekt. Ein Vorteil gegenüber dem passiven Verfahren ist die reduzierte Abhängigkeit von den Umgebungsbedingungen. Auch kann die Messung zu einem beliebigen Zeitpunkt durchgeführt werden (Grinzato 2001). Es wurden Versuche mit Warmluftgebläsen, kleinen Halogenstrahlern, Propangasstrahlern, ölbetriebenen Strahlern und elektrischen Heizstrahlern durchgeführt. Dabei stellte sich heraus, dass die elektrischen Heizstrahler für den Einsatz zur Untersuchung an historischen Wandmalereien die meisten Vorteile hatten. Abbildung 5 zeigt die Abhängigkeit zwischen dem Abstand eines einzelnen Strahlers und der Differenz der Oberflächentemperatur nach 4 min Aktivierung auf einer Laborwand.

Die theoretische Grundlage für die Durchführung der zerstörungsfreien Untersuchung von Hohlstellen an mittelalterlichen Wandmalereien mittels Infrarot-Thermografie bilden Überlegungen zur Wärmeleitung. Im stationären Grundfall steht ein Körper mit seiner Umgebung im Temperaturgleichgewicht. An seiner Oberfläche ist diese Temperatur gleichmäßig messbar.

Der Körper selbst, seine Oberfläche und die umgebende Luft haben dieselbe Temperatur. Wird die Temperatur an einem Teil verändert, so kommt es in der Folge zum Temperaturausgleich durch Wärmeströmungen bis wieder ein Gleichgewicht hergestellt ist. Dieser Ausgleichsprozess ist unter anderem abhängig von der Wärmeleitfähigkeit des Mediums. Unterschiedliche Wärmeleitfähigkeiten führen zu von einander abweichenden Oberflächentemperaturen solange sich kein Temperaturausgleich eingestellt hat. Wird an einer Oberfläche eines Objektes, das hohle Stellen enthält, eine Erhöhung der Temperatur bewirkt, folgen daraus unterschiedliche Oberflächentemperaturen. Es kommt im Bereich von Hohlstellen zur stärkeren Aufheizung der Oberfläche im Vergleich zu der Umgebung. Die in der Hohlstelle vorliegende Luft hat eine stark isolierende Wirkung. Die mit dem Untergrund fest verbundenen Stellen können die von der Oberfläche eingetragene Wärme schneller ableiten und so die Oberfläche kühl halten.

Abb. 6: *Wandmalerei an der Ostwand der südlichen Vorhalle mit eingezeichneten Messfeldern (Photo: J. Körber)*

3. Bad Schmiedeberg

3.1 Objektbeschreibung

In Sachsen-Anhalt wurden mittelalterliche Wandmalereien in der südlichen Vorhalle der evangelischen Kirche St. Nikolai in Bad Schmiedeberg für die IR-Untersuchungen ausgewählt. Bad Schmiedeberg liegt in hügeliger Landschaft in der Dübener Heide im Landkreis Wittenberg. Die evangelische Stadtkirche St. Nikolai ist eine große, dreischiffige Hallenkirche aus der 2. Hälfte des 15. Jh. und diente zwischen 1813 und 1816 als Universitätskirche der Universität Wittenberg. Im südwestlichen Teil der Kirche befinden sich noch Reste des 1429 zerstörten, spätromanischen Vorgängerbaus, der heute noch romanische Wandmalereien trägt. An diesen wurden Untersuchungen in zwei Messfeldern durchgeführt (Abb. 6).

Die teilweise stark geschädigten Wandmalereien wurden 1904 freigelegt und anschließend übermalt (Angaben durch Herrn J. Körber). Die West- und Ostwand der Vorhalle sind besonders stark infolge von Feuchteeinwirkung und Salzkristallisation gefährdet. Abstehende Putzblasen haben sich daraufhin gebildet. Deren Ausdehnung war bislang nur begrenzt durch eine Perkussionskartierung erfasst. An der Ostwand befindet sich eine Darstellung des Jüngsten Gerichts.

Die Wandmalereien sind in Secco-Technik ausgeführt. Auf allen Wand- und Gewölbeflächen ist noch der originale Putz vorhanden. Er ist einlagig aufgebracht und dann oberflächlich mit einem Kellenrücken verdichtend geglättet worden. Es zeigen sich gravierende Schäden in Form großflächiger Putztrennungen, die sowohl zwischen Putzmörtel und Mauerwerk als auch innerhalb des Putzmörtels liegen. Stellenweise gibt es in diesen Bereichen große, sehr weit abstehende Blasen, die nur selten

noch komplett geschlossen sind. Entweder sie sind zur Mitte hin aufgebrochen oder sie scheren an den Randbereichen ab. In vielen Fällen ist in der unteren Hälfte der Putzblasen lockeres, bröckeliges Material eingeschlossen. Anfang des vergangenen Jahrhunderts erfolgten einige Ausbesserungen von Fehlstellen innerhalb des erhaltenen Originalputzes. Sie wurden mit weichem Kalkmörtel ausgeführt. In jüngerer Zeit ist dann noch einmal mit zementhaltigem Mörtel hinterfüllt worden. Durch den Restaurator J. Körber wurde 1999 eine Schadenskartierung mit Perkussionsuntersuchung angefertigt.

3.2 Untersuchungen mit IR-Thermografie

Das Messfeld 2 wurde mit zwei parallel angeordneten Strahlern über 15 Minuten erwärmt. Im Rahmen von Voruntersuchungen hatte sich diese Zeitspanne unter der Verwendung von jeweils nur 1500 Watt pro Strahler als angemessen hinsichtlich des Wärmeimpulses erwiesen, ohne dabei die fragilen Oberflächen zu gefährden. In der Abbildungsreihe (Abb. 7) sind Aufnahmen der Abkühlungsphase dargestellt, die 20 Minuten mit der Kamera verfolgt wurde. In die Bilder sind zur Orientierung Bildelemente der Wandmalerei integriert worden. In der ersten Abbildung, die zu Beginn der Abkühlphase aufgenommen worden ist, sind noch zusätzlich die Stellen mit hellgrauen Linien umkreist, in denen gemäß der Perkussionskartierung Hohlstellen zu erwarten waren.

Bei der Betrachtung der ersten Aufnahmen der Abkühlphase ist die durch Perkussion im unteren Teil des großen Gewandes detektierte Hohlstelle mit Hilfe der Infrarot-Thermografie nicht in der Form nach-

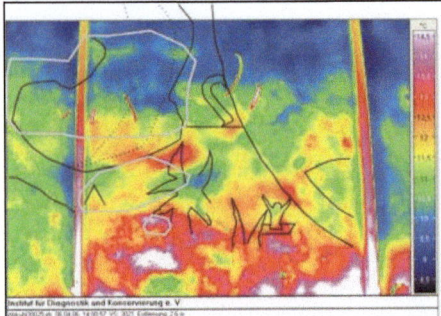 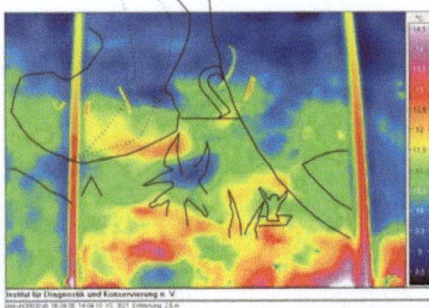 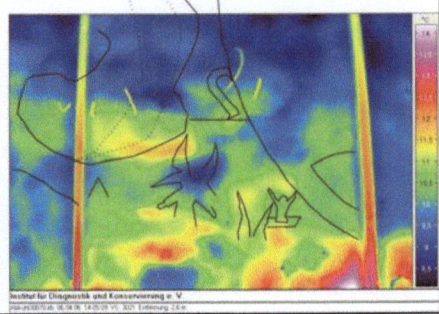

Abb. 7: *Voruntersuchungen – Abkühlphase; mit Markierung (gemäß der Perkussionskartierung) hohl liegen-*
der Bereiche (hellgraue Umrahmungen), die Temperaturskalen sind für eine bessere Vergleich-
barkeit der Phänomene auf denselben Temperaturbereich von 8,3°C bis 14,6°C normiert

vollziehbar. Die sich darunter anschließende weit aushaltendere Hohlstelle, die sich entsprechend der Kartierung vom Kopf des Engels über einen Teil der rechten Flügel hin zur Turmspitze erstreckt, scheint entsprechend der IR-Aufnahme doch etwas anders gelagert zu sein. Ein hohl liegender Bereich markiert sich eher an der Spitze des Engelflügels und stellt damit dar, dass die beiden Hohlstellen offenbar miteinander verbunden sind. Gut zeichnet sich in der IR-Aufnahme die Hohlstelle unterhalb der rechten Hand des Engels ab. Bei genauerer Betrachtung fällt auf, dass sich in engster Umgebung dazu bereits hinterfüllte Bereiche befinden, die an der Oberfläche durch Mörtelflecken auffallen. Eine eindeutige Differenzierung dieses Bereiches in hohl liegend und bereits in gewisser Weise hinterfüllt kann nicht erfolgen. Neben Zonen nahe dem unteren Bildrand erweisen sich sowohl der vordere Teil des Gewandes am Übergang zum Flügel als auch die Zone unterhalb der Hand des Engels als hohl liegend.

Es gibt eine generelle Übereinstimmung der Klopfkartierung mit auffälligen Aufheizungen bei der aktiven IR-Thermografie. Die IR-Aufnahmen zeigen ein weitaus differenzierteres Bild von Inhomogenitäten nahe der Oberfläche.

4. Kühren

4.1 Objektbeschreibung

Bei der 1348 erstmals urkundlich erwähnten Dorfkirche in Kühren handelt es sich um einen romanischen Bau mit rechteckigem Chor und rechteckigem Langhaus. Zwischen beiden spannt sich der runde Triumphbogen (Abb. 8). Im 17. Jahrhundert erfolgte der Einbau von Emporen im Langhaus. Bei der Restaurierung der Kirche 1952 entdeckte man im Inneren außergewöhnlich reiche Wandmalereien von 1430/40 (Dehio 1998). Der gesamte Chor, der Triumphbogen und Teile der Nord- und Südwand des Saales sind figürlich und ornamental bemalt. Der Chorraum ist unter anderem mit Darstellungen der Marienverkündigung, der vierzehn Nothelfer, der zwölf Apostel, der Kreuzigung und des Marientodes reichhaltig verziert.

An der Nordwand der Dorfkirche zu Kühren, im Anschluss an die Chorwand ist der Heilige Christophorus dargestellt. Die Wandmalerei zeigt ihn als weißhaarigen Hünen in leicht gebeugter Haltung. Er trägt das Jesuskind über den Fluss. Stützend mit seiner rechten Hand hält er das Kind auf seiner rechten Schulter. Sein Blick ist zum Jesuskind gerichtet. In

Abb. 8: *Kirche in Kühren, Sicht durch das Kirchenschiff in den Chorraum*

Abb. 9: Kühren, die Wandmalerei des Hl. Christophorus wurde in drei übereinander angeordnete Messfelder eingeteilt

Abb. 10: Oberes Messfeld zu Beginn der Abkühlung, IR-Aufnahme in blau-gelb mit roter Schraffur der thermisch auffälligen Bereiche

Abb. 11: Graphische Darstellung der Ergebnisse aus der IR-Kartierung von Abb. 10 (rote Schraffur) auf dem Foto Wandmalerei

seiner linken Hand hält er einen belaubten Eichenbaum. Das Jesuskind hält in seiner linken Hand einen Reichsapfel. Die rechte Hand ist segnend ausgestreckt. Beide Figuren sind in üppige faltenreiche Gewänder gehüllt.

4.2 Untersuchungen

Die etwa 5,2 m x 2,4 m große Wandmalerei wurde in drei Messfelder unterteilt (Abb. 9). An allen drei Messfeldern wurde die gleiche Versuchsdurchführung angewendet. Für die höheren Untersuchungsabschnitte wurde mit Stativen gearbeitet, um die Aktivierungs- und Messinstrumente auf eine Arbeitsebene mit dem Bildausschnitt zu bringen. Die Gesamtaufheizzeit wurde etwas variiert in Abhängigkeit des Zeitpunktes des „Durchschlagens" der Mauerstruktur im IR-Bild. Die IR-Kamera wurde auf die Bildmitte eines Messfeldes eingestellt. An der Wandmalerei wurde eine Schadenskartierung mittels Perkussionsmethode von der Fa. Heidelmann & Hein durchgeführt. Die Untersuchungsergebnisse aus den IR-Untersuchungen wurden mit der Schadenskartierung verglichen.

Es sollen die Ergebnisse aus den Untersuchungen an dem oberen Messfeld diskutiert werden. Über 25 min wurde gepulst aktiviert und weitere 5 min die

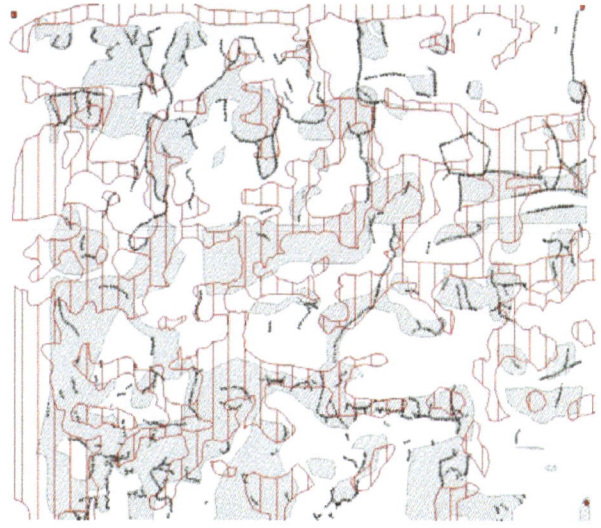

Abb. 12: Vergleich der Perkussionskartierung von Heidelmann & Hein (grau = Hohlstellen, schwarz = Risse) mit den Ergebnissen der IR-Kartierung nach Abb. 10 (rote Schraffur)

Abkühlung beobachtet. Abbildung 10 zeigt die IR-Aufnahme zu Beginn der Abkühlungsphase. Deutlich ist die unterliegende Mauerwerksstruktur im Bild zu erkennen. Die Bereiche, die eine Aufheizung zeigen, sind zusätzlich mit einer Schraffur dargestellt. Diese Schraffur wird in Abbildung 11 auf einem Foto des Messfeldes dargestellt. So lassen sich die Ergebnisse der IR-Untersuchungen nachvollziehbar auf die Wandmalerei übertragen. Abbildung 12 zeigt einen Vergleich der Schraffur nach der IR-Untersuchung mit der Schadenskartierung der Restaurierungsgesellschaft Heidelmann & Hein. Es zeigen sich gute Übereinstimmungen und auch deutliche Abweichungen. Ein Teil der Abweichungen stellt sich so dar, dass die kartierten Hohlstellen eine ähnliche Form haben aber nicht deckungsgleich sind. Die verschiedenen Arbeitsschritte der Untersuchungen erfolgten auf unterschiedlichen Arbeitsgrundlagen und wurden über Passpunkte zusammengeführt. Hier besteht Verbesserungspotential in der Strategie, um die Ergebnisse genauer mit einander abzugleichen.

5. Zusammenfassung

In dem von der Deutschen Bundesstiftung Umwelt geförderten Projekt „Detektierung und Konservierung infolge von Umwelteinflüssen hohlstehender Wandmalereien am Beispiel der national wertvollen mittelalterlichen Kirchen in Kühren und Bad Schmiedeberg" wurden vom Institut für Diagnostik und Konservierung an Denkmalen in Sachsen und Sachsen-Anhalt e.V. (IDK) mit Hilfe aktiver Infrarotthermografie zerstörungsfreie Untersuchungen an den gefährdeten historischen Wandmalereien durchgeführt. Aufbauend auf Laborstudien wurde ein Versuchsaufbau etabliert, der sich angepasst an die Fragestellung an mittelalterlichen Wandmalereien ohne Gefährdung für das hochrangige Kulturgut einsetzen lässt. Die Laborstudien umfassten die Untersuchung verschiedenster Aktivierungsmethoden, die Abgrenzung der Leistungsflächen der Aktivierungsstrahler, die Abschätzung von deren Temperatureintrag auf eine farblich gefasste Oberfläche, Infrarot-Untersuchungen an verschiedenen Pig-menten, Untersuchungen zu unterschiedlichen Oberflächenbeschaffenheiten und Untersuchungen an exakt definierten Hohlstellen.

Als günstigste Aktivierungsvariante wurde die Strahlungsaktivierung ermittelt. Die strombetriebenen Strahler müssen genau positioniert werden, um eine gleichmäßige Aktivierung der Untersuchungsfläche zu gewährleisten. In wenigen Metern Entfernung zur Wandmalerei rufen die eingesetzten 3000 W Strahler wenige K Veränderung der Temperatur hervor, die ausreichen, um hoch auflösend Informationen über Anomalien im Wandaufbau nachzuweisen. Auch wenn der Randdefinition Grenzen gesetzt sind, ist die moderne Technik der konventionellen Klopfmethode (Perkussion) darin überlegen und zusätzlich vollkommen berührungsfrei. Das schont die Wandmalerei und kann auch in 5 m Höhe ohne Einrüsten der Wand erfolgen.

An den zwei Fallbeispielen wurden exemplarisch das Ausmaß der Hohlstellen vor der Restaurierung bestimmt, mit Kartierungen der herkömmlichen Perkussionsuntersuchungen verglichen und nach der Restaurierung wieder mit aktiver IR untersucht. In der evangelisch-lutherischen Pfarrkirche in Kühren (Sachsen) wurde an der größten zusammenhängenden Wandmalerei in Sachsen gearbeitet. An der Nordwand des Langhauses wurde dabei eine überlebensgroße Darstellung des Hl. Christophorus in mehreren Teilabschnitten erfolgreich untersucht. Im Land Sachsen-Anhalt wurde an Wandmalereien in der südlichen Vorhalle der evangelische Kirche St. Nikolai in Bad Schmiedeberg ebenfalls Untersuchungen durchgeführt und der Informationstand aus der Perkussionskartierung weit reichend ergänzt.

Der Einsatz der zerstörungsfreien Infrarotaufnahme-Technik in dem sehr sensiblen Bereich der Kunstgutuntersuchung ist sehr viel versprechend. Noch ist die Anwendung als aufwendig einzustufen. Die berührungslose Prüftechnik ist ausschließlich durch erfahrene Fachleute durchführbar. Der Einsatz an sensiblen und einzigartigen Kulturgut wird, wie auch die Erfahrung aus anderen Bereichen zeigt, immer Einzelfalllösungen erfordern, da nur so den denkmalspezifischen Gesichtspunkten Rechnung getragen werden kann.

Literatur

DEHIO G. (1998): Handbuch der deutschen Kunstdenkmäler – Sachsen II; Regierungsbezirke Leipzig und Chemnitz; Georg Dehio, Barbara Bechter, Wiebke Fastenrath, Heinrich Magirius Barbara Bechter, Wiebke Fastenrath, Heinrich Magirius; Deutscher Kunstverlag; München, Berlin.

GRINZATO, E. (2001): Infrared and thermal testing for conservation of historical buildings. In: Infrared and thermal testing. ASNT Nondestructive Testing Handbook, 3. Aufl., Vol. 3, Editor: Malague, P.V.; Moore, P.O., 2001, Chapter 18, Part 5, 624-646.

InfraTec (2004): Einführung in die Theorie und Praxis der Infrarot-Thermografie, Skript zum Schulungskurs, 63 S.

MALDAGUE, X.P.V. (2001): Theory and Practice of Infrared Technology for Nondestructive Testing. John Wiley & Sons, Inc., New York, 2001.

Das Forschungsprojekt wurde gefördert durch die Deutsche Bundesstiftung Umwelt, AZ 21045. Projektlaufzeit: 2004 bis 2007.

Analysis of Some Monuments of the Islamic Era in Cairo (7th–19th centuries): Basic Investigations for the Restoration Plans

von Hanaa Y. Ghorab und Ingy K. Waked

The paper surveys the characteristics of the building materials used in some Islamic monuments located in Historic Cairo (7th to 19th century). Three case studies in addition to interesting aspects of the analyses are described. The importance of the basic investigations for the restoration plans is highlighted. The article illustrates examples for collaboration between scientists, geologists, architects and restorers. Its content might raise common interest for further interdisciplinary cooperation.

1. Historical background

Cairo or al-Qahira, the capital of Egypt, is strategically located at the apex of the Nile Delta at the junction of Upper and Lower Egypt. Due to its historical architecture treasures, it was listed by the UNESCO as one of few "Cities of Human Heritage". Al-Qahira, meaning "the Victorious", was founded as a satellite city in the Fatimid era in 971 by Jawhar el Siqilli, a general sent by the Fatimid Caliph residing in North Africa. The glorious ceremonial city is the fourth Islamic capital following the first three capitals founded after the Arab conquest of Egypt in the year 641: Al-Fustat (641), al-Askar (750) and al-Qata'i (850) (Fig. 2)[1]. In 1171 Salah al-Din al-Ayyubi, who overthrew the declining Fatimids, merged both cities al-Qahira and al-Fustat, with a long wall (the Ayyubid wall) but died before it ended. He also started to construct the citadel, which became a seat of power for Egyptian rulers. The capital of Egypt expanded then under the subsequent rulers. French scholars, who where sent to Egypt by Napoleon to make a survey on the city, called it Le Kaire, the name was later on translated to Cairo. The Arabic name of the capital is also Misr al-Mahrusa (the Protected City). Today, the vastly expanding Great Cairo city covers a wide surface of approximately 214 km².

The Islamic era in Egypt is composed of six periods:
1st the Abassid-Tulunid period (641-969)
2nd the Fatimid period (969-1171)
3rd the Ayyubid period (1171-1250)
4th the Bahri Mamluk period (1250-1382)
5th the Circassian Mamluk period (1382-1517)
6th the Ottoman period (1517-1848) [2]
A total number of 477 listed monuments of the Islamic era are registered by the Supreme Council of Antiquity in Egypt: 0.8% belongs to the 1st period, 5.6% to the 2nd; 3.5% to the 3rd, ~20% to the 4th and ~26 and 44% to the 5th and the 6th [2].

The Islamic architecture flourished throughout this historical era. Inside the capital of Egypt significant mosques, mausoleums, palaces, schools (madrasa), caravanserai (wakalas), drinking sources (sabils), and houses were erected and many of them still represent the glory of this period. Monuments that represent the early Islamic period include the mosque of Amr Ibn al-As at al-Fustat (641), the mosque of Ahmed Ibn Tulun (861), Bab Zuwayla (1092) and the Ayyubid walls of Salah al-Din (1176-1183).

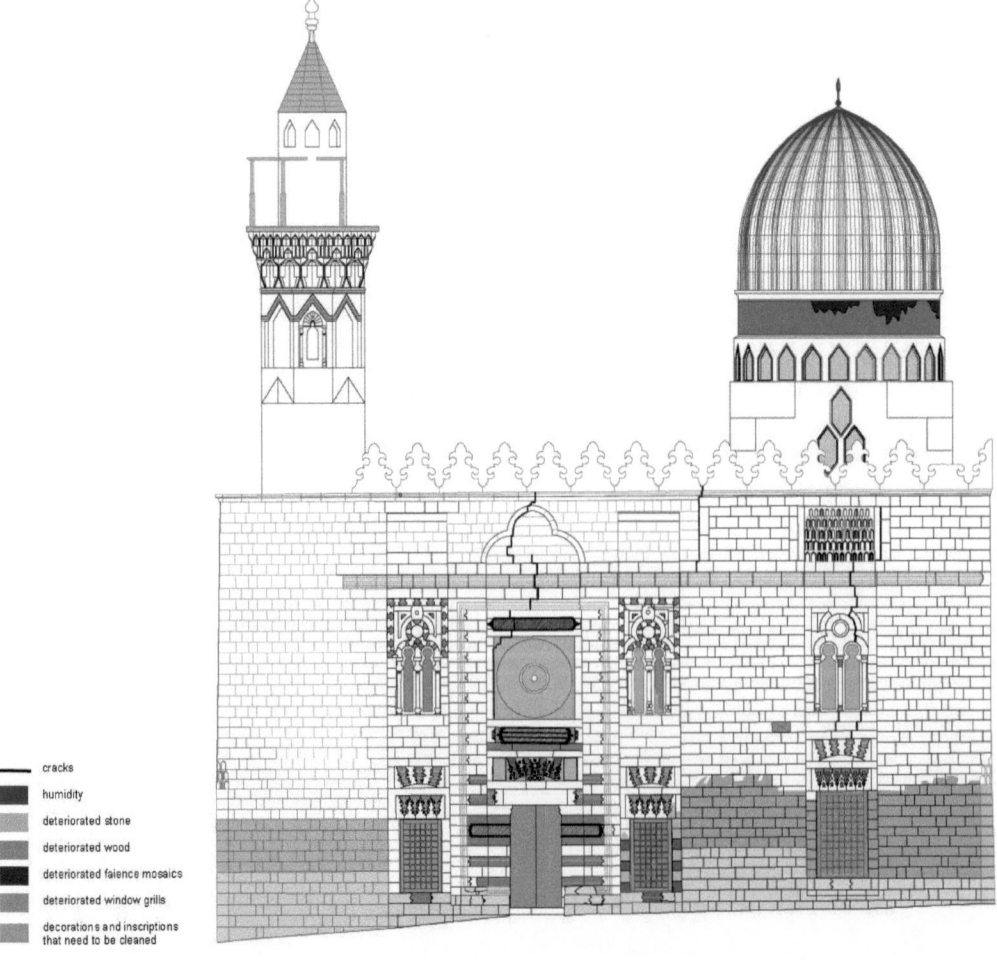

cracks
humidity
deteriorated stone
deteriorated wood
deteriorated faience mosaics
deteriorated window grills
decorations and inscriptions that need to be cleaned

Fig. 1: *Mosque of Amir Aslam al-Silhadar (1345), Historic Cairo, Deterioration Map, Southern Façade* [3]

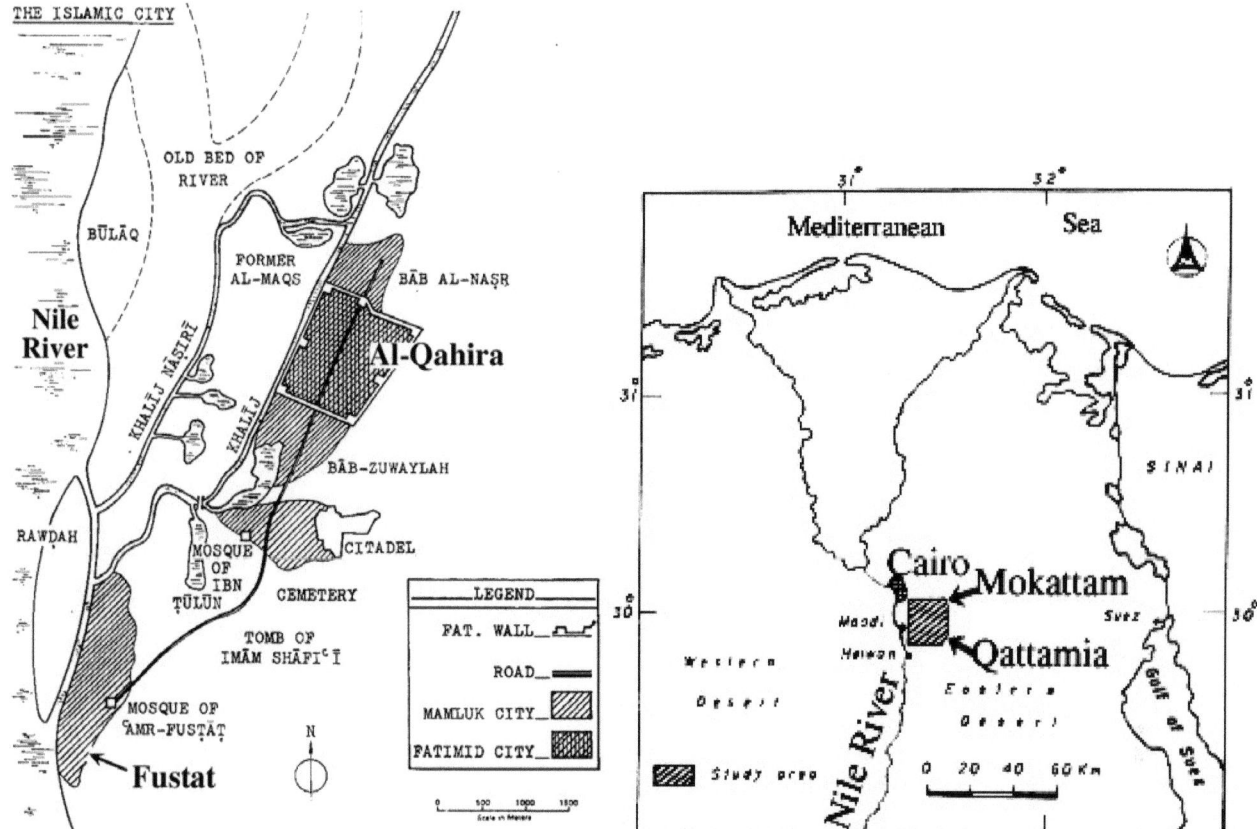

Fig. 2: *Map of Cairo in the early Mamluk period (~1250)*

Fig. 3: *Location of the Mokattam hill and Qattamiya district in Cairo*

The stones and lime used for construction were supplied from the Mokattam hill (Gebel Mokattam) and the gypsum of the mortar, from Qattamiya district in the vicinity of the center (Fig. 3). Investigations on 30 monuments from the 2nd to the 6th period were carried out, which names and construction dates are cited in Table 1 [3-8].

Tab. 1: *Islamic monuments investigated from the 2nd -6th periods (969-1848)*

Ser.	Period	Historical Period (a.c)	Investigated Monument	Construction Date
1	2nd	Fatimid (969-1171)	Bab Zuwayla	1092
2	3rd	Ayyubid (1171-1250)	Ayyubid wall of Salah al-Din	1176-1183
3	4th	Bahri Mamluk (1250-1382)	Sharaf al-Din mosque	1317-37
4			mosque of Sultan Qalawun	1295-1303
5			mosque of Aslam al-Silhadar	1345
6			mosque of Aqunsur (Blue Mosque)	1347
7			mosque of Amir Shaykhu	1349
8			madrasa of Sultan Hasan	1356-1362
9			Junis Dawader	1382
10	5th	Circassian Mamluk (1382-1517)	Aytmish al-Bighasi mosque, sabil and kuttab	1383
11			mosque of al-Kurdi	1395
12			khanqah of Faraj Ibn Barquq	1400-1411

Ser.	Period	Historical Period (a.c)	Investigated Monument	Construction Date
13			bimaristan al-Mu'ayyadi	1418 -1420
14			madrasa of al-Ashrafiyya	1425
15			tekiyyat Taqi al-Din al-Bastami	1443
16			mosque of al-Qadi-Yehia	1448-49
17			mauselem of Ghani Beq	1465
18			mosque of Morad Beq	1474
19			mosque of Badr al-Din al-Wanai	15th cent
20			complex of Amir Khayrbak	1502
21			dome of Tarbay al-Sharifi	1503-1504
22			mosque of al-Refa'i	Beg. 16th cent.
23	6th	Ottoman (1517-1848)	house of al-Fassi	Beg 16th cent
24			mosque of Malika Safiya	1610
25			mosque of al-Abidi	1660
26			mosque of Mostafa Mirza	1698
27			mosque of al-Kurdi	1732
28			mosque of al-Fakahani	1741
29			mosque of al-Mutahir	1744
30			manzil of Ali Kathuda	1776

2. Experimental

Each monument was subjected to a full documentation analysis. The responsibility of the full task was taken by professional companies, associations or consultants, which names are cited in Reference [3]. The full program included the historical background, the architectural analysis, structural analysis of the masonry buildings (foundation, soil mechanics, bearing capacity, etc...), a description of its environmental conditions and the characterization of the original materials used for construction and those needed for restoration. Our responsibility was mainly confined within the analysis of the building materials as basic studies for the restoration procedures. In some cases the task continued to cover the characterization and design of the materials supplied for restoration and in others the architectural description was included. The present paper is a survey for the results obtained from the analysis of the building materials of the monuments cited in Table 1. The investigations were carried out by G&W group within the last 15 years and were submitted in special reports to the different organizations cited in Reference (3). The paper describes schemes of analyses for three monuments 1) The Ayyubid wall of Salah al-Din (1176-1183) [Ayyubid period], 2) The mosque of Aslam al-Silhadar (1345) [Bahri Mamluk period] 3), The complex of Amir Khayrbak (1520-21) [Circassian Mamluk period]. In addition to these schemes, chosen examples on interesting aspects extracted from the results obtained are described. These aspects deal with colors, mortars, granite, stones, marble and ceramic samples.

Representative specimens from the materials originally used in the construction of the building were carefully collected for analysis. The new materials supplied for restoration had to approach the properties of the original ones. The appearance of the samples was described. The physical and mechanical properties of the stones and bricks were measured. Marble were mostly metamorphic rocks. In the marble samples only the physical properties were estimated. All samples were analyzed wet chemically in order to evaluate their contents in sulfate, chloride, loss on ignition, acid insoluble residue and moisture. Their phase composition was qualitatively and semi-quantitatively defined by means of X-ray diffraction method of analysis (XRD) and their quantitative estimation was achieved through combining the results of the chemical analysis with those of the (XRD). The morphology of the samples was examined by means of a scanning electron microscope (SEM). The colors were characterized with the help of a polarizing optical-microscope, wet chemical analysis and Energy Dispersive X-ray analysis (EDAX). New mortars were tested for their compressive strength, fluidity and setting behavior.

3. Results

3.1 Case Studies
3.1.1 The Ayyubid Wall of Salah al-Din (1176-1183) (Ayyubid period)

The Ayyubid Wall starts from al-Azhar Street and ends at Bab al-Wazir. It is 1300 meter long and its height varies from 1m to 9m (Fig. 4). It is constructed from yellowish white to grey Nummulitic limestone. The average dimension of the stone pieces is 40cm height, ~ 20cm width and ~120cm length. The restoration work of the project required to find out limestone with properties near to those of the original.

Four reference samples were taken from the wall for characterization and a search for a suitable quarry in the Mokattam Formation at the base of the hill started (Fig. 5). Gebel Mokattam or Mokkatam hill is located at the eastern extension side of Great Cairo, which north side rises gradually up to the Nasr City plain and ends southward to the east of the Maadi district. It lies on the south western corner of Cairo-Suez and Qattamiya districts and is bordered westwards by the Nile Valley. It is topographically considered to be a high area about 200 meters above sea-level and is surrounded from all sides by low lands. It is located between longitudes 31°16 - 31°27 east and latitudes 29°58 and 30°03 north.

The search included the study of five outcrops: Refai 1; Refai 2; Giushi 1; Giushi 2 and Naguib site, their stratigraphic sections and type of limestone

Fig. 4: *The city wall (Ayyubid wall of salah al-Din constructed in the 12th century, 1176-1183ac)*

were investigated. After carrying out detailed analyses on the characteristics of the stone samples extracted from the five quarries (Refai 1; Refai 2; Giushi 1; Giushi 2 and Naguib site) anighway, 92m above the sea-level at latitudes of 29° 59' 52" N and longitudes of 31° 17' 07" E. The total thickness of the stratigraphic section is 20m. It is divided into two main beds. The first one, the lower five meters beds, contains very hard, yellowish-white, fossilifereous limestone related to the Upper Building Stone Member. The second bedding, the higher fifteen meters beds, contain very hard, white, yellowish white, stratified, fossilifereous limestone with Nummulites species.

Fig. 5: *A physiographic map, area between Mokattam hill, Maadi and Helwan districts.*

Table 2 summarizes the matching characteristics of the original stones and the stones extracted from the new quarry for restoration. Results are shown for the color, compressive strength, density, water absorption (WA), loss on ignition (LOI), insoluble residues (IR), their content in chloride (Cl^-) and sulfate (expressed as SO_3), the nitrate radical was not determined. Typical X-ray diffractogram and scanning electron micrograph (SEM) of the quarried stones are shown in (Fig. 6, 7). They are mostly composed of limestone with variable content in dolomite, with clear translucent, some of the samples could be classified as dolostone fossils. The quarrying activity is now completed and the restoration project approaches to its end.

3.1.2 The mosque of Aslam al-Silhadar (1345 a.c) (Bahri Mamluk period)

The mosque of al-Amir Aslam al-Silhadar (1344-45) in the historic al-Darb al-Ahmar district can be considered a significant example of Bahri Mamluk mosques in Egypt (1250-1382). A survey was conducted to highlight important features of the mosque. It started with an introduction about the location and the history of the mosque, followed by a brief description of the mosque's interior, the minaret and the mausoleum. A contemporary - documentation of the mosque's facades and a detailed examination of its southern façade were presented. The documentation included a deterioration map, based on the structural analysis and the building material analysis of the southern façade (Fig. 1). Recommendations were suggested for the conservation of the façade and to carry out further studies on the mosque of Aslam al-Silhadar.

The southern façade of the mosque was deteriorated and the original minaret was destroyed then reconstructed probably during the Ottoman era. In the beginning of the 20th century, a restoration project of the mosque was carried out by the French *comité de conservation,* which mainly repaired the lower part of the southern entrance façade.

The material analysis differentiated between the original stones and mortars of the mosque and those used in the restoration. Both limestones were composed of calcite. The original ones had a white to yellowish appearance. They were located at a high level of the southern façade and that of the sitting area (Fig. 8). Their average density was ~2.22 g/cc and their water absorption capacity 6.5%. The density of the new stones was slightly higher and possessed a lower water absorption capacity of 4.25%. Parts of the stones of the façade exposed to severe environmental pollution, con-

Tab. 2: *The characteristics of the stones and salt content; The Ayyubid wall restoration project*

Color	Stone	Comp.Str. (N/mm^2)	Density (g/cc)	WA (%)	LOI (%)	IR (%)	Cl (%)	SO$_3$ (%)
Yellowish	Original 331	16.5	2.43	8.65	43.29	3.28	0.25	0.23
	New 374	16.5	2.27	6.54	43.23	6.32	0.71	0.36
Grey	Original 332	20.3	2.21	5.54	43.05	5.46	0.66	0.47
	New 346	33.1	2.26	4.19	42.56	10.69	0.12	1.27
Grey, marble like	Original 333	54.7	2.53	2.79	41.13	7.90	0.11	0.49
	New 357	75.0	2.70	1.63	42.76	3.47	1.62	0.48

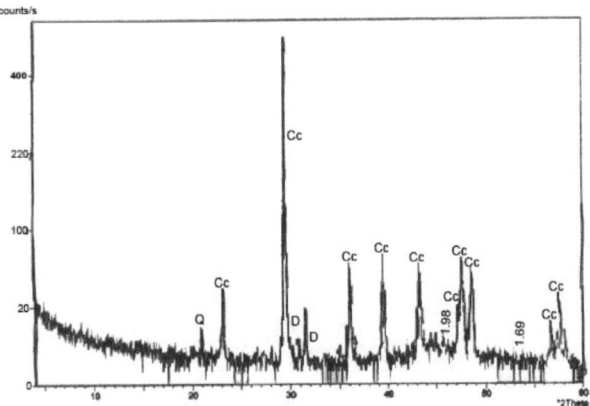

Fig. 6: *A typical diffractogram of a Nummilitic limestone sample. Cc=Calcit, D=dolomite*

Fig. 7: *The structure of a fossiliferous limestone showing a Nummulite shell and carbonate cementation*

Fig. 8:   The entrance portal of the southern façade
of Aslam al-Silihadar mosque

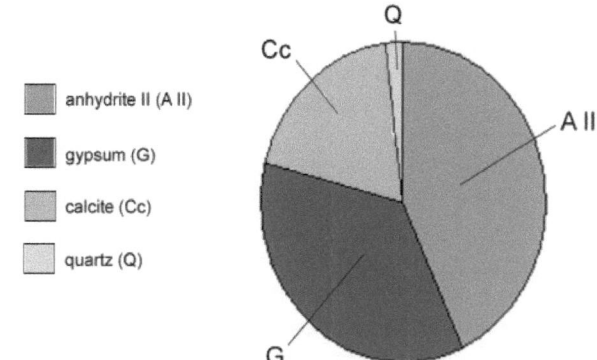

Fig. 9:   The chemical composition of the mortar in
Aslam al-Silhadar mosque

Fig. 10:   SEM of a black marble composed of
calcite surrounded by a matrix of fine clay
particles, the arrow shows platy crystals,
the other crystals are calcite cement.

tained a high concentration of the chloride salts (~ 4.72%), the stones of the northern façade disintegrated even in water due to its serious deterioration as a result of exposure to ground water and sewage.

Analyses of the mortars indicated that the original samples were composed of 42.6% anhydrite II, 36.6% gypsum, 19.5% calcite and 1.15% quartz (Fig. 9). The appreciably high amount of the anhydrite II phase in the original mortar indicates a - probable high burning temperature for their manufacture, or an extra addition of the anhydrite with the hemihydrate as set regulator. Ordinary Portland cement was used for restoration.

As in most white marbles, the sample collected from the mosque was composed of calcite. Two black marbles of different characteristics were identified: one composed of calcite, the other of ~20% acid insoluble silicates, montmorillonite, feldspar and quartz. The mineralogical structure of the second sample is illustrated in (Fig. 10).

3.1.3 The Complex of Amir Khayrbak (1520-21) (Circassian Mamluk Period)

Khayrbak complex is attributed to the first governor of Egypt during the Ottoman ruling. It is situated along al-Darb al-Ahmar street over an area of approximately 2800m². Its location is near the Citadel at the eastern edge of the Historic Cairo facing the Ayyubid fortifications. It is composed of five buildings representing several stages: 1) The Alin Aq palace (late 13th century). 2) Mausoleum, mosque and *madrasa* of Amir Khayrbak (1502, 1520). 3) *Sabil* Janin El Hamzawi (1530). 4) Ottoman house 25 (Bab al-Wazir) (mid-17th century) built on top of *sabil* Janin al- Hamzawi. 5) Ibrahim Aga Mustahfazan house 27 (Bab al-Wazir) (mid 17th century). A restoration project of the complex was planned and managed by the Agha Khan Trust for Culture in Egypt (AKCS-E). It started in the year 2000 and lasted 5 years. We contributed in the analysis and restoration of the minaret and of the Ottoman house 25. The minaret was built from bricks around a double spiral wooden staircase. Its plan was developed from a square base to an octagonal shape at the first platform and to a circular second platform, where a timber pavillon was erected. This pavillon collapsed at an earthquake at 1884. Figure 11 illustrates the collapsed minaret before its restoration.

Analyses were required to characterize the original mortar of the minaret and to design new mortar for restoration. Chemical and mineralogical analyses showed that the original mortar was composed of ~25-30% hydrated lime and ~70-75% gypsum with a small amount of the sand (~2%). In the design of the new mortar the percentage of sand was raised to 20% and the amount of lime and calcium sulfate binder was 30% and 48.5% respectively. 1.5% silica fumes and 0.5% superplasticizer (Complast 423) were added to the mortar to afford a workability of 15 minutes before setting. The hardened mortar with dimension 25cm x 12cm x 8cm had a compressive strength of ~8N/mm^2 after 7 days. Figure 12 illustrates a stage of the restoration work on the minaret.

Three items had to be worked out for analysis in the Ottoman house No.25: 1) The plaster of the red brick walls found in the interior of the rooms, 2) the stones of the façade and 3) the red bricks. Analysis of the samples taken from the plaster showed that they were composed of several layers which we classified into three groups of lime-gypsum binder. The first group represented the first layer and was composed of a ratio of lime: calcium sulfate binder of 1:1.2 -1.5 and 2.7% sand, the second layer of a ratio equal to 1:0.44 with 4.8% sand and the third

layer had the same composition of the second with a sand content of 16.5% by weight.

The façades of the house was constructed of grayish white limestone. Samples were supplied from different quarries for restoration and were composed of 83.95% to 92.17% calcite, 1% to 8.9% dolomite and 4.76% to 9.06% cristoballite. Their densities lied in the range of 2.02 g/cc to 2.73 g/cc and had a water absorption capacity of 16.31% to 4.55%. Their compressive strength varied from 11.0 N/mm^2 to 26.5 N/mm^2. The stone chosen for restoration showed the most color matching with the original and had good physical and mechanical properties. It possessed a water absorption capacity of ~6% and a compressive strength of ~24N/mm^2. In the specimen fine strips of marble like precipitation around 2mm thick crossing the samples in a random way were observed g/cc (Fig. 13). The sample contained a clear content of cristobalite.

The bricks used in the interior of the house were made of burned mud and had irregular dimension of ~14cm x 7cm x 4cm indicating a manual casting. They were dark red with yellowish spots dispersed in the bulk due to insufficient burning; their surface was covered by a grayish layer (Fig. 14). Their density lay in the range of ~1.44 g/cc to 1.7 g/cc, water absorption capacity ~ 21.51%-24.41% and compressive strength ~3.2 N/mm^2 to 4.0 N/mm^2. Around 20000 bricks were needed for restoration. River mud was used for the manufacture of the new bricks in spite of their scarcity after the construction of the Aswan Dam. The new bricks were made of

Fig. 11: The minaret of Khayrbak with a missing upper part before restoration

Fig.12: The restoration work of the minaret of Khayrbak

Fig. 13: Calcite precipitation forming a vein in the restoration stone of Ottoman House No 25.

Fig. 14: The original red brick of Ottoman House No 25

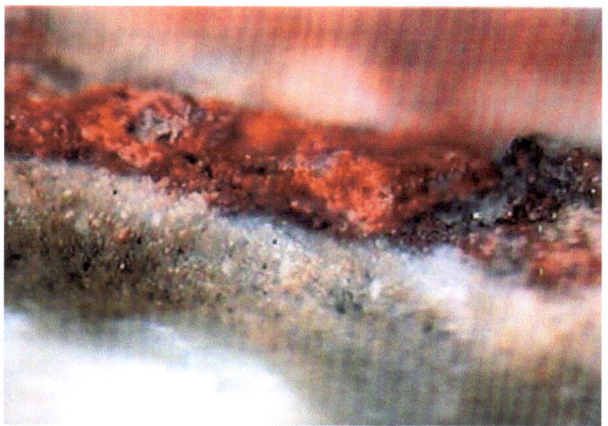

Fig. 15: The red decoration on the minaret of Qalawun mosque as examined by means of a binuclear optical microscope

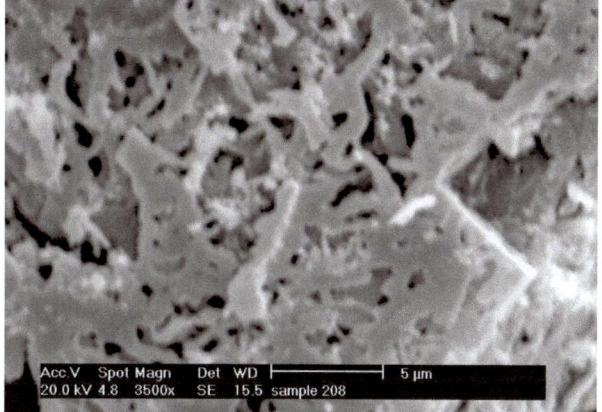

Fig. 16: The structure of red iron paint on a limestone of a facade

homogeneous mixes of mud with the addition of some natural organic wastes (Dung). The paste was left for fermentation few days then casted in molds 15cm x 4cm x 7cm. Casting was preferable in the afternoon to reduce the effect of shrinkage. The raw bricks were covered with rice husk and were kept in shadow few days to dry. They were burned at 800 °C to 1000°C, were slowly cooled then were ready for use. The manufactured bricks had a density of 1.7g/cc, water absorption of ~ 24% by weight and a compressive strength of ~5.0 N/mm^2 .

3.2 Interesting aspects of analyses
3.2.1 The identification of color
3.2.1.1 The minaret of the mosque of Sultan Qalawun (1303) (Bahri Mamluk period)

The surface of the upper part of the minaret of Sultan Qalawun mosque was covered with layers of red and brown decoration. In many locations the color was not clear. The type of color and the - intermediate reagent had to be identified. Also the effect of heat, humidity and water on the stability of the color had to be defined. The samples collected from different areas were ~1mm thick. Examination of the reddish decoration under the polarizing optical microscope showed that it was composed of three layers; an upper red one, a middle one with small white crystals and a third layer tending to a brown coloration and lays directly over the surface of the stone (Fig. 15). In another sample only the brownish tone appeared on the surface and the layer was clearly mixed with fine sand particles. The presence of gypsum in the plaster was indicated from the (XRD) carried out on a finely scratched sample as well as from the results of (EDX), which proved high sulfur content.

Iron most probably from the hematite, was detected as a main element in the (EDAX) but was not clear in the (XRD). Fine quartz sand was used in the mix. The chemical analysis proved that the plaster was composed of 39% gypsum, 32% sand with ferric oxide (probably hematite) and 27% volatile organic compound as determined from the (LOI). The organic compound represented the intermediate layer with the brown coloration and was most probably made of Arabic gum mixed with hematite. Treatment of the sample with water caused the removal of the red coloration due to the solubility of gypsum; the Arabic gum is not stable in water as well. Heating the sample up to 50°C led to a clear alteration of the colors.

Fig. 17 a

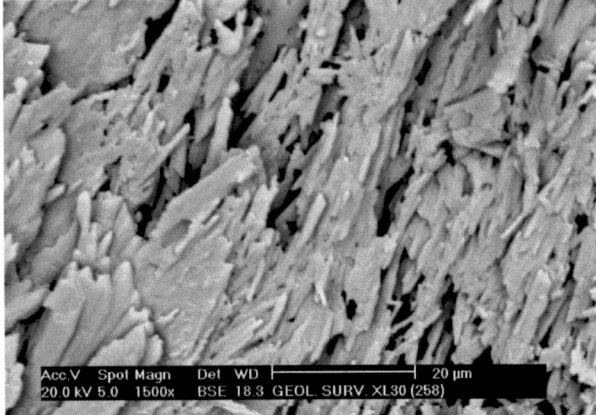

Fig. 17 b

Fig. 17 c

Fig. 17 a-c: Organic glue and fiber reinforcement in
the historic lime-gypsum mortars

Fig. 18 a

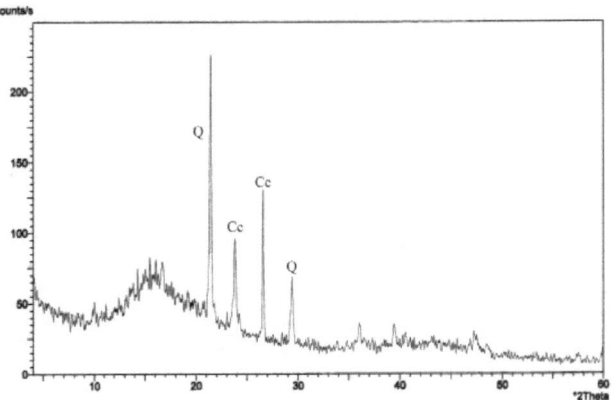

Fig. 18 b

Fig. 18: a) Bitumic adhesive used to cement ceramic
particles in a prayer niche
b) XRD of the bituminic adhesive

3.2.1.2 The color of a stone of Aytmish al-Bighasi mosque (1383) (Circassian Mamluk Period)

The scanning electron micrograph with (EDX) of a red stone decorating the façade of Aytmish al-Bighasi mosque, proved it to be composed of iron most probably used from a molten hematite paint, the morphology of the stone is illustrated in Fig. 16.

3.2.2 Mortars
3.2.2.1 Description of the original mortars in the monuments

Most of the mortars used in this era were composed of lime-calcium sulfate phases with little amount of sand. The calcium sulfate phases were identified in the form of gypsum attributed to the rehydration of the hemihydrate or the anhydrite phases. Often the anhydrite II was observed. A high percentage of the hemihydrate was observed in a mortar taken from between the steps of the Mustafa Mirza mosque (1698) (Ottoman period). This is probably due to an incomplete rehydration procedure to gypsum or to a very slow rehydration process of the anhydrite II.

Natural organic materials such as animal glue or perhaps Arabic gum were detected in the samples (Fig. 17 a, b). This additive probably hindered the crystal growth of gypsum. Vegetable fibers were added as reinforcement for the mortars (Fig. 17 c). Figure 18 illustrates a bituminic adhesive used in the praying niche of the Blue mosque.

The proportion of the calcium sulfate binder to lime in the mortars varied with the location of use. Those utilized to bind the marble and the ceramic were composed solely from the calcium sulfate phase detected as gypsum. The mortars cementing the stones of the facade contained more calcium sulfate phases (~80-90%) than lime and ~10% to 40% aggregates, whilst those found in the mausoleum were lime-rich with a smaller content of sulfate. The stone matrix filling the background of the facades and the columns was composed of broken stones cemented with a lime-rich mortar, little sulfate binder mixed with natural organic wastes and sand.

3.2.2.2 Design of new mortar for the fortification and joining the walls

A mortar suitable for pumping was required to fortify and to join the walls of a masonry structure in a monument. The mortar had to be whitish in color, fluid enough to attain good pumping condition. Its setting time had to be suitable to the work, with good adherence properties to the steel reinforcement and compressive strength compatible with the relatively weak masonry structure of the walls.

Red brick powder was supplied. Its pozzolanic reactivity i.e its ability of act as a latent hydraulic material, was estimated through its reaction with 20% lime during 5 days storage at 60°C and showed a value of 43%. A latent hydraulic material is that material which gains cementing properties similar to that of Portland cement only through its activation with lime and/or calcium sulfate phases, it cannot act as cementing agent without activation. The drawback of these materials is the lack of the early strength but possesses good hardening properties with time. The paste was first designed to be composed of 80% white cement and 20% red brick powder, a water to cement ratio of 0.35 and 1% superplasticizer (Rheobuild). This mortar had an initial setting time of 7h and a final of 7h 45min, only the initial setting was of importance in this work. Its compressive strength amounted to 23.8, 25.6 and 32.8 N/mm² after 3, 7d and 28d respectively. The pull out test was carried out as follows: The mortar was poured in a hole bored in a dry stone and after its saturation with water. The properties of the stone

supplied were similar to the original used in the masonry structure. The steel bar was immersed ~7.5cm deep in the mortar and the system was left to harden 7 days. The pull out strength was ~1.5 N/mm² and improved to ~2.5N/mm² in the stone saturated with water. The fluidity of the paste measured by the minuslump test indicated a pat area of 5.7cm after 180 minutes. A better fluidity was, however, required. The amount of the red brick powder was therefore raised to 40% by weight and that of the white cement was lowered to 58% by weight. 2% by weight silica fumes were added to the mix but the mixing water and the superplasticizer dosage were kept constant. This paste showed a pat area of ~7.5 cm after 180 minutes, initial and final setting times of 8.5h and 9.5h, compressive strength values after 3, 7d and 28d of 20.5, 29.0 and 31.8 N/mm² respectively. The mortar was then ready to use.

3.2.3 Description of the original stones

Generally the stones used in the lower parts of the facades and entrance portals were limestone mostly of the Nummulitic type or dolostone. An example for the structure of this type of stone is illustrated in Figure 19.

These stones and the marble-like stone used in the sitting area of the portal entrance had compressive strength of~21.0-27.0 N/mm². Their strength decreased when exposed to serious conditions down to ~11.0N/mm². Figure 20 shows a picture for a façade, which stones are strongly saturated with ground water. The scanning electron micrograph of Fig.21 illustrates the structure of a stone attacked through its exposure to sewage. The stones of the interior and those of the mausoleum were of weaker quality with average strength of 11.0 N/mm². The splitting of a stone layer located near a water pipe in the inside wall of a prayer niche is shown in Figure 22.

Fig. 19: SEM of a Nummulitic limestone taken from the façade of a mosque

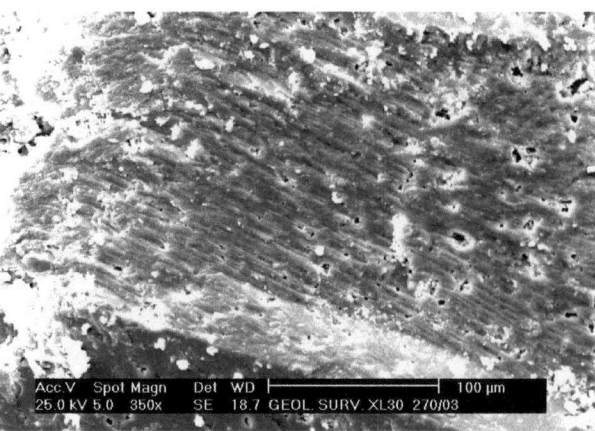

Fig. 21: *Deteriorated stones of a façade exposed to sewage. Typical structures of dissolution or etching on calcite crystal planes*

Fig. 20: *Stones of a façade seriously subjected to ground water absorption, most probably as arising damp*

Fig. 22: *Deteriorated stone near a water pipe in an inside room of a mosque*

3.2.4 Granite and marble

A deteriorated granite column is further illustrated in Figure 23. All the marble samples were in good conditions. The white marble was composed of calcite. The black marble showed either pure calcite or a mixture of calcite, quartz with feldspar. An interesting sample of a basaltic appearance consisted of chlorite, illite and quartz. A green colored sample showed 35% by weight loss on ignition (LOI) and melted. This behavior led to the question of whether a painting material was present on the surface. The morphology of the green stone is illustrated in Figure 24 a, b.

3.2.5 Ceramic Tiles

The ceramic samples showed a wide range of densities varying from 1.6 g/cc to 2 g/cc and a water absorption capacity of 18-20%. The dense ceramics were used in the floor, others to decorate walls, minarets or domes. Most of them were composed of feldspar, quartz and hematite, in one case only quartz was identified (Fig. 25, 26).

4. Summary

Nummulitic limestone and sometimes dolostones were used in the monuments of the Islamic era (7th to 19th centuries) and were extracted from Mokattam hill near the center of Cairo. Their properties varied according to the location of the building: Hard stones were used in the facade whilst weaker ones in the interior. The binder was based on calcium sulfate phases with lime addition and natural organic gel or wastes. The lime content increased in the inside rooms, was reduced in the facade and was eliminated in the mortars of marble and ceramic. Activated gypsum with most probably Arabic gum was also used to cement the color of the minarets. The composition of the black and colored marble is variable whilst the white marble is composed of calcite. The ceramics used in the flooring and the decoration were of different properties. Several examples on deteriorated stones are given. Case studies on the restoration of monuments are described.

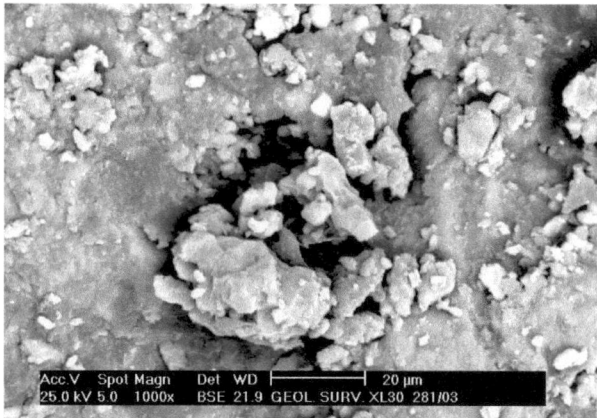

Fig. 24a

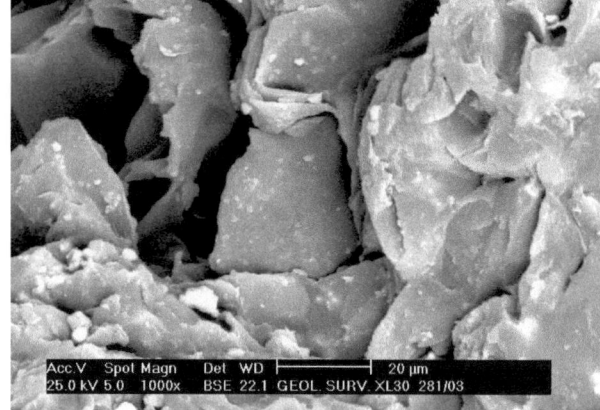

Fig. 24b

Fig. 23: A deteriorated granite column

Fig. 24 a-b: Structure of a green marble-like decoration stone most probably painted with a green color

Fig. 25: Blue ceramic decorating the interior of a mausoleum

Fig. 26: Faience Mosaics decorating the exterior of a dome

Literature

1. Islamic Architecture in Cairo: An Introduction.
    D. Behrens-Abouseif. The American University in
    Cairo Press. Fifth printing 2005

2. Index of the Islamic monuments in Cairo, Egyptian
    Measurement Association, Cairo, 1950

3. Special reports for American Research Center in
    Cairo (ARC), Arab Contractors Co., Agha Khan for
    Cultural Services (AKCS-E)-, Agha Khan Trust for
    Culture (AKTC), Consultant Office (PAC)-, the
    Barakat Trust (UK) and restoration expert
    Dr. W. Mayer.

4. Building Materials of Monuments in Historic Cairo,
    H. Y. Ghorab, 15th International Conference on
    Building Materials, (IBAUSIL) Weimar, Germany,
    September 2003, Band 1, 1-1179.

5. Conservation of Khayer Bek Mosque in Cairo: An
    experience of collaboration between Scientists and
    Architects, H. Y. Ghorab, C. Bouleau, M. Saeed,
    Euromat Lausanne, Switzerland, September 2003.

6. Building Material Science and Conservation of
    Cultural Heritage: H.Y.Ghorab, 1st International Forum
    on Building Materials of Egyptian Monuments: -
    Methods of Conservation of Masonry Structures,
    Goethe Institute Cairo/Alexandria, Cairo, Egypt.
    2003.

7. Cultural Heritage: Materials and Restoration:
    H. Y. Ghorab. 2nd International Conference on Appli-
    cations of Traditional and High Performance Materi-
    als in Harsh Environments, American University of
    Sharjah, United Arab Emirates (UAE). 2006

8. Quarrying of stones for restoration purposes H. Y.
    Ghorab (Presentation) Science Meets Industry Work-
    shop", organized by PANanalytical, Marrakesh,
    Morocco, 2007.

Acknowledgement

The authors would like to acknowledge all colleagues,
who contributed in the activities described and the spon-
sors, who allowed us to carry out these analyses (reference 3).

Steinkonservierung in Ägypten – eine unendliche Geschichte

von Wolfgang Mayer

7000 Jahre Kulturgeschichte haben in Ägypten unzählige Denkmale aus allen Epochen hinterlassen. Jährlich besuchen Millionen von Touristen diese Kunstschätze und hinterlassen oft irreparable Schäden. Darüber hinaus sind durch Bevölkerungswachstum, einen steigenden Grundwasserspiegel und Umwelteinflüsse zahlreiche Baudenkmale akut bedroht. Denkmalpflegerische Arbeiten haben zwar in Ägypten eine lange Tradition, die anstehenden Restaurierungsmaßnahmen müssen aber von der ganzen Weltengemeinschaft mitgetragen werden, um das Weltkulturebe Ägypten zu erhalten.

Ägypten ist vermutlich die erste Hochkultur, von der die Erhaltung von Baudenkmalen schriftlich überliefert ist.

In der 18. Dynastie wurde der spätere Pharao Thutmosis IV, der als Prinz bei einer Jagd im Schatten der Sphinx einschlief, im Traum aufgefordert, die Sphinx vom Sand zu befreien, um Pharao von Ägypten zu werden. Nach der „Ausgrabung" und einer Steinrestaurierung der Sphinx plazierte er zwischen die Vorderfüsse eine Stele (die sog. Traumstele) mit dem Hinweis auf die durchgeführte Restaurierung – rund 1400 v. Chr.
In Sakkara, der Nekropole für Pharaone und hochgestellten Persönlichkeiten am Königshof haben wir an der Unaspyramide, welche in der 5. Dynastie gebaut wurde, eine Inschrift eines Sohnes von Ramses II namens Chaemwaset, die sich auf die Instandsetzung alter Grabanlagen bezieht.

Aus der Neuzeit verweist ein arabischer Text des Scherifen Mohammed Ibn Abd al-Aziz al Idrisi, der in der Zeit der Ayyubiden (12. – 13. Jhd.) gelebt hat, auf denkmalpflegerische Belange. Nach einem Besuch der Pyramiden von Giza, die seit dem frühen Mittelalter als Steinbruch für die grossen Bauvorhaben in Kairo genutzt wurden, fragt er: „Wer gibt uns das Recht, die alten Denkmäler zu schleifen oder auch nur zu beschädigen? Sind es doch nicht nur die gewaltigsten Wunderbauten der Erden, sondern vor allem steingewordene Mahnungen, die Hoffahrt gegen Gottes Willen aufbegehrender Herrscher und Völker nicht zu vergessen ..."
An einer Vielzahl von pharaonischen, koptischen und arabischen Bauten finden wir so unzählige Inschriften mit Hinweisen auf Renovierungsmaßnahmen oder den Wiederaufbau baufälliger Bauten. Das Erhalten von Baudenkmälern hat in Ägypten eine mehrere tausend Jahre alte Tradition – eine Tradition, die gerade heute an die Denkmalpflege und ihre Institutionen eine enorme Herausforderung stellt.
Die Erhaltungsmaßnahmen in der Antike und dem frühen Mittelalter wurden noch nicht von einer institutionalisierten Denkmalpflege oder einer Baubehörde der Herrschergeschlechter durchgeführt. Wie in Europa, hat sich auch in Ägypten die Denkmalpflege erst im 19. Jahrhundert als Organisation gegründet. In Ägypten war der Feldzug Napoleons nach Ägypten (1798 – 1801), der von einer grossen Zahl französischer Wissenschaftler begleitet wurde, ein Auslöser für die Wiederentdeckung des pharaonischen und antiken Erbes. In einer mehrbändigen Veröffentlichung, der „Description d´Égypt", wurden die von den Wissenschaftlern dokumentierten Bauwerke publiziert und der europäischen Öffentlichkeit zugänglich gemacht, was im 19. Jh. dann zu einer regelrechten Ägyptomanie führte. Um den „Export" ägyptischer Altertümer zu

stoppen, erliess 1835 Mohammed Ali ein erstes Dekret zum Schutz der Antiken.
1850 gründete sich dann die erste Denkmalschutzbehörde für pharaonische Baudenkmäler, der sog. „Service des Antiquités".
Bei den islamischen bzw. arabischen Bauten, die meist noch in Benutzung waren, wurden Gelder der Gründungsstiftungen, der sog. Waqf, zur Bauunterhaltung herangezogen. Die Verwaltung der Stiftungen bzw. das Anordnen der Baumaßnahmen oblag dem jeweiligen Verwalter, dem sog Nazir. 1850 wurden diese Stiftungen verstaatlicht und in einem später gegründeten Waqf-Ministerium zentral verwaltet, was schon bald zu einer Vernachlässigung zahlreicher Bauten führte. Auch die städtebauliche Entwicklung Kairos mit der Neugründung ganzer Stadtbezirke und dem Wegzug vieler wohlhabender Eigentümer beschleunigte den Verfall der historischen Altstadt.
Auf Drängen kulturell interessierter Kreise verfügte der unter englischem Protektorat regierende Khedive Taufiq im Jahre 1881 die Gründung des „Comité de Conservation des Monuments de L`Art Arabe" – eine Denkmalbehörde zum Schutz der arabischen Bauten. Neben der Dokumentation und Inventarisation wichtiger Bauten war ein weiteres Ziel des Comités, Restaurierungsvorhaben zu begutachten, zu genehmigen und ihre exakte Durchführung zu überwachen. Dieses Comité bestand neben der pharaonischen Denkmalpflege bis 1953. Nach dem Putsch der Offiziere und dem Beginn der Regierung Nasser wurde eine staatliche Einrichtung zum Schutz aller Denkmäler eingerichtet, das heutige „Supreme Council of Antiquities" (SCA).

Denkmalpflege in der Neuzeit

Hatte man noch bis in die 1970er Jahre Ausgrabung als eine rein archäologische Maßnahme verstanden, so werden die ausländischen Grabungsteams heute von der Regierung verpflichtet, Restaurierungsmassnahmen im Umfang von ca. 40 % ihres Grabungsbudget durchzuführen. Hierdurch ist die Nachfrage nach Restauratoren gestiegen, doch leider hinkt die Ausbildung der ägyptischen Restauratoren internationalen Massstäben weit hinterher.
Das Studium ist auf vier Jahre festgesetzt, wobei das erstes Jahr ein gemeinsames Grundstudium für Ägyptologen, Islamwissenschaftler und Denkmalpfleger ist.
Unzureichende Labors, keine Praktikas und eine total veraltete Lehre machen das Studium der Restauratoren praxisfremd. Die anschliessende berufliche Perspektive ist in den meisten Fällen eine Anstellung bei der Antikenverwaltung mit einem Gehalt von ca. 50.– EUR im Monat. Dadurch ist die Motivation bei der Arbeit gering und es gibt auch selten Weiterbildungsmaßnahmen.
Dies führt dazu, dass die meisten Grabungsteams

ihre Restauratoren aus Europa oder Übersee mitbringen, was das Selbstvertrauen der ägyptischen Kollegen nicht sonderlich stärkt. Hier wäre sicherlich eine stärkere Einbindung lokaler Restauratoren wünschenswert, um diese an neue Methoden heranzuführen.

Restaurierungsvorhaben

Bei den islamisch-koptischen Baudenkmalen wurden von dem 1881 gegründeten Comitée in der Altstadt von Kairo bis ca. 1920 umfangreiche Restaurierungen durchgeführt. Diese beschränkten sich jedoch ausschließlich auf Bauten von besonderer Bedeutung, welche in eine Liste von Baudenkmalen aufgenommen waren, die noch 1970 nur ca. 540 Baudenkmale umfasste. Profanbauten und Bauten des 19. Jhds waren darin nicht enthalten.

Nach dem 2. Weltkrieg und der in Ägypten beginnenden Bevölkerungsexplosion erlebte die Altstadt von Kairo eine Wohndichte von bis zu 120 000 Einwohner/qkm. Seitens der Regierung gab es wenig Verständnis für das historische Erbe, die Altstadt war zu dieser Zeit nur von wenigen Touristen besucht. Die meisten Baudenkmale litten so unter mangelnder Bauunterhaltung oder der Belegung von Obdachlosen. Darüber hinaus war das erst im späten 19. Jahrhundert verlegte Kanalisationsnetz total überlastet und marode, so dass aufsteigende Feuchtigkeit zur Versalzung des Mauerwerks und der Zerstörung der wertvollen Inkrustation führte.

Anfang der 1970er Jahre war es das Deutsche Archäologische Institut Kairo, das einen Aufruf zur Rettung der Altstadt startete. Durch die Aufnahme der Altstadt als Weltkulturerbe der UNESCO 1979 wurde die Bedeutung dieser einmaligen mittelalterlichen Altstadt gewürdigt und verschiedene Studien beschäftigten sich dann Ende des 20. Jhd. mit Restaurierung- und Revitalisierungsmassnahmen zur Rettung dieses Kleinods.

Seit 2000 gibt es zwei wichtige Restaurierungsvorhaben in der Altstadt von Kairo – das Regierungsprogramm „Historic Cairo", bei dem 144 Baudenkmale restauriert werden sollen und das Projekt „Darb al-Ahmar" der Aga Khan Stiftung, die Sanierung eines Altstadtquartiers unterhalb der Zitadelle.

Natursteinkonservierung

Natursteinkonservierung an Baudenkmalen in Ägypten wäre eigentlich ein Thema für einen mehrtätigen Workshop. Die Darstellung der Problematik soll mit einem Fallbeispiele aus der Altstadt von Kairo aufgezeichnet werden:

Die Madrasa des Sultan an-Nasir Mohammed. Restaurierung des Eingangsportal

„Die Madrasa des Sultan an-Nasir Muhammad gehört zu den hervorragendsten Bauwerken Kairos und ihr Tor zu den wunderbarsten (Arbeiten), die Menschenhände gemacht haben. Es ist aus weißem Marmor von prachtvoller Form und herrlicher Arbeit und wurde von Akka nach Kairo transportiert."

Al-Maqrizi, *Al-Khitat* II (1558)

Baugeschichte

Das Eingangsportal zur Madrasa an-Nasir Mohammed an der Scharia Muizz li-Din Illah im Stadtbezirk Gamalija ist die größte christliche Spolie in einem islamischen Gebäude in Kairo (Abb. 1). Es handelt sich vermutlich um das seitliche Eingangsportal der St.-Agnes Kathedrale der an der Küste Palästinas gelegenen Hafenstadt Akka, einem der bedeutendsten Stützpunkt der Kreuzritter auf ihrem Weg nach Jerusalem. Die Stadt wurde 1291 nach einer langen Belagerung durch Sultan Asraf Halil ibn Qalawun erobert und zerstört.

Bei der Plünderung der Stadt wurde wertvolles Baumaterial aus zahlreichen Gebäuden ausgebaut und nach Kairo transportiert. So gelangte auch das Mar-

Abb. 1: Eingang zur Madrasa an-Nasir Mohammed vor der Restaurierung, Foto Mayer

morportal der Kathedrale St.-Agnes nach Kairo – als Beweis eines gewonnen Religionskrieges oder als ästhetisches Baurelikt für eine Wiederverwendung in Kairo?

Es ist anzunehmen, dass einige filigrane Teile des Portals schon beim Ausbau in Akka oder auf dem Transport nach Kairo zerbrochen sind, denn nach einer dreijährigen Zwischenlagerung im Haus des Sultan Asraf Halil ibn Qala'un standen für einen Wiederaufbau nicht mehr alle Originalteile zur Verfügung.

1294 begann Sultan al-Adil Kitbuga mit dem Bau einer Madrasa auf dem Areal der ehemaligen fatimidischen Paläste in der Altstadt von Kairo. Nach der Vertreibung Kitbugas aus Kairo 1296 waren die Bauarbeiten an der Madrasa bis zur Machtübernahme durch an-Nasir Mohammed 1299 unterbrochen. An-Nasir Mohammed, der nach einer ersten Regierungszeit von 1293-1294 nun zum zweiten Mal die Macht übernahm, ordnete 1299 den Weiterbau der Madrasa mit Mausoleum an. Der gesamte Baukomplex wurde 1302 fertig gestellt und ist noch heute in den wesentlichen Bauteilen erhalten.

Wie weit der Bau unter der Regierungszeit von Kitbuga fortgeschritten war, lässt sich heute nicht mehr ermitteln. Die Bauaufgabe mit den Grundstücksvorgaben wurde durch an-Nasir Mohammed nicht erkennbar verändert, so dass am Bau auch keine Baufugen feststellbar sind. Das über dem Eingang eingebaute Schriftband preist an-Nasir Mohammed als Bauherrn und Stifter der Madrasa. Weiß man um die Machtkämpfe unter den mamlukischen Herrschern, so ist es verwunderlich, dass die Inschrift auf den Türklopfern der zweiflügeligen Eingangstür nicht an-Nasir Mohammed sondern al-Adil Kitbuga als Stifter der Madrasa benennt: „... gebaut für unseren Herrn, den Sultan und den gerechten König, den Freund der Welt und der Religionen, für den Sultan des Islam und der Muslime, Herr der Könige und Sultane, für die Zuflucht der Armen und der Bettler, für Kitbuga den Sieger".

So bleibt die Frage offen wie es dazu kommt, dass an-Nasir Mohammed, der von seinem Widersacher Kitbuga 1294 gestürzt wurde, nach seiner erneuten Machtübernahme 1296 an der von ihm nun vollendeten und nach ihm benannten Madrasa die Türklopfer von Kitbuga belässt? War es eine Unachtsamkeit der Baumeister oder doch ein gewollter Hinweis an den ersten Bauherrn Kitbuga?

Gestalterische Veränderungen beim Einbau

Das von Akka nach Kairo transportierte Portal aus der Zeit des ausgehenden 12. bis frühen 13. Jhs. wurde bei seiner Wiederverwendung als Eingangsportal einer islamischen Madrasa erheblich modifiziert (Abb. 2). Diese Änderungen muss man sicherlich gestalterischen Aspekten zuordnen und

Abb. 2: Portal nach der Restaurierung, Foto Mayer

Abb. 3: Wiederverwendete Säulenbasen im nördlichen Gewände, Foto Mayer

weniger der mangelnden Kenntnis über das Erscheinungsbild eines gotischen Portals. Weitere Gründe zur notwendigen Modifizierung des Portals waren das nicht mehr vollständig zur Verfügung stehende originale Baumaterial wie auch die erforderlichen stilistischen Veränderungen im Kontext eines islamischen Baus.

Die Sockelzonen, auf denen die den Eingang flankierenden Säulen aufliegen, wurden entgegen der in der Gotik üblichen gezahnten Ausformung als monolithische Basen mit flachen Seitenkanten ausgebildet. Hierzu verwendete man Säulenbasen (entweder aus dem nach Kairo gebrachten Baumaterial von Akka oder abgebrochenen byzantinisch/koptischen Gebäuden in Kairo), die man umgekehrt ihrer ursprünglichen Verwendung einbaute, um die breitere Fläche der Basis als Auflager der den Eingangsgewänden vorgesetzten Säulen zu verwenden (Abb. 3). Auch diese achteckigen Säulen stammen nicht vom originalen Eingangsportal der Kathedrale von Akka. Es handelt sich hier um wiederverwendete Marmorsäulen, welche mittig gespalten und zu schlanken achteckigen Säulen umgearbeitet wurden. Die Länge dieser wieder verwendeten Säulen bestimmten die Höhe des Portals (3,52 m). Ein Teil dieser Säulen wurden bei der durch das Comité 1909/1910 durchgeführten Restaurierung erneuert, z. T. in sehr vereinfachter Form.

Abb. 4: *Portal vor der Restaurierung 1999, Foto Mayer*

Entsprechend dem Vorbild französischer Kathedralen sind die beiden äußeren Kapitelle, welche den Übergang zur flächigen Fassade bilden, als korinthische Kapitelle ausgebildet, während die nach innen einbindenden Kapitelle als Knospenkapitelle mit weit ausladenden Voluten gestaltet sind. Der Echinus wird aus einem bekrönenden Karnies gebildet, welches in einen quadratischen Abakus überführt. Archivolten, welche auf dem Abakus aufsitzen, führen die Säulenordnung als Linie fort und finden mit einem Blendbogen mit aufgesetzten Krabben ihren äußeren, plastischen Abschluss. Das Tympanon bildet sich aus einem Dreipassbogen, in dessen oberes Bogenfeld ein Rundfenster mit Eisengitter eingelassen ist.

Zur Einpassung dieser christlichen Spolie in ein Gebäude, das in der Tradition der islamisch-mamlukischen Baukunst erbaut wurde, hat man das gotische Säulenportal in einen Rahmen mit umlaufendem Profilband gestellt, in dessen Zentrum, über dem Eingang zur Madrasa, der Name Allah geschrieben ist. Man muss dies sicherlich auch als ein Zeichen des Siegs über die Kreuzfahrer deuten. Die Dominanz dieser Inschrift wird dadurch betont, dass ein weiteres Profilband die Linie des umlaufenden Friesbandes wie auch den Spitzbogen des gotischen Portals nachzeichnet. Im Schnittpunkt dieser Linie, der als Kreis ausgebildet ist, taucht dann der Name Allah auf. In den Zwickelfeldern links und rechts der Inschrift sind zwei flache Medaillons aus Marmor eingelegt, welche stilistisch wie auch in der feinen Art der Bearbeitung dem gotischen Akka zugeordnet werden müssen. (Farbuntersuchungen belegen diese Vermutung).

Zu einer harmonischen Verbindung der beiden Baustile trägt ein floraler *Ablak* bei, der zwischen dem Friesband und den Archivolten eingelegt ist.

Restaurierung 1999/2000

Durch aufsteigende Feuchtigkeit und eine erhebliche Schadstoffbelastung aus der Luft sind bei den am Portal verwendeten originalen Marmorbauteilen seit der 1985 durch das DAI durchgeführten Restaurierung größere Schäden aufgetreten, welche eine erneute Konservierung/Restaurierung erforderlich machten (Abb. 4). Mit einer Spende der Landeshauptstadt Stuttgart, die seit 1979 durch eine Städtepartnerschaft mit Kairo verbunden ist, konnte zwischen 1999 und 2000 eine umfangreiche Baudokumentation, Bau- und Schadensanalyse und abschließend eine Restaurierung/Konservierung des Portals durchgeführt werden.

Auf der Basis eines detailgenauen Bauaufmasses im Maßstab 1:20 (Abb. 5) und begleitenden fachkonservatorischen Materialuntersuchungen wurde ein Restaurierungsplan ausgearbeitet, der zur Vorgabe hatte, die noch original erhaltenen Bauteile des Portals zu konservieren und vor weiteren Schäden durch aufsteigende Feuchtigkeit zu schützen.

Abb. 5: Portal Ansicht und Längsschnitt, Sept 1999, Bauaufnahme Björn Fiege und Kai Schürmann

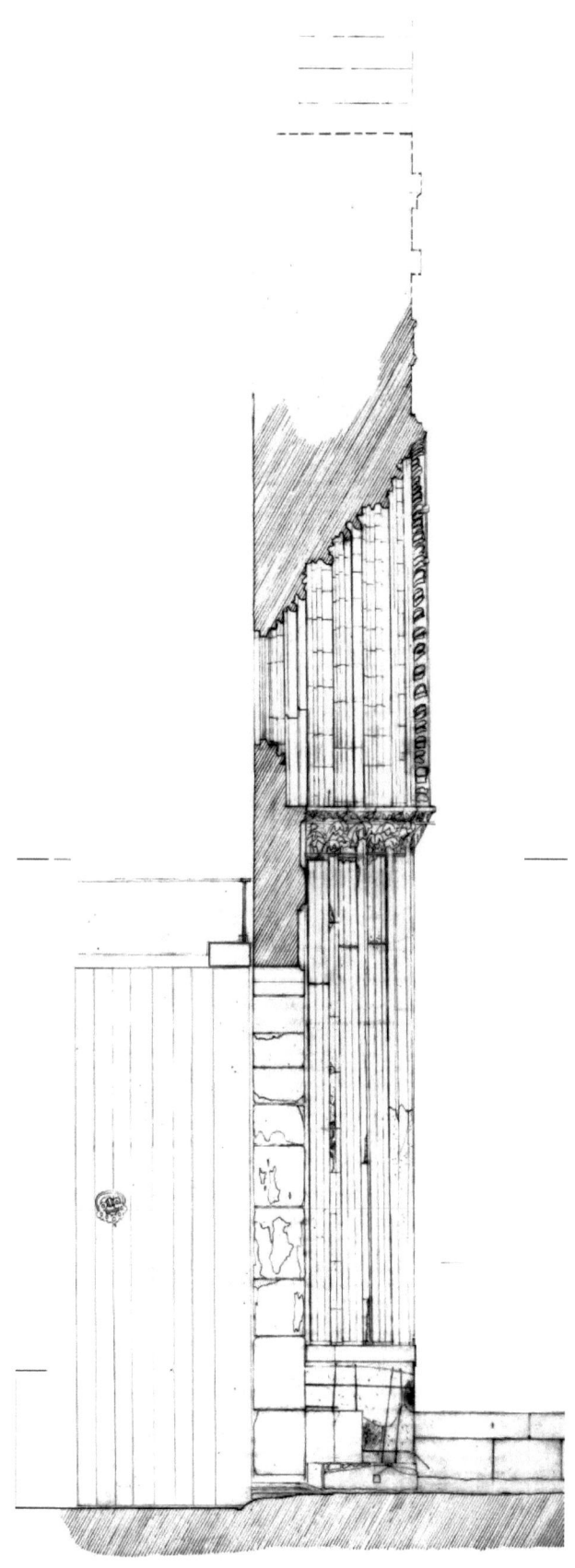

Abb. 6: Feuchteschäden am Gewändesteine – Süd, vor der Restaurierung, Foto Mayer

Abb. 8: Kapitelle mit Farbspuren aus der christlichen Zeit, Foto Mayer

Für die Baudenkmale in der Altstadt von Kairo ist eines der größten Probleme die aufsteigende Feuchtigkeit – bedingt durch den hohen Grundwasserspiegel und das total marode Kanalisationssystem. Als erste umfassende Baumaßnahme zum Erhalt und Schutz der Baudenkmale Kairos muss die Abwasser- und Frischwasserkanalisation erneuert werden – eine Forderung, welche bereits bei der vom DAI 1978 durchgeführten Konferenz zur Erhaltung der Altstadt aufgestellt wurde. Mit ersten Er-

neuerungen der Kanalisation in Gamalija hat man nun 2006 begonnen.

Um das Portal vor der aufsteigenden Feuchtigkeit zu schützen, wurden als erste Schritte die seitlichen Marmorteile des Profilbandes bis zur Höhe der Kapitelle entfernt, um den dahinter eingebrachten Füllmörtel aus Lehm, Gips und Kalk, der mit einer großen Anzahl von Bruchstücken aus Kalkstein durchsetzt war, herauszunehmen (Abb. 6). Bei dem Aufbau des Portals im 13. Jh. verwendete man

Abb. 7: Versetzen der Säulen mit Blei, Foto Mayer

Abb. 9:   Nasir Mohammed und Barquq nach der Restaurierung, Foto Mayer

einen Gipsmörtel, der sich heute „seifig" anfühlt, was auf eine andauernde Durchfeuchtung durch aufsteigende Feuchtigkeit zurückzuführen ist. Soweit es die Statik zugelassen hat, wurde dieser Mörtel und der Hinterfüllmörtel der seitlichen Gewände entfernt, um dadurch die nun freistehenden Marmorteile zu hinterlüften und zu entsalzen. Damit eine Hinterlüftung auch dauerhaft gewährleistet ist, wurden die Marmorteile des seitlich umlaufenden Profilbandes, die ursprünglich in einem tiefen Mörtelbett verlegt waren, auf einem nicht rostenden Metallträger befestigt. Diese Metallkonstruktion mit den daran befestigten Marmorteilen wurde dann als ein freistehendes Element, welches mit Schrauben oben und unten an der Wand fixiert wurde, in die seitlichen Wandöffnungen eingelassen. Durch die offen belassenen Fugen zu den seitlichen Bauteilen des Portals ist dadurch eine dauerhafte Hinterlüftung gesichert.

Um die den Gewänden vorgestellten Säulen zu konservieren, wurden diese ausgebaut und gereinigt. Fehlende Teile wurden vereinzelt erneuert. Bei der Neuversetzung wurde auf Stahldübel zur Fixierung der Säulen verzichtet. Es wurden alle Säulen entsprechend der historischen Vorgabe mit Blei versetzt (Abb. 7 und 8). Vor die zum Teil stark verwitterten und bei einer früheren Restaurierung an der Oberfläche zurück gearbeiteten Sockelsteine (umgedreht eingebaute Basen aus anderen Bauten) wurden neue Marmorblöcke vorgeblendet. Um auch hier eine möglichst umfassende Hinter- und Durch-

lüftung der Marmorteile zu bekommen, wurden diese Blöcke nicht mit Mörtel versetzt und der Zwischenraum vom originalen Bauteil zur Vorblendung wurde offen gelassen. Alle neu versetzten Blöcke wurden zum Schutz gegen aufsteigende Feuchtigkeit auf einer Bleifolie verlegt. Die zu erneuernden Profilsteine am Gewände wurden freistehend, zur Rückwand mit einem Anker gesichert, eingestellt. Auch hier wurde bewusst auf Mörtel verzichtet.

Bei allen Auswechslungen wurde streng darauf geachtet, dass nur die Steine erneuert wurden, die bei der vorgeschalteten Dokumentation und der wissenschaftlichen Schadensanalyse als „unabdingbar zu erneuern" eingestuft wurden. Trotz mancher ästhetischer Mängel wurden die Reparaturen und Auswechslungen früherer Restaurierungen, welche zum Teil mit Zement ausgeführt waren, belassen, um nicht noch weitere Substanzeingriffe vornehmen zu müssen. Es musste aber sichergestellt sein, dass dies nicht zu einer weiteren Zerstörung der Originalsubstanz führt. Korrodierende Eisendübel und unsachgemäß eingebrachte Zementfugen wurden vollständig entfernt.

Nach einer Vorreinigung und teilweisen mechanischen Entfernung der als gefährlich eingestuften schwarzen Kruste auf der Oberfläche der Marmorteile wurde dann mit Zellulosekompressen eine Entsalzung durchgeführt. Lose Schalen wurden mit Epoxidharz hinterspritzt und verklebt und offene Risse an den Säulen konnten mit einem Mörtel aus Marmormehl und Epoxidharz geschlossen werden.

Bei der an allen Bauteilen durchgeführten Farb-untersuchung durch einen Restaurator konnte die ursprüngliche Farbigkeit des Portals in islamischer Zeit in allen Farbfassungen rekonstruiert werden.

An den wieder verwendeten Bauteilen aus Akka waren noch Farbspuren der originalen gotischen Fassung des 12./13. Jh. erkennbar. Als Erstfassung der Gotik aus Akka wurde bei den Kapitellen, den Archivolten und den Medaillons ein helles Rot auf einer bräunlichen Grundierung nachgewiesen. Diese Farbfassung ist auch bei gotischen Bauten in Europa belegt. Nach dem Einbau dieser nach Kairo transportierten Bauteile in das Portal der Madrasa an-Nasir Mohammed 1299/1304 erhielten die Architekturteile des Portals eine monochrome, dunkle Rotfassung. Diese Fassung konnte auch bei dem neu eingebrachten Türsturz mit der Bauinschrift an-Nasir Mohammeds als Erstfassung nachgewiesen werden. Der Schriftzug hatte bei dieser Erstfassung als Hintergrund einen grünblauen Farbton, während die Schrift im selben dunklen Rot wie die Kapitelle und die Archivolte gefasst war.

Bei einer späteren Reparatur – in der nachgewiesen Farbschichtung die 3. Fassung – erhielt das In-schriftenband wie alle Architekturteile eine letzte einheitliche Fassung: auf einer weißen Grundierung wurde ein helles Blau aufgetragen. Bei späteren Veränderungen wurden dann die Schriftzeichen ver-goldet. Bei der letzten nachweisbaren farbigen Fassung waren die Schriftzeichen nicht mehr gefasst und waren mit einem der Erstfassung fast identi-schen grün-blauen Farbton hinterlegt.

Bei archäologischen Sondagen am Eingang konnte die Zugangstreppe zur Madrasa des ursprünglich tiefer liegenden Straßenniveaus nachgewiesen wer-den.

Abschließende Bemerkung

Nach der 1999/2000 abgeschlossenen Restau-rierung des Portals wurde die Madrasa an-Nasir Mo-hammed als Teil des Programms „Historic Cairo" zwischen 2002 und 2005 umfassend restauriert. Bei dieser Restaurierung wurde das 1991 ausgebaute Stuckfenster in den durch das Erdbeben 1992 stark beschädigten und bei den Restaurierungsmaßnah-men teilweise wieder aufgebauten Westiwan einge-baut. Bei einer groß angelegten Reinigung der Fas-saden wurden leider die nach der Restaurierung 1999/2000 am Portal noch erhaltenen Farbspuren entfernt.

Nach dem Abschluss der Restaurierungsarbeiten an der Madrasa des Sultan Barquq und der 2007 ge-planten Fertigstellung der Arbeiten an dem Baukom-plex von Qalawun wird die zwischen diesen Gebäu-den liegende Madrasa von an-Nasir Mohammed Teil des Denkmalensembles Scharia Muizz li-Din Illah/ Gamaija sein (Abb.9 und 10).

Abb. 10: *Portal 1924, Foto SCA-Antikenverwaltung Cairo, Photoarchiv*

Walhalla in Donaustauf: Instandsetzung eines Nationaldenkmals unter besonderer Berücksichtigung der statischen Sicherung und der Natursteinsanierung

von Daniel Dörr, Erhard Winklmann und Peter Horcher

Die Walhalla in Donaustauf wird 160 Jahre nach ihrer Fertigstellung umfassend in Stand gesetzt. Die Sanierungskonzeption des Staatlichen Bauamtes Regensburg umfasst die statische Sicherung des Bauwerks, die Sanierung der Natursteinoberflächen, die Restaurierung und Konservierung des Tempelinnenraumes und ein Landschaftspflegekonzept. Im Folgenden werden die statische Sicherung und die Sanierung der Natursteinoberflächen detaillierter dargestellt und die Planungen und umgesetzten Maßnahmen erläutert.

1. Das Bauwerk

Die Walhalla in Donaustauf ist eines der bedeutendsten Nationaldenkmäler auf dem Gebiet der Bundesrepublik Deutschland und ein herausragendes Zeugnis klassizistischer Architektur des 19. Jahrhunderts.

Sie wurde unter König Ludwig I. vom damaligen Hofbaumeister Leo von Klenze entworfen und gebaut. Ein Architektenwettbewerb wurde 1811 ausgelobt, die endgültige Entscheidung für den Bauplatz 1821 getroffen, die Grundsteinlegung war 1830 und die feierliche Einweihung 1842.

2. Die Idee

König Ludwig I. hat schon 1807 unter dem Eindruck der napoleonischen Kriege und den preußischen Niederlagen als Kronprinz den Entschluss gefasst, die „rühmlich ausgezeichneten Teutschen" in einem Ehrentempel des Vaterlandes zu vereinen.

Seine Idee „von der Erstarkung und der Vermehrung deutschen Sinnes" und eines – zumindest kulturpolitisch gemeinten „gemeinsamen Vaterlandes" will er in allen Besuchern der Ruhmeshalle durch die Versammlung deutscher Geistes- und Geschichtsgrößen wecken und vertiefen.

Betritt der Besucher den Tempel, dessen Name übersetzt Totenhalle bedeutet, so steht er einer Versammlung prägender Persönlichkeiten gegenüber. 128 Marmorplastiken und 64 Tafeln zeugen von deutscher und europäischer Geschichte, den Fixpunkten der Geistes- und Naturwissenschaften, der Literatur, der Musik und der bildenden Kunst.

Für den Bau hatte der König das griechische Tempelschema vorgegeben und Leo von Klenze gestaltete die Außenarchitektur der Walhalla nach dem Vorbild des Parthenon auf der Akropolis in Athen in dorischer Ordnung. Der eigentliche Tempelbau mit seinem Sockel ruht auf einem gewaltigen Unterbau, der die Ruhmeshalle zum einen in das Donautal hebt und zum anderen einen imposanten, inszenierten Zugang über eine gewaltige Treppenanlage ermöglicht.

3. Das Material und die Konstruktion

Das äußere Erscheinungsbild der Anlage wird durch die ausschließliche Verwendung von Naturstein an vertikalen und horizontalen Flächen geprägt. Die Außenwände der Cella, welche im Inneren mit Marmor verkleidet sind, bestehen wie die dorischen Säulen aus Kalkstein. Die Substruktion des Unterbaus wurde aus Ziegel- und großformatigem Kalksteinmauerwerk hergestellt.

Die aufgehenden Wandflächen des Unterbaus sind mit Kalkstein verkleidet, wobei die Verbände von unten nach oben, vom Zyklopenverband über einen unregelmäßigen Schichtenverband bis zu den Tempelwänden mit regelmäßigem Schichtenverband, die Entwicklung von der germanischen bis zur damals modernen Gesellschaftsordnung symbolisieren.

4. Die Schadens- und Sanierungsgeschichte

Schon kurz nach Ihrer Einweihung zeigten sich an der Walhalla konzeptionsbedingte Schäden, die im Wesentlichen durch das Niederschlagswasser und dessen Ableitung über die Terrassenflächen verursacht wurden.

Zehn Jahre nach Fertigstellung wurde der bauzeitliche „Asphaltpflasterbelag" der Terrassen durch

Abb. 1: Ansicht von Südwesten

den jetzt vorhandenen großformatigen Plattenbelag ersetzt, da Niederschlagswasser über die undichten horizontalen Flächen die Substruktion stark durchfeuchtet hatte. Das Oberflächenwasser wird nun über offene Gerinne in den Unterbau geleitet und dem Hauptsammler, welcher unter dem Gebäude und dem Unterbau zentral verläuft, zugeführt.

Umfangreiche Quellenforschungen zeigten, dass die Walhalla auch danach wiederholt zum Bauschadensfall wurde bzw. einzelne Instandsetzungsarbeiten im Rahmen des Bauunterhaltes durchgeführt wurden. Diese Reparaturen beschränkten sich hauptsächlich auf Schäden an den Steinverblendungen des Unterbaues und der Bemalung der Deckenkassetten im Innenraum des Tempelgebäudes. Eine umfangreiche Instandsetzung erfolgte jedoch nie.

Darüber hinaus hat sich das Landschaftsbild im unmittelbaren Umgriff des Tempels im Laufe der Zeit so verändert, dass die von Klenze beabsichtigte Verschränkung von Bauwerk und mediterraner Landschaft mittlerweile deutlich zu Lasten des Tempels beeinträchtigt ist.

Das Bauwerk ist inzwischen 160 Jahre alt und zeigt in weiten Bereichen Schäden, die statische Ursachen haben bzw. auf Witterungseinflüsse und bauphysikalische Zustände zurückzuführen sind. Mitte der 90er Jahre konnte man den Schadenssymptomen durch reinen Bauunterhalt und kleinen Reparaturen nicht mehr Herr werden und umfangreiche Untersuchungen wurden eingeleitet um die Schadensursachen zu ergründen. Das Nationaldenkmal ist eines von knapp 2500 Baudenkmälern in staatlichem Eigentum, welche von den Staatlichen Bauämtern betreut werden. Die bauliche Zuständigkeit für die Walhalla liegt im Aufgabenbereich des Staatlichen Bauamtes Regensburg, welches die Instandsetzungsarbeiten plant und koordiniert.

Nach Vorliegen der Untersuchungsergebnisse konnte ein umfassendes Sanierungskonzept erarbeitet werden, welches das primäre Ziel der nachhaltigen Gebäudesicherung hat. Außerdem sollen Eingriffe in die historische Bausubstanz im Sinne der Baudenkmalpflege weitestgehend vermieden werden. Dabei wird die konstruktive Funktion der betroffenen Bauteile grundsätzlich erhalten und lediglich eine Entlastung angestrebt. Ebenso sollten Eingriffe möglichst reversibel angelegt sein.

Die Instandsetzungsarbeiten wurden im Jahr 2003 begonnen, umfassen ein Gesamtinvestitionsvolumen des Freistaates Bayern von 11,35 Mio. EUR und werden voraussichtlich im Jahr 2013 abgeschlossen.

Das Gesamtsanierungskonzept beinhaltet ein breites Spektrum an Sanierungsarbeiten, die in drei Arbeitsthemen gegliedert wurden. Das Thema I beinhaltet den Tempelunterbau mit unmittelbarem Umfeld, die statische Sicherung, die Abdichtung der Terrassenflächen, die Entwässerung innerhalb des Sockels und die Reparatur der Natursteinoberflächen und Vorsatzschalen.

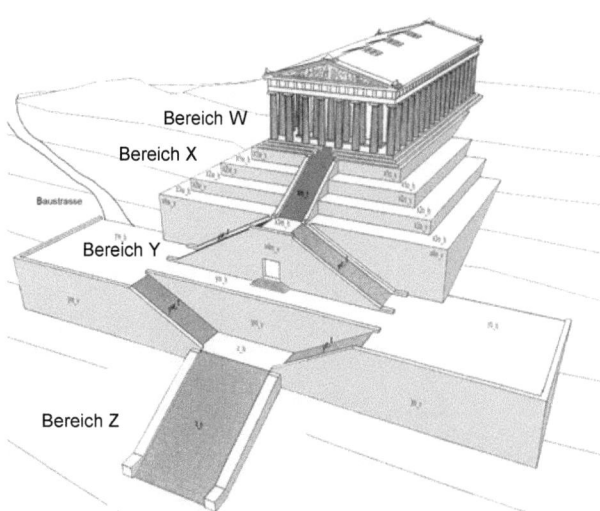

Abb. 2: Isometrie der Gesamtanlage

Das Tempelbauwerk definiert das Thema II, die Restaurierung der Raumschale und Reparaturmaßnahmen im Dachbereich.

Im dritten Themenbereich finden sich die Außenanlagen mit der Umsetzung des Landschaftspflegekonzeptes wieder.

Um die verschiedenen Bearbeitungszonen zu gliedern und die Übersichtlichkeit zu erleichtern, wird das Bauwerk in vier Bereiche unterteilt (Abb. 2):

Bereich W: Tempel;

Bereich X: Terrassenunterbau im Bereich der überwölbten Seitengänge und unterhalb des Tempels;

Bereich Y: goßer südlicher hinterfüllter Terrassenbereich unterhalb der Halle der Erwartung;

Bereich Z: unterste Treppenrampe;

5. Schäden und Sanierung

5.1 Statische Sicherung

Im Folgenden beschäftigen wir uns nur mit dem Thema I, dem Tempelunterbau. Hier beleuchten wir die abgeschlossenen und laufenden Maßnahmen in den Bereichen X, Y und Z. Beim Tempelunterbau zeigten sich in weiten Bereichen Schadensbilder, die auf statisch-konstruktive bzw. bauphysikalische Einflüsse zurückzuführen sind. Die archivarisch verfügbaren Bestandspläne aus der Bauzeit bzw. von späteren Maßnahmen am Bauwerk bieten keine hinreichend zuverlässigen Aussagen zur tatsächlichen Dimensionierung und Ausführung der Bauteile. Für den Standsicherheitsnachweis und eine möglichst denkmalverträgliche Lösung waren

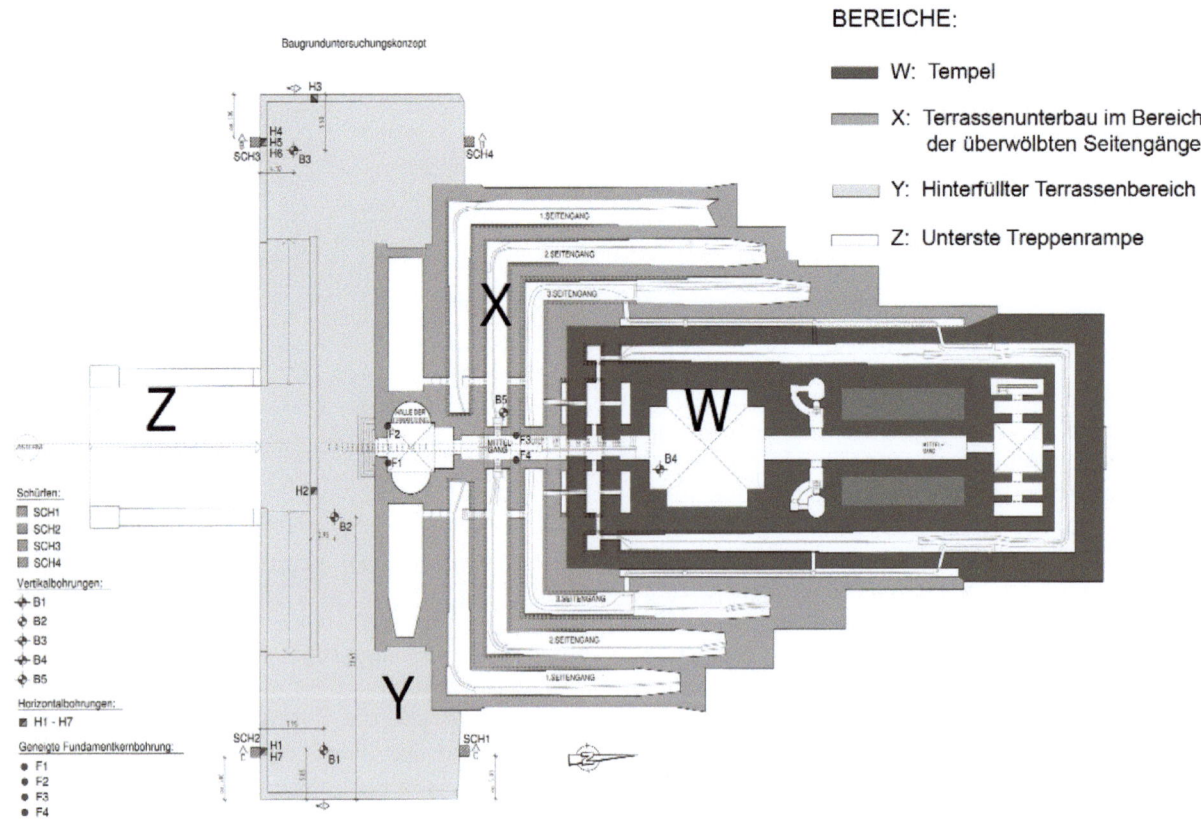

BEREICHE:

W: Tempel

X: Terrassenunterbau im Bereich der überwölbten Seitengänge

Y: Hinterfüllter Terrassenbereich

Z: Unterste Treppenrampe

Abb. 3: Baugrunduntersuchung

Verformung der Mauerkronen

Verformungslinie

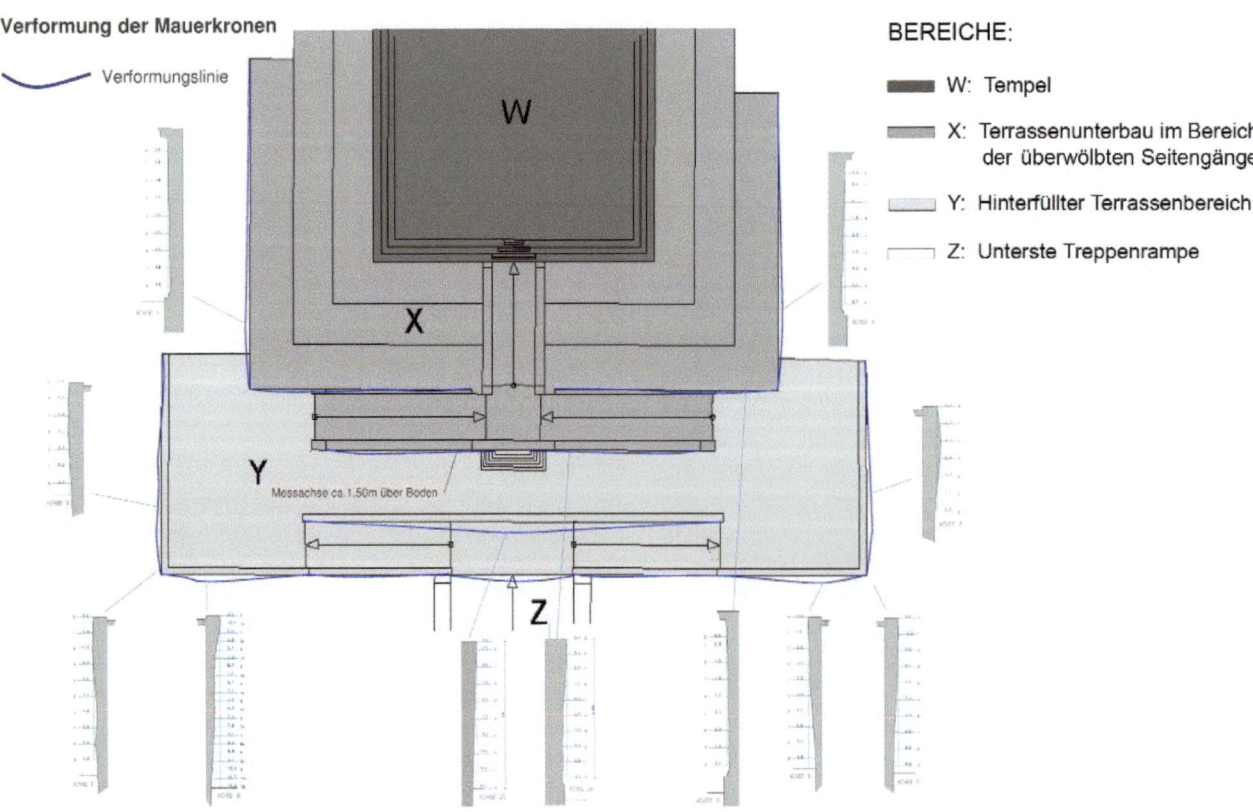

BEREICHE:

W: Tempel

X: Terrassenunterbau im Bereich der überwölbten Seitengänge

Y: Hinterfüllter Terrassenbereich

Z: Unterste Treppenrampe

Abb. 4: Verformung Mauerkrone

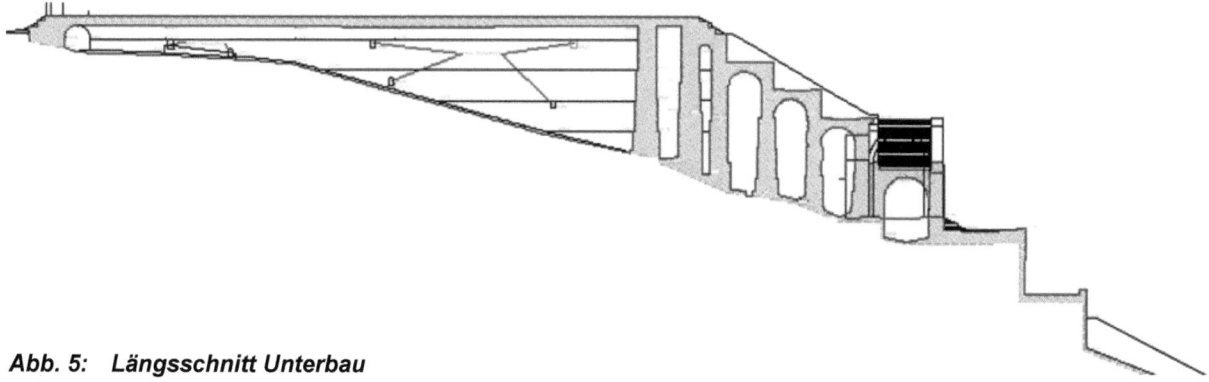

Abb. 5: Längsschnitt Unterbau

daher umfangreiche Verformungsmessungen, Material- und Gefügeuntersuchungen notwendig.

Der Bereich Y ist konstruktiv durch die aufgehenden und mit Erdmaterial hinterfüllten Schwergewichtswände charakterisiert. Die Schwergewichtswände sind zweischalig ausgeführt. Sie bestehen aus einem bis zu 2,50 m starken Kernmauerwerk, einer Luftschicht und der äußeren 25–30 cm dicken Sichtschale im Zyklobenverband aus Kalksteinplatten.
Um den Bestand sorgfältig analysieren zu können, wurden folgende Untersuchungen und Messungen durchgeführt (Abb. 3):

– Geodätische Bewegungsmessungen an der Südwand
  Ziel: Erfassung von evtl. laufenden Verformungsprozessen;
– Radarerkundung
  Ziel: Erkundung von Gefüge, Hohlstellen, Wasserverläufen;
– Lasergestützte Verformungsmessungen
  Ziel: Erfassung von augenfälligen Bauteildeformationen;
– Baugrunduntersuchung mit Vertikal- und Horizontalbohrungen und Schürfen im Fundament- und Hangbereich
  Ziel: Erfassung von Bauteildimensionen und Materialbeschaffenheiten, Überprüfung der Gründungs- und Baugrundverhältnisse;
– Ausbau des Terrassenplattenbelages im SW-Eckbereich
  Ziel: Erfassung von Bauteildimensionen im Wandkronenbereich und statisch wirksamen Konstruktionselementen
– Standsicherheitsnachweis

Die Horizontalbohrungen und Schürfen lassen eine durchgehende, stabile Gründung auf dem angetroffenen Gneis bzw. Granit erwarten. Die bauzeitliche Rückverankerung über einzelne Bindersteine ist durch Fugenauswaschungen in weiten Bereichen statisch nicht mehr wirksam. Ein Versagen der Standsicherheit war nicht auszuschließen.
Die aufgehenden Stützwände sind in ihrem gerad-linigen Verlauf bogenförmig nach außen gewölbt. Die Verformung ist im Kronenbereich am stärksten. Die hohe südliche Stützwand zeigt in Feldmitte mit 14 cm Neigung nach außen die stärkste Deformation gegen den Wandfuß auf. Die SW-Ecke, die SO-Ecke sowie die oberen Abschlüsse der beiden Quertreppenrampen sind durch Mauerwerksverbandwirkung stabil (Abb. 4).

Die Hinterfüllung unterhalb der Terrasse wurde in geschichteter Formation vorgefunden (Sandwichaufbau). Die Schichten aus plattigen, 5–10 cm dicken Kalksteinbruch (Steinmetzabfall) und einer 10–15 cm dicker Schluffschicht wechseln sich regelmäßig ab und zeigen eine hohe Durchfeuchtung durch eindringendes Oberflächenwasser aus den Terrassen und den oberhalb liegenden Hangbereichen. Die große Schlankheit der statisch wirksamen Schwergewichtswände sowie der erhöhte Erddruck verlagern die Resultierende rechnerisch aus dem Kernbereich der Wand. Es bestand keine ausreichende Kippsicherheit der nach Süden orientierten Stützwände. Aus diesen Gründen wurde im Mai 2002 der südliche Treppenaufgang für die Öffentlichkeit gesperrt und damit die Dringlichkeit der Maßnahme offensichtlich.

Der Bereich X lehnt sich formal an Elemente einer Stufenpyramide an. Er übernimmt die Aufgabe, die Lasten aus dem Stylobat des Tempels an der Hangkante entlang in den Untergrund abzuleiten.
Die winkelförmig angeordneten jeweils drei Seitengänge sind durch relativ schlanke Wandscheiben aus Quadermauerwerk gefasst, die mit gemauerten Tonnengewölben überdeckt sind. Die Gewölbe tragen die schmalen Terrassenflächen. Die Halle der Erwartung in der Längsachse des Unterbaues übernimmt konstruktiv die Funktion eines Widerlagers (Abb. 5).

Mauerwerk und Fugenmaterial sind in weiten Bereichen bis zur Sättigung durchfeuchtet. Ferner sind starke Kalkaussinterungen aus dem Fugenmörtel zu beobachten.

In den gemauerten Tonnengewölben der Seitengänge wurden im Scheitel durchgehende Risse festgestellt. Diese Risse sind Resultat des horizontalen Ausweichens durch den Gewölbeschub. Bei Volllast liegen die vertikalen Resultierenden außerhalb des Normbereiches. Die SW- und SO-Ecken sind in sich ausgesteift und damit stabil.

In der Halle der Erwartung und in weiten Bereichen des nördlichen Ausganges in die Substruktion sind massive konstruktive Schäden im Quadermauerwerk entstanden.

So sind in der Längswand zwischen unterem Seitengang und dem Hallenraum Abplatzungen in Folge zu hoher Pressungen im Quadermauerwerk zu

beobachten. In den seitlichen Apsiden zeigen sich diagonal verlaufende Schubrisse in den Gewölben. Legt man die Klenzesche Planung zu Grunde, sollten die Abschlüsse der jeweils drei überwölbten Seitengänge zum Mittelgang vermutlich als aussteifende Wandscheiben ausgebildet werden, die jedoch nicht bis zur erforderlichen Höhe ausgeführt wurden und außerdem in ihrer Kraftlinie versetzt sind.

Bei Fortdauer der entstandenen Lastzustände ist langfristig eine gravierende Substanzschädigung der Halle der Erwartung mit einer einhergehenden bedenklichen Lastumleitung in die bestehenden Längswände und Seitengänge zu erwarten.

5.2 Maßnahmen

Sicherung der Vorsatzschale im Bereich Y:
Als erste Maßnahme wurde 2005 die Vorsatzschale zurückverankert. Einzelne Platten der Vorsatzschale konnten über vier eingebohrte Reaktionsanker mit der rückwärtigen Stützwand verbunden werden. In 16 mm Bohrlöcher mit einer Gesamtlänge von 75 cm und einer Einbohrtiefe ins Hinter-Mauerwerk von 15 cm wurden Edelstahl-Gewindestangen eingesetzt.

Durch Auspressen der Verankerungslöcher mit entsprechendem Injektionsmörtel wurde der Verbund zur Schwergewichtswand hergestellt. Alle Anker konnten mit einer definierten Ankerlast von 5,0 kN angespannt werden (Abb. 6). Die hierfür erforderlichen Kernbohröffnungen DN 50 an der Wandoberfläche wurden mit sog. Verblendern aus den ausgekeilten Bohrkernen in steingleichem Material nahezu fugenlos geschlossen. Es wurden an den Südwänden ein Binderstein pro 2 m² und an den seit-

Abb. 6: Anspannvorgang

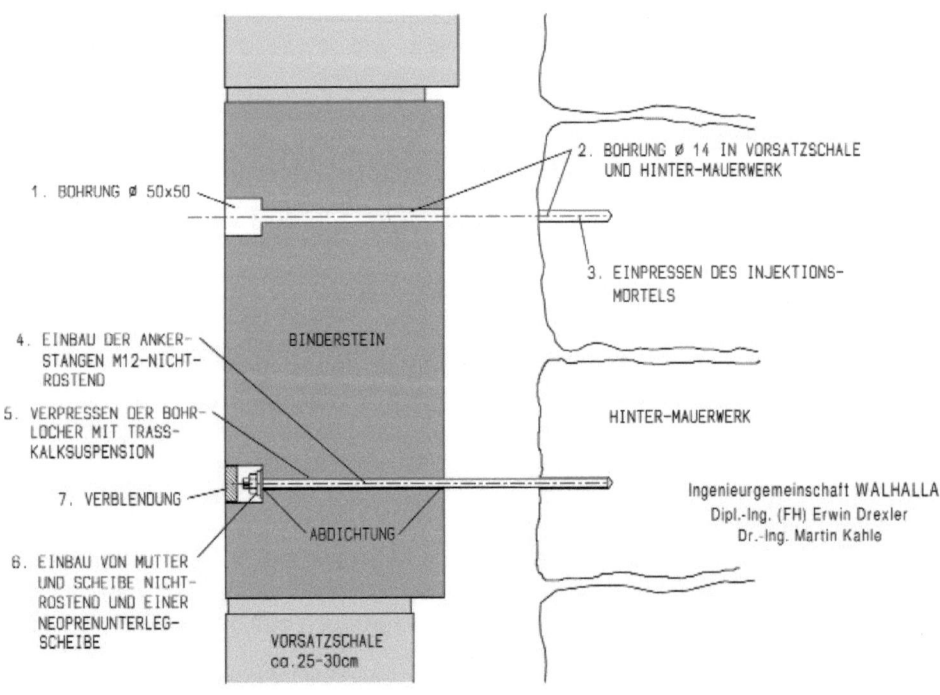

Abb. 7: Sicherung Vorsatzschale

1. BOHRUNG Ø 50x50

2. BOHRUNG Ø 14 IN VORSATZSCHALE UND HINTER-MAUERWERK

3. EINPRESSEN DES INJEKTIONSMÖRTELS

4. EINBAU DER ANKERSTANGEN M12-NICHTROSTEND

5. VERPRESSEN DER BOHRLOCHER MIT TRASS-KALKSUSPENSION

7. VERBLENDUNG

6. EINBAU VON MUTTER UND SCHEIBE NICHTROSTEND UND EINER NEOPRENUNTERLEGSCHEIBE

BINDERSTEIN

ABDICHTUNG

HINTER-MAUERWERK

Ingenieurgemeinschaft WALHALLA
Dipl.-Ing. (FH) Erwin Drexler
Dr.-Ing. Martin Kahle

VORSATZSCHALE
ca. 25-30cm

Abb. 8:   Baustelleneinrichtung HDI

lichen Ost- und Westwänden ein Binderstein pro 3 m² Wandfläche erzeugt. Primär sind dafür bereits reparierte oder noch zu reparierende Platten verwendet worden. So ist ein stabiler Verband der Vorsatzschale möglich. Die Vorsatzschale kann nun wieder in Verbund mit der Schwergewichtswand als statisch wirksame Einheit betrachtet werden (Abb. 7).

Entlastung der Stützwände im Bereich Y:
Dies geschieht durch den Einbau von senkrecht zur Wand angeordneten Betonscheiben im Auffüllungsbereich über das sog. Hochdruckinjektionsverfahren (HDI). Dabei wird über einen Bohrkanal Zementsuspension unter hohem Druck in die Hohlräume bis auf den Felshorizont eingepresst. Die sich überschneidenden Betonkörper sind konstruktiv von der historischen Stützwand getrennt, verzahnen sich mit ihrer Umgebung, übernehmen einen wesentlichen Teil des Erddruckes und führen so zu einer deutlichen Entlastung, ohne jedoch das Bauteil gänzlich seiner Funktion zu entheben.
Zu Beginn wurden die großformatigen Terrassenplatten ausgebaut. Nach erfolgter Genehmigungs- und Prüfstatik begann die beauftragte Spezialbaufirma im April 2006 mit der aufwändigen Baustelleneinrichtung oberhalb des Tempels. Zur Zwischenlagerung des überschüssigen Suspensionsrücklaufes wurden unterhalb der Walhalla zwei Erdbecken ausgehoben (Abb. 8).

Zur Messung und Überprüfung evtl. Verformungen der Stützwände wurden folgende Kontrollsysteme installiert:
–   Online Messsystem mit automatischer Alarmfunktion
    10 Messquerschnitte in zwei Ebenen mit Seilzugwegsensoren
    akustische und visuelle Alarmgeber
–   Dokumentation mittels 3-D-Laserscaning

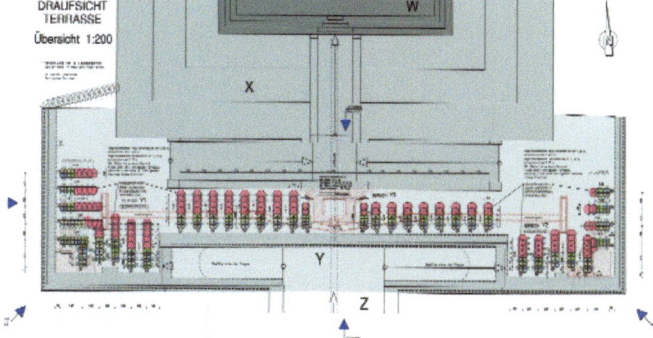

Abb. 9:   Lanzenplan

–   Inklinometermessungen über fünf vertikale Inklinometer
–   Zusätzliche Prüfung der Ablotung über tachymetrische Nachvermessungen
–   Erschütterungsmessungen auf der Mauerkrone und entlang der Vorsatzschale
–   Risskartierung
    Dokumentation der Veränderungen im Rissbild
–   Zugversuche zur Überprüfung der Funktionsfähigkeit der bereits erfolgten Rückhängung der Vorsatzschale
–   Videoendoskopie des zweischaligen Gesamtmauerwerk über zwei horizontal verlaufende Erkundungsbohrungen an der Westwand
–   Extensiometer zur direkten Überprüfung der Verformung zwischen Stützwand und Vorsatzschale

Die Planung erfolgte durch die Ingenieurgemeinschaft Walhalla, mit Unterstützung der LGA Nürnberg. Es wurde ein sog. Lanzenplan erstellt. Darin ist die Größe, Lage und Reihenfolge der einzelnen Lamellen (Abfolge von sich überschneidenden Säulen) festgelegt. Auf Grund der örtlichen Gegebenheiten wurde leichtes Bohrgerät mit einem max. Gesamtgewicht von 5,0 t vorgeschrieben (Abb. 9).
Anfang Juni 2006 wurde begonnen auf der, durch Wegnahme der Terrassenplatten und Reduzierung

Abb. 10: leichtes Bohrgerät

des Auffüllmaterials, statisch entlasteten Terrassen-fläche zunächst Probesäulen zu erstellen. Nach deren Freilegung wurde mangels ausreichender Überschneidung der Achsabstand, bedingt durch den schichtweise gelagerten Boden, von 0,90 m auf 0,75 m reduziert (Abb. 10).

Nach einer weiteren Erprobungszeit mit unter-schiedlichen Herstellparametern, wie Düsenkopf-durchmesser und Ziehgeschwindigkeit, konnte ab Ende Juni 2006 mit dem über Kopf Einbringen der Säulen begonnen werden. Das augenscheinlich beste Ergebnis brachte das 1-Phasensystem – Hochdruckschneiden mit Zementsuspension und gleichzeitiger Vermörtelung des Bodens. Die Säulen erhielten zunächst einen geplanten Durchmesser von 1,30 m und wurden bis zu einer Höhe von -1,50 m unter OK Terrassenbelag geführt.

Herstellparameter dieser Säulen:
Schneidestrahldruck: 450 bar
Durchmesser der Düse: 4,5 mm
Drehgeschwindigkeit: 8 Umdrehungen/Minute
Hubgeschwindigkeit: 5 min/m
Verwendetes Bindemittel: Terracrete 585

Die größten Bohrlängen lagen im südwestlichen Be-reich bei ca. 14 m. Der anstehende Fels verläuft sprunghaft und fällt in SW-Richtung ab. Die Fels-oberkante ist stark verwittert und zerklüftet.
Mit zunehmender Annäherung an die Stützwände nahm die unmittelbare Beanspruchung der Bausub-stanz in bedrohlicher Weise zu. An der SW- und SO-Ecke der Terrasse kamen Betonbauteile größeren Ausmaßes zum Vorschein. Aus historischem Bild- und Planmaterial ist zu ersehen, dass es sich dabei

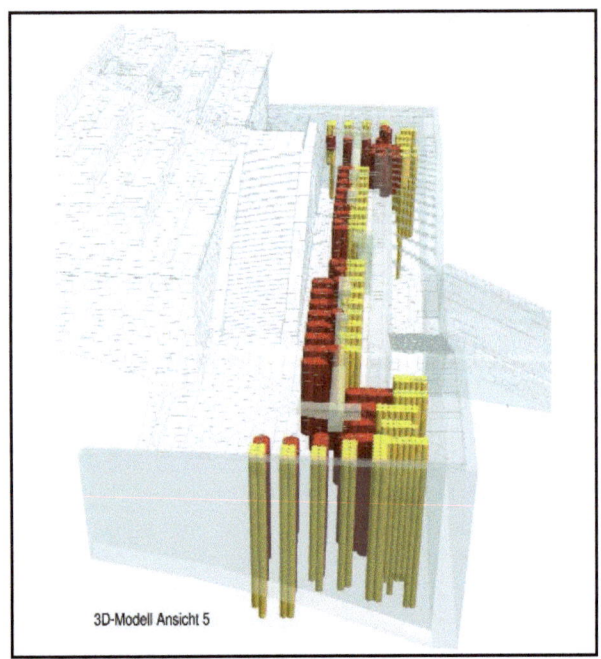

Abb. 11: 3D-Modell der Säulen

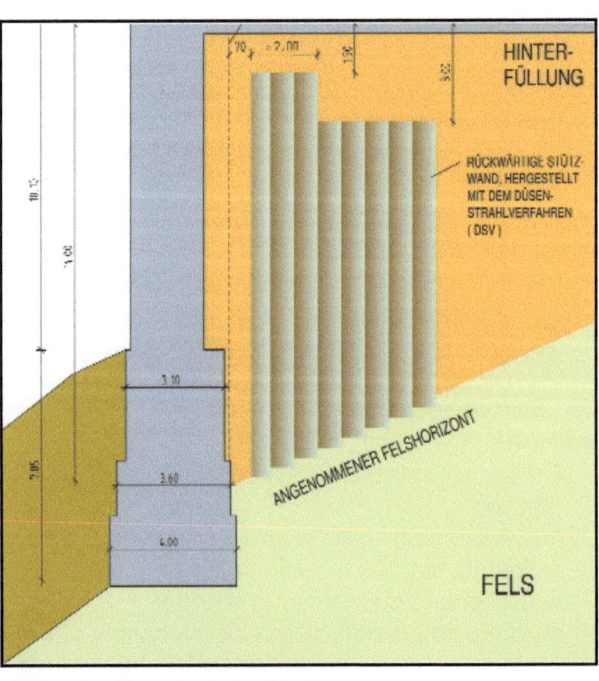

Abb. 12: Regelschnitt Säulen

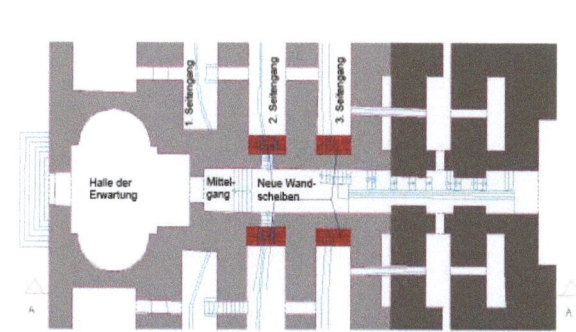

Abb. 13: Grundriss Aussteifung mit Wandscheiben

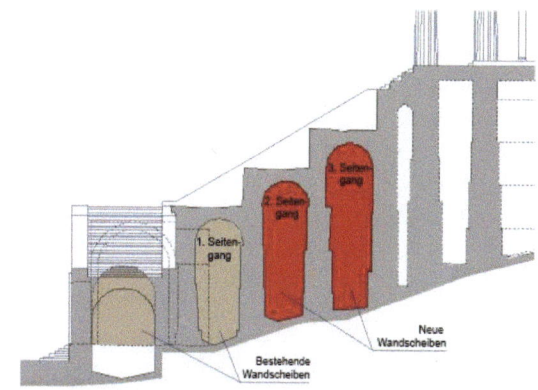

Abb. 14: Längsschnitt Aussteifung

um Fundamentteile für Standarten aus dem 3. Reich handelt. Die vorgefundenen Betonplatten im oberen Auffüllbereich der Terrassenecken mussten abgebrochen und die tiefergelegenen Betonbauteile durchbohrt werden, da sich sonst Druck auf die Stützwände hätte ausbreiten können.

Ab Juli 2006 kam es an der SW-Ecke mehrfach zu Alarmierungen. Die Arbeiten wurden daraufhin eingestellt und durch die entsprechenden Stellen die Kontrollsysteme überprüft und Erschütterungsmessungen vorgenommen. Zusätzlich wurden über zwei horizontal verlaufende Erkundungsbohrungen videoendoskopische Untersuchungen zur Erkennung eines evtl. Schalenbruchs der Schwergewichtswand durchgeführt. Die oben beschriebene Rückhängung der Vorsatzschale wurde durch Zugversuche an den Sicherungsankern überprüft. Dabei konnte bis zur geforderten Belastung von 5 kN kein Versagen der Anker festgestellt werden. Auch drang kein Suspensionsmaterial in die Luftschicht zwischen Schwergewichtswand und Vorsatzschale ein. Daraufhin entschied man zusätzlich einen Extensiometer zur direkten Überprüfung von Verformungen zwischen Stützwand und Vorsatzschale an der Westwand anzubringen.

Zur Verbesserung des Rückflusses und damit zur Minimierung des hydrostatischen Drucks, wurde beschlossen, die weiteren Säulen paarweise im Pilgerschritt zu erstellen.

Die Säulendurchmesser konnten nach eingehender statischer Überprüfung von 1,30 m auf 0,60 m reduziert werden. Die Lage und Kubatur der Wandscheiben blieb davon unberührt.

Die Arbeiten wurden Ende August 2006 wieder aufgenommen. Dank dieser Umstellungen konnten die restlichen Säulen bis Mitte November 2006 ohne nennenswerte Zwischenfälle fertig gestellt werden.

Einbau von Wandscheiben im Bereich X:
Die Lastableitung in Bauwerkslängsrichtung ist in ihrer abgetreppten Form vom Lastverlauf mit einer Strebepfeilerkonstruktion vergleichbar. Die zu schwache Längsaussteifung führt zu unzulässig hohen Spannungen im Mauerwerk.
Im Bereich der Mittelachse werden deshalb in den

Jahren 2008/09 im zweiten und dritten Seitengang, parallel zu den bestehenden halbhohen Wänden, statisch wirksame Scheiben aus bewehrtem hochfestem Mauerwerk eingebaut. Der kraftschlüssige Verbund zum bestehenden Mauerwerk wird über Stahlbetonbalken hergestellt, die in das angrenzende historische Mauerwerk einbinden und eine Verzahnung der Wandbereiche bewirken. Auch diese zusätzlichen Wandscheiben werden auf Fels gegründet. Im Sockel- bzw. Kopfbereich wird der Luftaustausch zu den Seitengängen über entsprechende Öffnungen sichergestellt (Abb. 13, 14).

5.3 Einbau einer Horizontalabdichtung in den Terrassen
Teilerneuerung Entwässerungsanlage im Unterbau

„Da hat Klenze einen sehr großen Bock geschossen". Dieses Zitat von König Ludwig I. zum Walhallaverwalter Weger anlässlich eines Walhallabesuches am 5. September 1858 verdeutlicht, dass sich die Wasserableitung des Unterbaues von Anfang an als ungenügend erwies.

Ursprünglich sollte das Niederschlagswasser der Terrassen seitlich ablaufen und in den angrenzenden Wiesen versickern. Lediglich das Regenwasser des Tempelgebäudes sollte über das Entwässerungssystem des Unterbaues abgeleitet werden. Diese von Klenze getroffenen Vorkehrungen für die Wasserableitung erwiesen sich als unzulänglich.

Folglich wurden zwischen 1857 und 1859 sämtliche Terrassenflächen mit den heute vorhandenen Natursteinplatten neu belegt. Die Entwässerung des Ober- und Unterbaues mittels neuer Pflasterrinnen und Kanälen im Innern wurde neu erstellt und erweitert.

Die Abdichtung der Terrassenflächen durch Fälzung der Plattenränder und Verlegen mit Pressfugen und Bitumenverguss schien zunächst auszureichen.

Die Wasserführung der Terrassenflächen erfolgt im Gefälle, unterstützt durch schüsselartige Ausarbeitung der Natursteinplatten zur Mittelrinne und Ableitung über Abläufe und Fallrohre in das Innere des Unterbaues. Von dort erfolgt die Weiterleitung über große Ziegelrinnen und gemauerte Kanäle in den Hauptsammler. Trotz regelmäßig durchgeführter Wartungsarbeiten der Fugen auf Bitumen-, Zement- und Silikonbasis war der Unterbau dauerhaft nicht abzudichten.

Der Unterbau ist mit Feuchtigkeit nahezu gesättigt, die Steinoberflächen sind spürbar nass und die Gewölbe sind großflächig mit Stalaktiten bedeckt. Die Durchfeuchtung der Mauern und Schuttmassen des Unterbaues haben auch zu erheblichen Schäden am Polygonmauerwerk der unteren Terrassen geführt. Das Fugenmaterial ist spröde geworden und kann die Bewegungen der Terrassenplatten nicht mehr aufnehmen.

Abdichtungsmaßnahmen – Plattenbelagsarbeiten

Um unkontrollierten Wassereintrag künftig zu vermeiden, kann auf den Einbau einer zusätzlichen Abdichtungsebene unterhalb der Steinplatten nicht verzichtet werden.

Als zusätzlich Maßnahme wurden an der nördlichen Hangkante der Terrassen Betonschürzen mit Dränage zur seitlichen Ableitung des Hangwassers eingebaut.

Der ständige Wassertransport durch die Konstruktion mit den damit verbundenen Gefügeschädigungen wie Bindemittelauswaschung und Frostsprengung wird künftig verhindert.

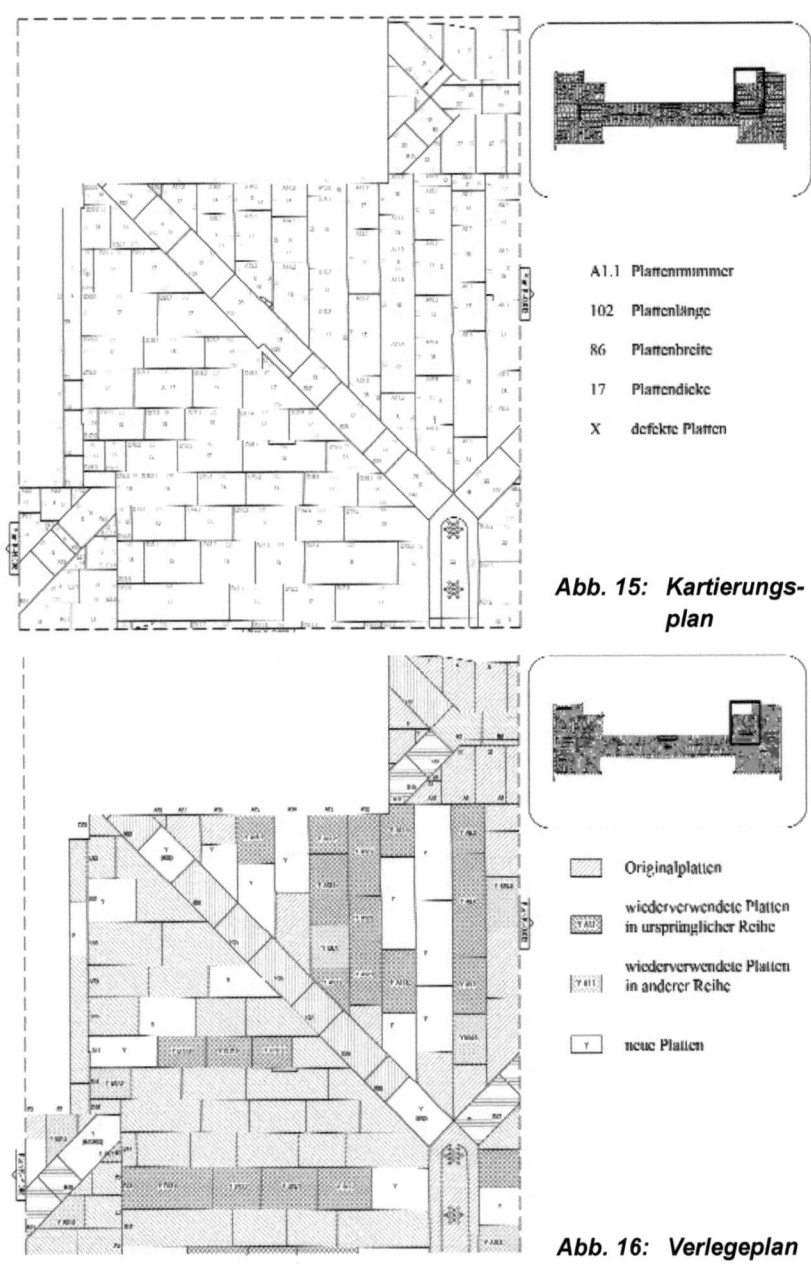

Abb. 15: Kartierungsplan

A1.1 Plattennummer

102 Plattenlänge

86 Plattenbreite

17 Plattendicke

X defekte Platten

Originalplatten

wiederverwendete Platten in ursprünglicher Reihe

wiederverwendete Platten in anderer Reihe

neue Platten

Abb. 16: Verlegeplan

Dazu war es erforderlich den gesamten Natursteinplattenbelag aufzunehmen.

Die Platten bestehen überwiegend aus Pfälzer Sandstein. Sie wurden aus früheren Sanierungen durch Kirchheimer Muschelkalk und Wachenzeller Dolomit ergänzt.

Der Bestand war zu dokumentieren, um zu gewährleisten, dass die Platten lage- und höhengleich wieder verlegt werden konnten (Abb. 15, 16).

Im Zuge der Voruntersuchungen wurden mehrere Abdichtungssysteme überprüft. Abdichtungssysteme auf der Bitumen- und Flüssig-PVC-Basis mussten ausgeschlossen werden, da sie eine Unterkonstruktion aus Stahlbeton benötigen.

Die hier auftretende Problematik der hohen Temperaturdifferenzen am Südhang ist bei der Größe der Terrassenflächen bauphysikalisch nur schwer in

Griff zu bekommen. Darüber hinaus ist die verfügbare Höhe zwischen Unterkante Steinplatte und Oberkante Gewölbescheitel im Bereich X zu beachten.

Als denkmalverträgliche Maßnahme scheint ein Abdichtungssystem mit Kunststoffbahnen auf Lehmschlagunterbau allen Belangen gerecht zu werden. Der Lehmschlag als Unterkonstruktion verhindert eine gegossene, armierte Betonauflage auf die historischen Gewölbe. Er gewährleistet damit auch künftige Eingriffsmöglichkeiten in die historische Bausubstanz. Darüber hinaus funktioniert er als zweite Feuchteabsicherung in der Tradition der historischen Lehmabdichtungen.

Die eigentliche Abdichtung stellt die Kunststoffbahn in Form und Ausführung einer Flachdachabdichtung dar. Sie ermöglicht durch Edelstahlflach- und Edelstahlwinkelemente optimale Anschlüsse an aufgehende Bauteile und Entwässerungselemente.

Um die Eignung von natürlichem Ton als Dichtungslage zu bewerten, wurde an der SW-Ecke der großen Terrasse im Juni 2002 ein Langzeitversuch durchgeführt. Das auf einer Fläche von ca. 80 m² eingebaute Material ist gemäß DIN 18130 mit k = 5 x 10^{-11} als praktisch undurchlässig anzusehen. Im August 2005 wurde das Material wieder freigelegt, Proben entnommen und durch die LGA Nürnberg Grundbauinstitut diverse Laborversuche durchgeführt. Die Witterungseinflüsse über einen Zeitraum von drei Jahren haben demnach keine Veränderungen verursacht. Durch das Abdecken kann die Tonlage wirksam gegen Austrocknung geschützt werden (Abb. 17).

Abb. 17: Bauteilanschluss Lehmschlag

Beim Wiederverlegen der großen Terrassenflächen im Bereich Y stellte sich die Frage, durch welches Material die schadhaften Platten ersetzt werden. Zur Auswahl standen der Kelheimer Auerkalk, der bei den senkrechten Wandflächen zum Einsatz kommt, Kirchheimer Muschelkalk oder Wachenzeller Dolomit (Abb. 18, 19).

Da ein qualitativ vergleichbarer Sandstein leider nicht zur Verfügung stand, wurde dem Gestein der Vorzug gegeben, welcher die geringste Gefügeinhomogenität besitzt. Sowohl der Kelheimer Kalk wie auch der Wachenzeller Dolomit zeigen in unregelmäßigen Abständen Nester mit reduziertem Bindemittel, was bei ungünstigen Witterungsverhältnissen zur Ausbildung von Fehl- und Schwachstellen mit Wasseransammlung führt.

Abb. 18: Blick auf die SW-Ecke

Es wurde deshalb entschieden, unter Beachtung von gleich bleibender Steinqualität, als Ersatzmaterial für die Terrassenplatten den Kirchheimer Muschelkalk einzusetzen.

Dieser fügt sich durch seine natürliche Farbgebung besser in den patinierten Bestand ein.

6. Natursteinsanierung

Im Bereich der Terrassen und an den großen Stützmauern des Unterbaues wurden seit längerer Zeit Schäden an den Steinoberflächen beobachtet und zum Teil auch repariert. Da viele Ausbesserungen in den vergangenen Jahrzehnten nur Schönheitsreparaturen waren, die Schadensursache jedoch nicht behoben wurde, hat sich das Erscheinungsbild im Laufe der Jahre zunehmend verschlechtert. Hauptursache für die Steinschäden ist über die Terrassenflächen in die Konstruktion eindringendes Oberflächenwasser, dadurch bedingte Frostschäden und erhöhte Schubkräfte des durchfeuchteten Erdreiches bzw. Füllmaterials (Abb. 20).

An zahlreichen Stellen tritt aus Fugen, Rissen oder offenen Lagern der Kalksteine Wasser aus. Die Wasseraustrittsstellen werden durch Auswaschungen von Bindemitteln, Kalk oder Humus sichtbar.

Abb. 19: Einbau neuer Platten

Zementfugen stören den Wasserhaushalt im Verbund von Stein und Fuge, so dass die Randbereiche der Werksteine teilweise stark durchfeuchten und auffrieren. Kalksteine und Steinersatzmörtel sind durch die kapillare Wasseraufnahme und Frosteinwirkung (Kristallisationsdruck) von der Rückseite her aufgefroren, abgeplatzt oder schalenförmig ausgebrochen (Abb. 21).

Einzelne Steine sind aus dem Mauerverband nach außen gedrückt oder in ihrer Lage verschoben (vgl. Abb. 20). Bei Steinersatzmörteln führen korrodierte Bewehrungsteile zu Aufschieferungen und Abplatzungen.

Im Vorfeld der Maßnahme wurden sämtliche Stein-oberflächen photogrammetrisch aufgenommen und im Rahmen einer Bestands- und Zustandskartierung die Schäden nach Art und Menge erfasst (Abb. 22).

In Zusammenarbeit mit dem Bayerischen Landes-amt für Denkmalpflege (BayLFD) wurde dann ein Konzept zur Restaurierung der Oberflächen erstellt. Demnach soll sich der Eingriff bei bauzeitlichen Stei-nen in erster Linie an der Erhaltung der vorhande-nen Substanz orientieren und überwiegend auf das Setzen von Vierungen beschränken. Bei den mine-ralischen Ergänzungen (Mineros) hingegen liegt der Schwerpunkt beim Erscheinungsbild des groß-formatigen Zyklopen- bzw. Hakenmauerwerks. Hier soll bei größeren Schäden der gesamte Stein aus-getauscht werden, um das historische Fugenbild nicht noch weiter zu stören. Kleinere Fehlstellen können mit Steinersatzmörtel (SEM) restauriert wer-den.

Da die Steinoberflächen durch Witterung und Um-welteinflüsse großflächig verschmutzt sind, wird der gesamte Unterbau nach Abschluss der Restau-rierungsarbeiten mit Heißdampf gereinigt (Abb. 23).

Auf eine gründlichere Reinigungsart, wie z. B. dem Niederdruck-Rotationswirbelstrom-Verfahren wird ganz bewusst verzichtet, um den Unterbau nicht zu sehr vom in Würde gealterten Tempel abzuheben.

Mit den in den letzten beiden Jahren ausgeführten Arbeiten am untersten Treppenlauf im Bereich Z und den geplanten Arbeiten in den kommenden fünf Jahren sind insgesamt ca. 3.200 m² an horizontalen und ca. 3.100 m² an vertikalen Natursteinflächen sowie mehr als 1.500 Natursteinblockstufen am Un-terbau zu sanieren und teilweise zu erneuern.

Abb. 20: *Verschobene Quader an einer Stützwand-ecke*

Abb. 21: *Aufschieferungen, Abplatzungen und Bröckelzerfall*

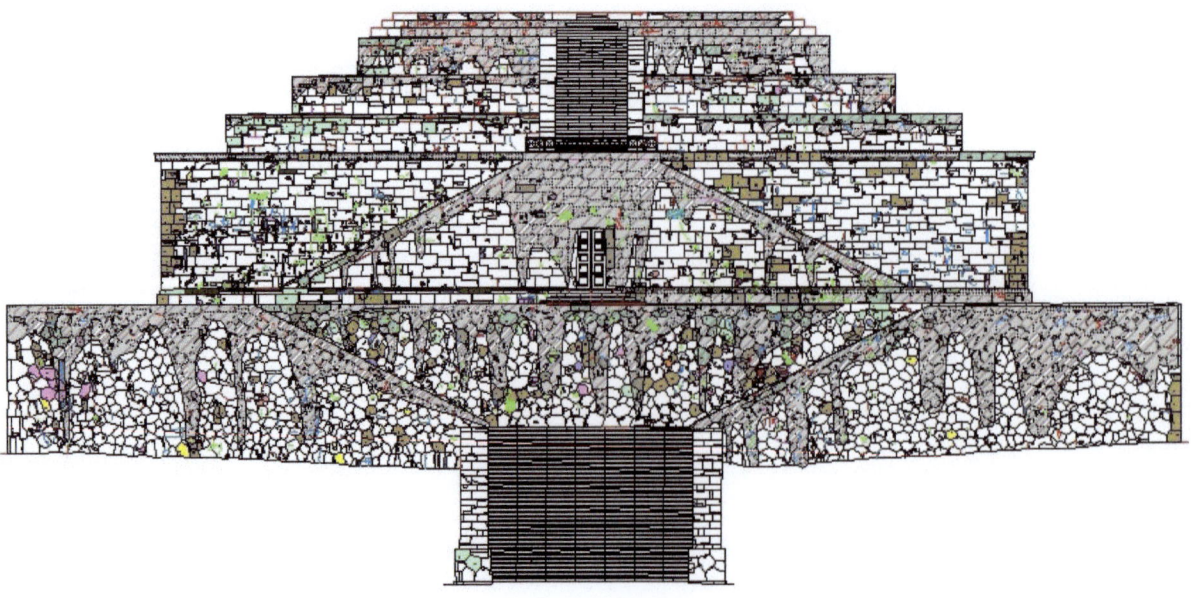

Abb. 22: *Zustandskartierung*

Als Beispiel für die durchzuführenden Sanierungsarbeiten am Naturstein der Walhalla ist im Folgenden exemplarisch der Bereich des untersten Treppenlaufes dargestellt.

Zu den bereits beschriebenen allgemeinen Schadensursachen kommt hier hinzu, dass bei starken Regenfällen, der durch Schlamm und Zivilisationsmüll zugesetzte Regenwassersammelschacht (vgl. Grundriss Walhalla) zu einem Rückstau des abzuleitenden Oberflächenwassers führte. Dadurch wurde der unterste Treppenlauf unterspült, die Auflagerwände teilweise stark beschädigt und die einzelnen Stufen in ihrer Lage verschoben. Deshalb wurde bereits im Jahre 2002 dieser Sickerschacht saniert und eine freilaufende Druckleitung (Durchmesser 200 mm) mit einem Vorklärbecken mit Überlauf zur Donau gebaut.

Um für die durchzuführenden Arbeiten eine ausreichende Kostensicherheit aber auch Nachhaltigkeit der einzelnen Maßnahmen zu gewährleisten, wurden sowohl die Schadens-/Maßnahmenkartierung als auch die Ausschreibung der Sanierungsarbeiten in Zusammenarbeit mit Fachplanern durchgeführt. Umfangreiche Voruntersuchungen für die Auswahl des Natursteinmaterials, des verwendeten und neu einzubauenden Fugen- und Ergänzungsmaterials waren die weiteren Schritte in der Vorbereitung der Sanierungs- und Instandsetzungsarbeiten.

Bereits 10 Jahre nach der Fertigstellung der Walhalla waren umfangreiche Reparaturen (jährlich ca. 100 Steine!) an den Natursteinoberflächen des Unterbaus erforderlich. Die Ursache hierfür lag, wie bereits erwähnt, zum einen in der Durchfeuchtung des Füllmaterials aber auch in der mangelhaften Frostbeständigkeit des eingebauten Steinmaterials. Nach unseren Archivrecherchen wurden die aufgehenden Schwergewichtswände ursprünglich mit Kalksteinen aus Ebenwies, nördlich von Regensburg errichtet. Für die erforderlichen Reparaturmaßnahmen wurde dann bereits der dauerhaftere Kalkstein aus Kelheim verwendet. Bei den jüngeren Reparaturen im vergangenen Jahrhundert entschied man sich nach umfangreicher Prüfung für einen Gundelsheimer Juratravertin. Da aber auch dieser Stein nach relativ kurzer Einbauzeit ein charakteristisches Schadensbild (schuppende Steinvarietät) zeigte, wurde ein Fachlabor mit der Ermittlung mechanischer und hygrischer Gesteinskennwerte für die bisher verbauten Gesteinstypen beauftragt. Dies ist vor allem wichtig, um die bauphysikalisch richtige Auswahl für die Austauschmaterialien treffen zu können. Ebenso wichtig sind diese Parameter aber auch für die Konfektion geeigneter Fugen- und Ergänzungsmörtel. Die Probekörper wurden teilweise aus Ausbaublöcken oder aber aus vorhandenen Bohrkernproben formatiert.

Abb. 23: Schmutzfahnen an den Stützwänden

6.1 Laboruntersuchungen

Untersucht wurde:

der effektive Feuchtedurchgang (Abb. 24 und 25) unterschiedlicher Naturstein- und Kunststeinproben, die hygrischen Transporteigenschaften, der kapillare Wasseraufnahmekoeffizient w und die Wasserdampfdiffusionswiderstandszahl μ (Abb. 26); die hygrische Längendehnung und zugehörige freie Wassersättigung nach 48-stündiger Lagerung unter Wasser (Abb. 27) sowie die Rohdichte und Porosität der verbauten Materialien (Abb. 28).

Ebenfalls untersucht wurde die thermische Dilatation. Die Erwärmungen/Abkühlungen um 20° C sind jedoch nur mit geringfügigen Relativbewegungen verbunden. Ein Schadensrisiko geht also von den thermischen Eigenschaften nicht aus.

Abschließend wurde noch die biaxiale Biegezugfestigkeit mit dem zugehörigen E-Modul (Abb. 29) und die Bohrfestigkeiten (Abb. 30) ermittelt. Da diese Ergebnisse noch keine eindeutige Empfehlung für die Auswahl des Natursteins geben konnten, wurden von einem bruchfrischen Quader aus einem Essinger Steinbruch (Kelheimer Auerkalk), an drei unterschiedlichen Teilproben eine Quecksilberporenradienverteilung (Abb. 31–33) gemessen.

Aus den Abbildungen 31–33 wird erkennbar, dass neben einem breiten Porenradienmaximum im Bereich von 5–100 μm auch deutlich Poren mit 0,01 μm (10 nm) vorhanden sind. Eine solche bimodale Verteilung lässt eine Frostgefährdung vermuten, da das bei - 20 °C noch nicht gefrorene Wasser in den kleinen Poren ein Nachschubreservoir für die wachsenden Eiskristalle in den größeren Poren darstellt. Andererseits ist aber die Gesamtporosität im Bereich von 2,4–3,2 Vol.-% sehr gering.

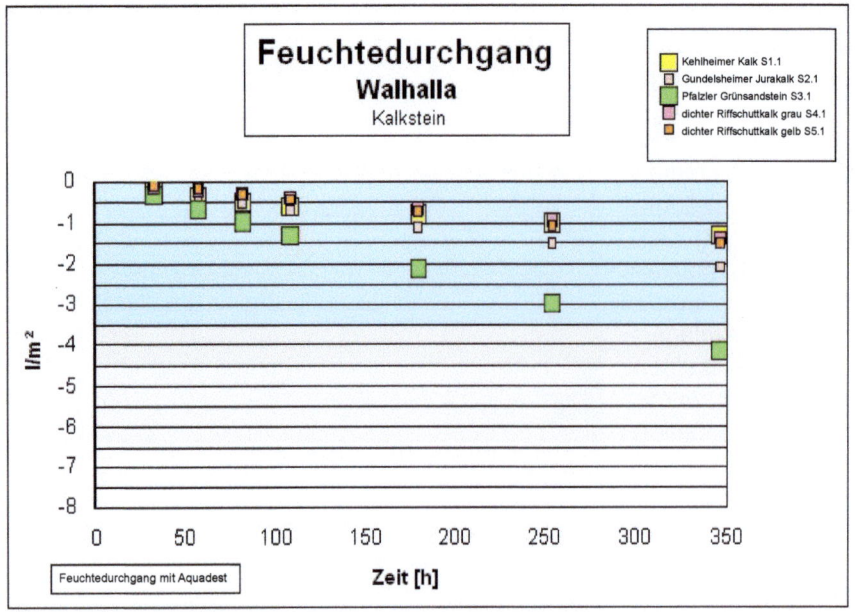

Abb. 24: **Effektiver Feuchte-durchgang der Ausbauquader**

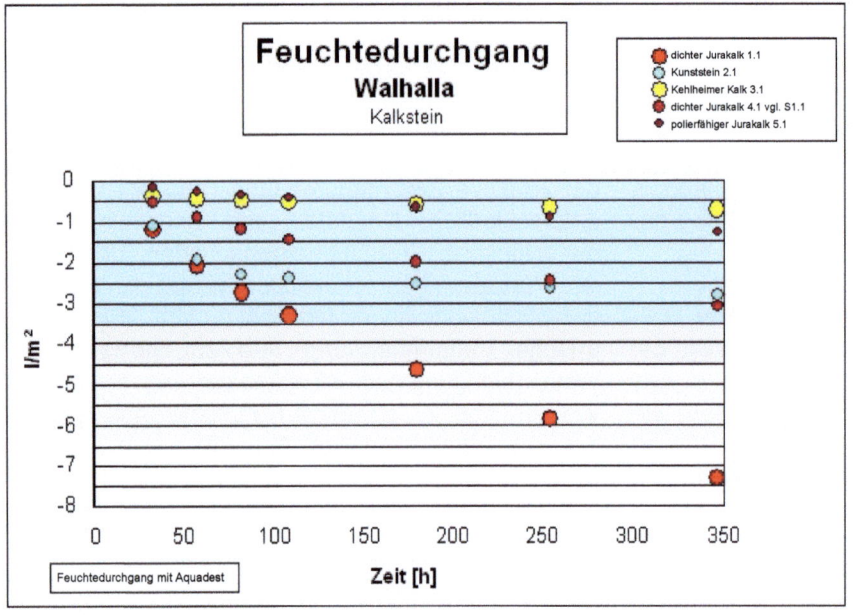

Abb. 25: **Effektiver Feuchte-durchgang der Bohr-kerne**

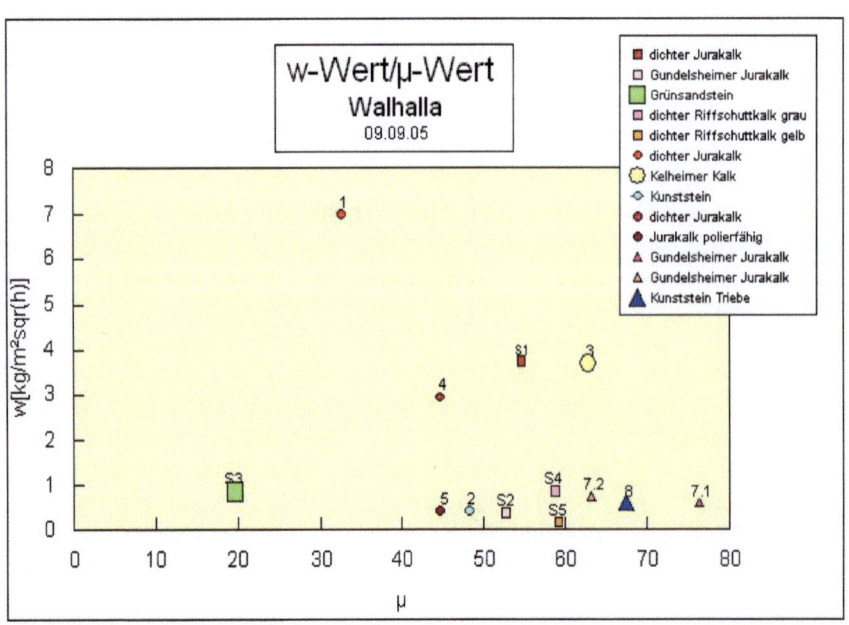

Abb. 26: **Hygrische Transport-eigenschaften**

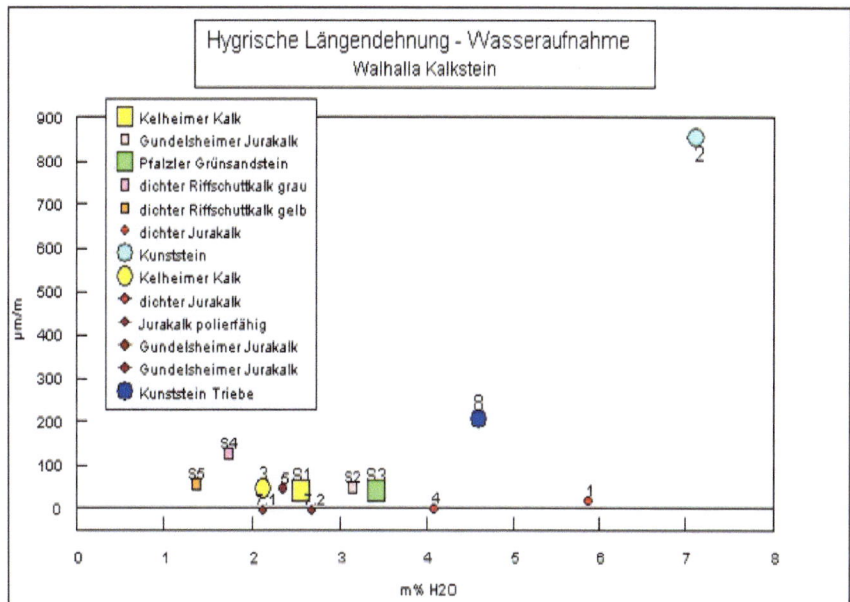

Abb. 27: Hygrische Längendehnung

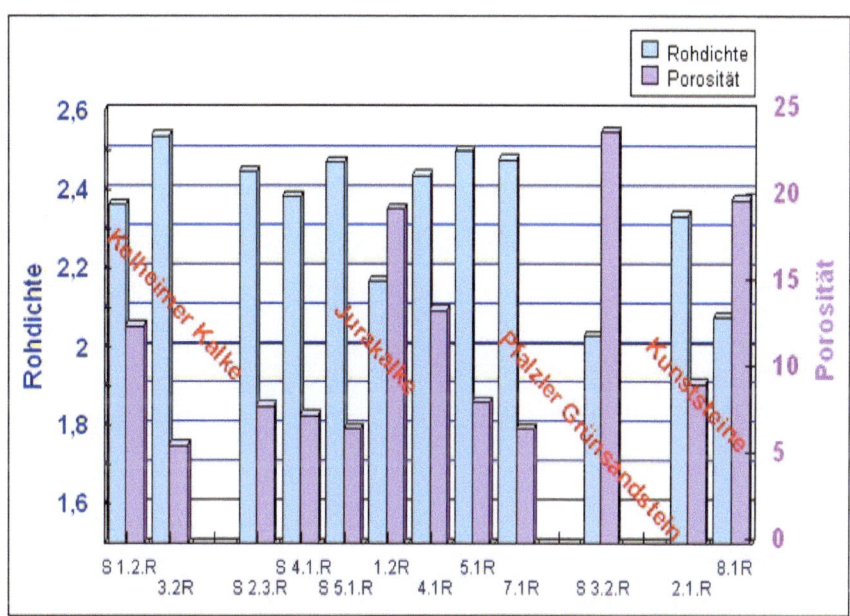

Abb. 28: Rohdichte und Porosität

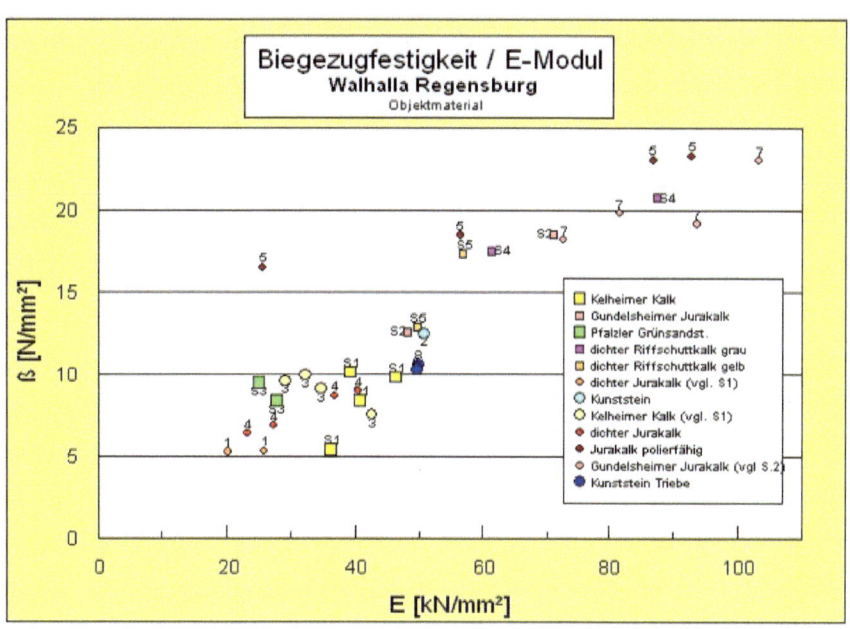

Abb. 29: Biegezugfestigkeit/ E-Modul

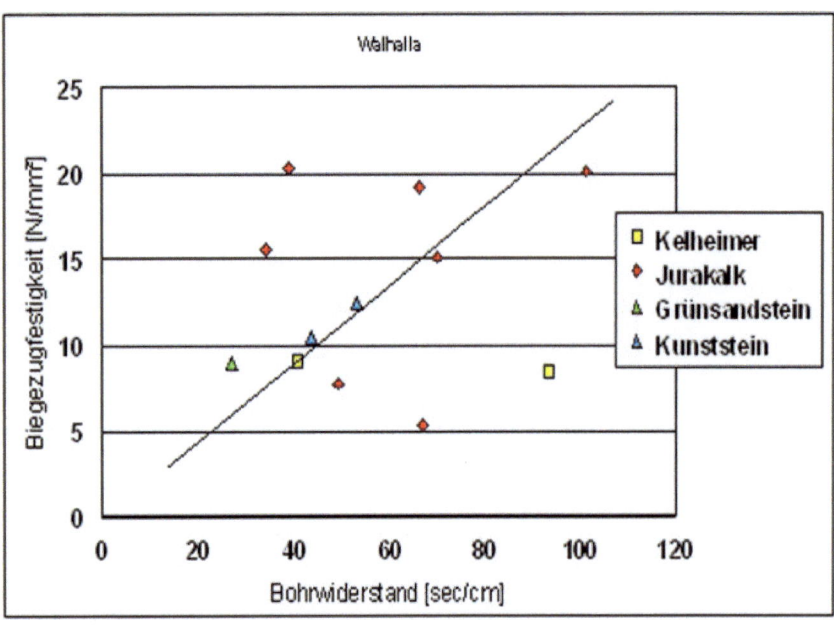

Abb. 30: Bohrfestigkeit

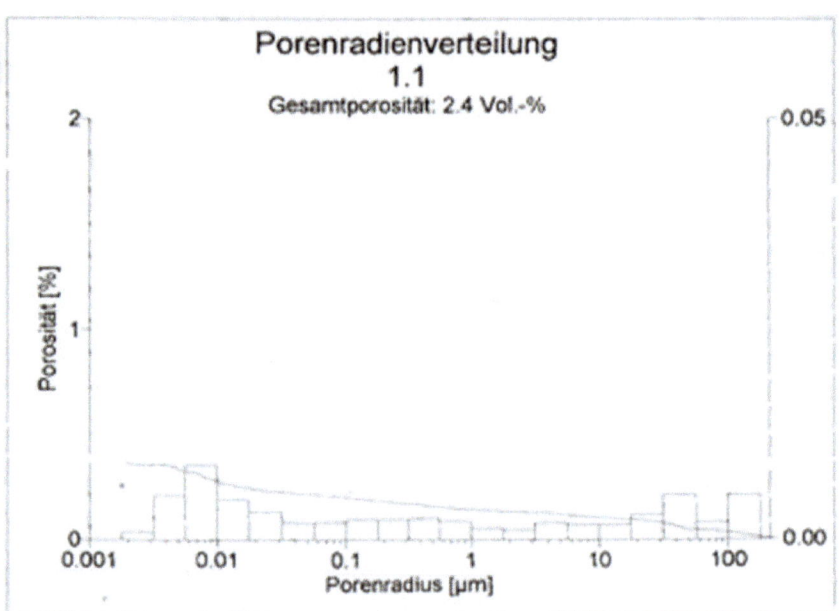

*Abb. 31: Porenradien-
verteilung 1.1*

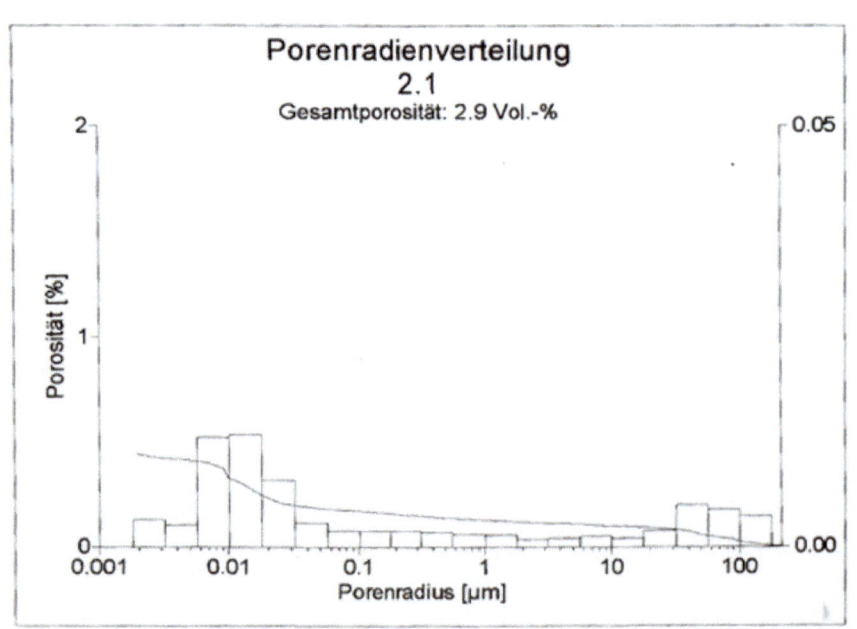

*Abb. 32: Porenradien-
verteilung 2.1*

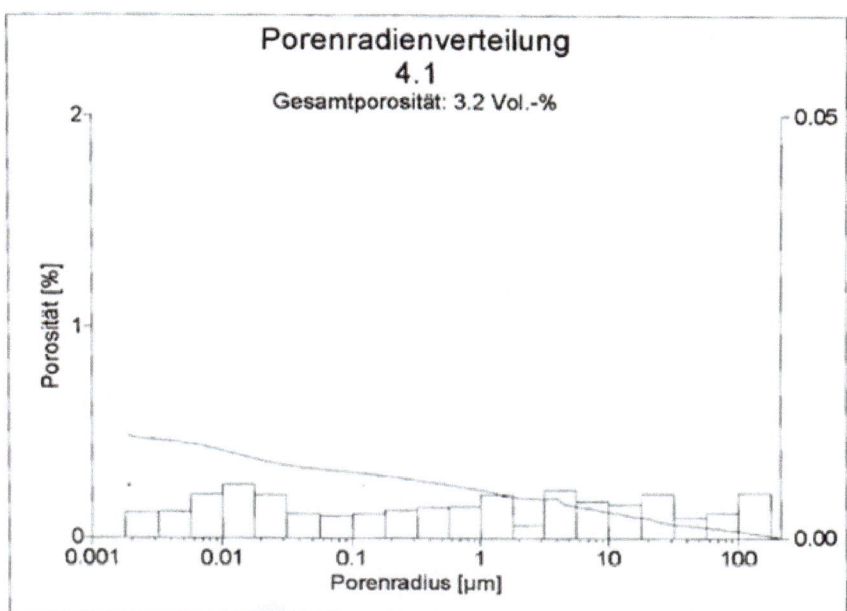

Abb. 33: Porenradien-
verteilung 4.1

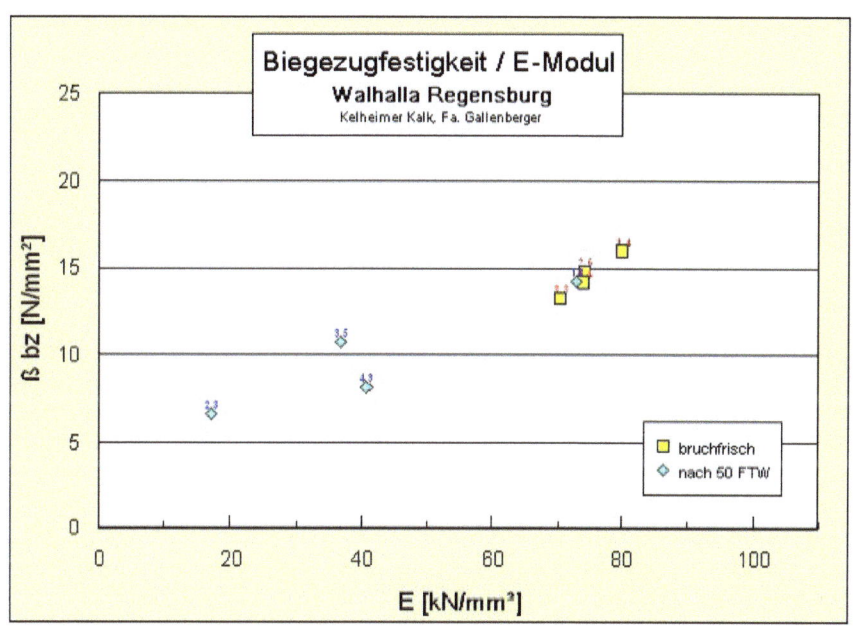

Abb. 34: Biegezugfestigkeit/
E-Modul

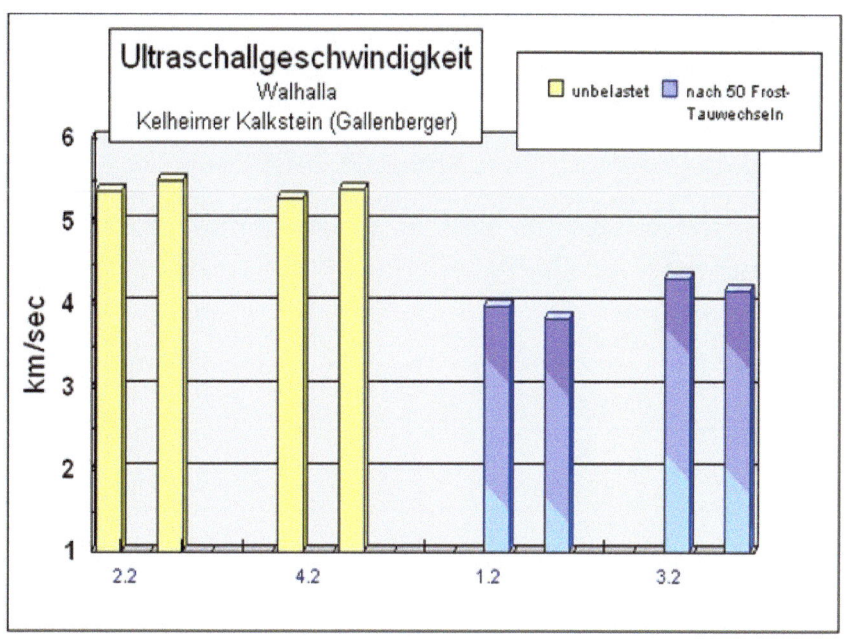

Abb. 35: Ultraschall-
geschwindigkeit

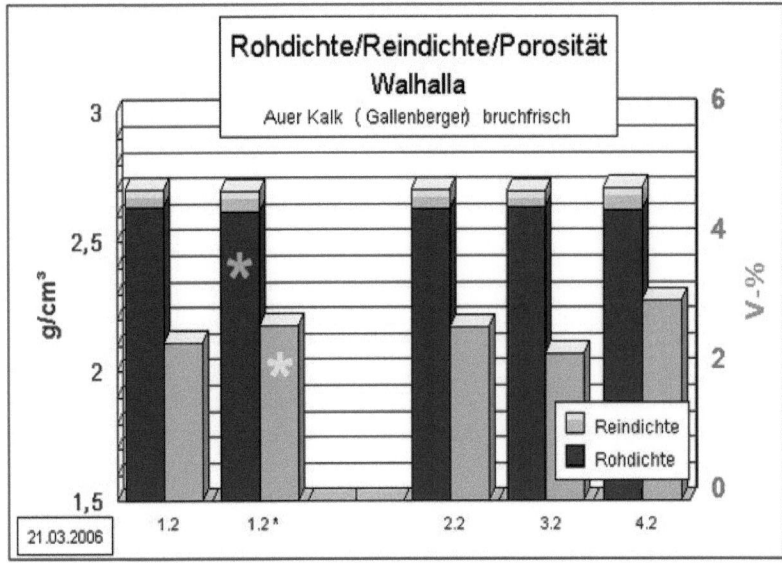

Abb. 36: Rein-/Rohdichte und Porosität

Weiterhin wurde von Bohrkernscheiben unterschiedlicher Stärke, von denen jeweils ein Teil nach vollständiger Wassersättigung (24h) insgesamt 50 Frosttauwechseln unterworfen wurde, die Biegezugfestigkeit (Abb. 34), Ultraschallgeschwindigkeit (Abb. 35), Bohrwiderstand, Porosität und Rohdichte (Abb. 36) gemessen.

Abbildung 34 zeigt eine deutliche Abnahme der Biegezugfestigkeit und E-Modul im Vergleich zum unbelasteten Material an. Ähnliches gilt für die gemessenen Ultraschallgeschwindigkeiten in Abbildung 35. Allerdings muss festgestellt werden, dass auch nach der Belastung ein immer noch hohes Festigkeitsniveau vorliegt. Ebenso können die Ultraschallgeschwindigkeiten um 4 km/sec einem qualitativ nur geringfügig geschädigten Stein zugeordnet werden. Ein anderes Bild ergibt sich bei Betrachtung der Porosität: eine frost-tauwechsel-belastete Probe zeigt nur eine geringfügige Erhöhung um ca. 5 %, die obendrein noch innerhalb der Streubreite des frischen Materials liegt.

Unterschiede in der Rohdichte, durch Frost-Tauwechsel-Belastung (∗) kommt es zu keiner Veränderung, sind vernachlässigbar (Abb. 36). Die Porositätswerte liegen in guter Übereinstimmung mit den Resultaten aus der Quecksilberdruckporosimetrie.

Die vergleichende Messung des Bohrwiderstandes an je einer frischen und einer frost-tauwechsel-belasteten Probe erbrachte erstaunlicher Weise ebenfalls fast keine Änderung. Tendenziell wurde

eher ein höherer Bohrwiderstand bei der belasteten Probe festgestellt (Streubreite). Zusammengefasst kann festgehalten werden, dass die Festigkeiten beim untersuchten Kelheimer Auerkalk ausreichend hoch sind und aus den Kennwerten keine akute Frostgefährdung abgeleitet werden kann. In Zusammenhang mit den denkmalpflegerischen Anforderungen wurde daher die Verwendung dieses Steines als Austauschmaterial festgelegt. Um über den gesamten Sanierungszeitraum ein einheitliches Steinmaterial mit gleich bleibender Qualität zu gewährleisten, wird das Natursteinmaterial durch das Staatliche Bauamt beschafft und den ausführenden Firmen zur Verfügung gestellt. Zur Qualitätssicherung werden dabei jedem Block, der für die Baumaßnahme gebrochen wird, Proben entnommen und davon die Ultraschallgeschwindigkeiten gemessen.

Neben den zahlreichen Schäden am Natursteinmaterial des Unterbaus sind auch aufgeschnittene bzw. offene Fugen oder zu harter Fugenmörtel die Ursache für Abplatzungen im Randbereich der Natursteinquader. Aus diesem Grund wurden die verwendeten Mörtelarten durch ein Fachlabor untersucht und in Zusammenarbeit mit einem Restaurator ein speziell auf dieses Bauvorhaben und den verwendeten Naturstein abgestimmtes Mörtelmaterial konfektioniert (Tab. 1, 2).

Da dieser Mörtel auf der Baustelle nicht herstellbar/mischbar ist und auch um ein einheitliches Erscheinungsbild zu gewährleisten, wird das Fugen- und

Tab. 1:   Grober Mörtel

Maßeinheit /KG	Materialbeschreibung
64	Juraperle 150 / 300
245	Juraperle LM
112	Juraperle 120
6	Aluminium - Stearat
73	Aalborg - Weisszement
500	**Fertiges Material**

Tab. 2:   Feiner Mörtel

Maßeinheit /KG	Materialbeschreibung
78	Juraperle 150 / 300
345	Juraperle LM
6	Aluminium - Stearat
73	Aalborg - Weisszement
502	**Fertiges Material**

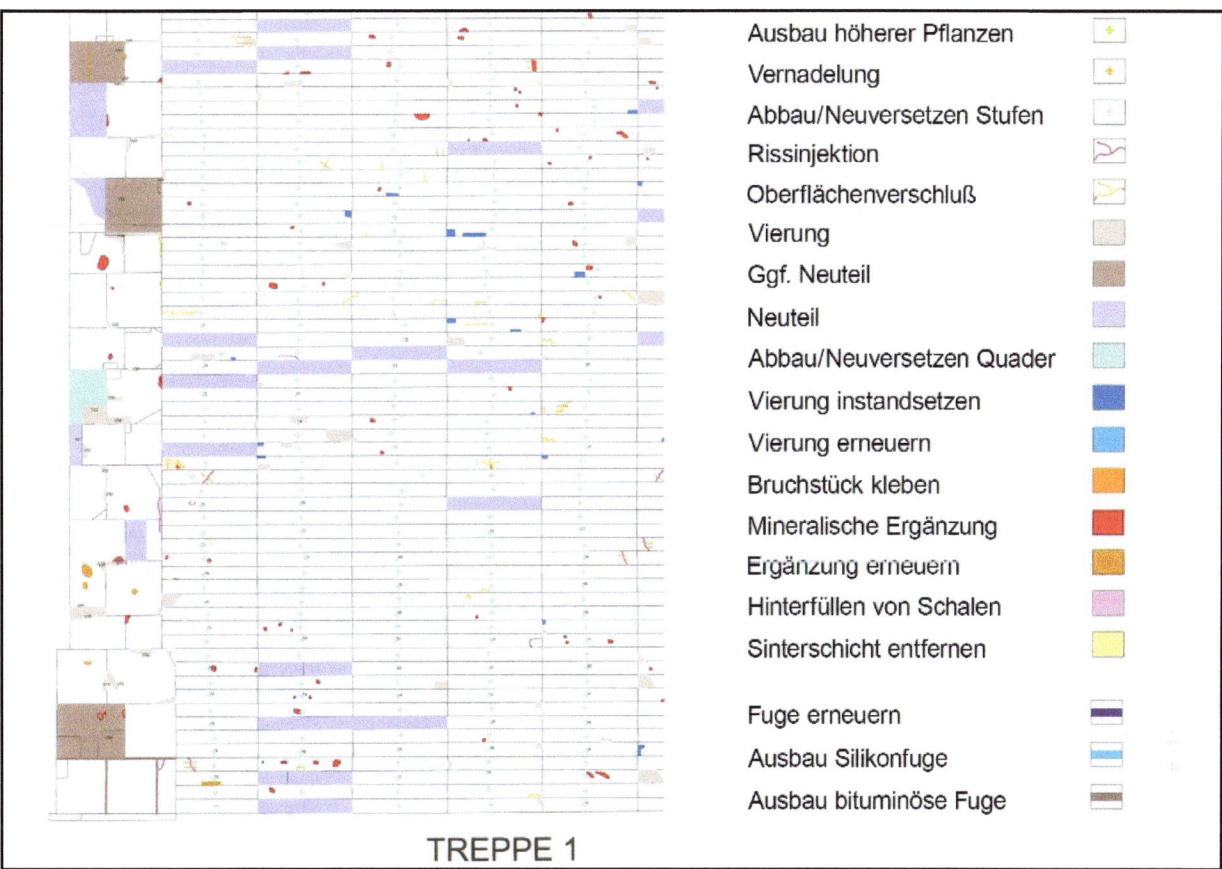

Ausbau höherer Pflanzen	
Vernadelung	
Abbau/Neuversetzen Stufen	
Rissinjektion	
Oberflächenverschluß	
Vierung	
Ggf. Neuteil	
Neuteil	
Abbau/Neuversetzen Quader	
Vierung instandsetzen	
Vierung erneuern	
Bruchstück kleben	
Mineralische Ergänzung	
Ergänzung erneuern	
Hinterfüllen von Schalen	
Sinterschicht entfernen	
Fuge erneuern	
Ausbau Silikonfuge	
Ausbau bituminöse Fuge	

TREPPE 1

Abb. 37: Auszug aus der Maßnahmenkartierung

Ergänzungsmaterial ebenfalls vom Staatlichen Bauamt beschafft und den ausführenden Firmen zur Verfügung gestellt.

6.2 Maßnahmen
Nachdem nun die Voruntersuchungen abgeschlossen waren, wurde eine detaillierte Maßnahmenkartierung und das Leistungsverzeichnis für die Sanierung des untersten Treppenlaufes im Bereich Z erstellt (Abb. 37).

Da die Arbeiten zur Stabilisierung der Schwergewichtswände im Bereich Y noch nicht abgeschlossen waren, konnte die künftige Baustelle nur von der Donauseite her über ein dem Hangverlauf folgendes, schienengebundenes Transportsystem (max. Nutzlast 2,5 to) versorgt werden (Abb. 38).

Für die Durchführung der Natursteinarbeiten wurde von der ausführenden Firma ein Turmdrehkran auf dem Antrittspodest der Treppenanlage aufgestellt. Aus den vorgenannten Gründen musste dieser mit einem Lastenhubschrauber antransportiert werden.

Im Juli 2006 konnte dann mit den Sanierungsarbeiten begonnen werden. Der zu bearbeitende Bereich der Treppenanlage unterteilt sich in zwei Treppenwangen mit einer Mauerstärke von ca. 2 m und ei-

Abb. 38: Schienengebundenes Transportsystem

93

Abb. 39: Blick auf die Baustelle

Abb. 40: Stark geschädigte Auflagerwände

Abb. 41: Wandaufbau der Auflagerwände

ner Höhe bis ca. 3 m, einem „Wangenwiderlager" mit etwa 22 m³ Rauminhalt und sieben Reihen à 73 Blockstufen mit durchlaufenden Fugen. Die Blockstufen mit einer Breite von ca. 2,20 m binden seitlich in die Treppenwangen ein und sind dazwischen auf bis zu 4,30 m hohen Kalksteinwänden aufgelagert. Um einen zügigen Bauablauf sicherzustellen wurden zunächst drei Reihen Blockstufen abgebaut, auf der Resttreppenfläche zwischengelagert, um dann auf dem Austrittspodest der Treppe saniert zu werden (Abb. 39).

Die nun freigelegten Auflagerwände zeigten ein derart massives Schadensbild, dass sie zum größten Teil abgetragen und neu aufgemauert werden mussten (Abb. 40).

Zum einen waren sie vermutlich durch den Rückstau aus dem Regenwassersammelschacht und durch über die offenen Treppenfugen eindringendes Oberflächenwasser durchfeuchtet und dann aufgefroren und zum anderen waren die ca. 60 cm breiten Wände aus zwei Vorsatzschalen und dazwischen liegendem Auffüllmaterial erstellt (Abb. 41).

Um ein möglichst nachhaltiges Sanierungsergebnis zu erzielen, wurde in Abstimmung mit dem BayLFD festgelegt, dass die Reparaturen mit einem hochgebrannten, frostbeständigen Vormauerziegel ausgeführt werden (Abb. 42).

Die Mauerkrone wurde zusätzlich mit Walzblei, das an beiden Seiten ca. 10 cm über das Mauerwerk hinausragt, abgedeckt. Auf diese Weise kann künftig kein Oberflächenwasser mehr über die weiterhin offenen Setzfugen der Blockstufen an den Wänden ablaufen (Abb. 43).

Damit sich keinesfalls mehr Wasser in den Treppenunterbau zurück stauen kann, wurde der Schutt aus den Bereichen zwischen den Auflagerwänden ausgebaut und eine Drainageschicht mit Teilsickerrohr und direktem Zulauf zum Entwässerungssystem der Walhalla eingebaut (Abb. 44).

Bei den Sanierungsarbeiten an den Blockstufen kam nahezu das gesamte Spektrum der Natursteinrestaurierungsarbeiten zum Einsatz. Korrodierte Eisenklammern, die vormals bei Reparaturen eingebaut wurden, mussten ausgebohrt und durch rostfreien Stahl ersetzt werden, zahlreiche Vierungen und Steinergänzungen mussten eingebaut oder erneuert werden. Schadhafte Ergänzungen wurden entfernt und mit dem speziell hergestellten Mörtel erneuert oder ebenfalls durch Vierungen ersetzt. Kleinere Risse wurden mit Injektionsharz geschlossen, größere mineralisch verfüllt. Gebrochene Blockstufen, die ansonsten nur geringfügige Schäden aufwiesen, wurden im Sinne der Denkmalpflege vernadelt und geklebt (Abb. 45).

Ingesamt mussten so von den 511 Blockstufen lediglich 60 Stufen ausgetauscht werden. Nach Fertigstellung der Restaurierungs- und Sanierungsarbeiten bei den ersten beiden Reihen, wurden die nächsten beiden geöffnet und analog dazu bis zur Fertigstellung verfahren (Abb. 46).

Die Sanierung der Treppenwangen gestaltete sich etwas schwieriger, da der genaue Aufbau der Wände nicht bekannt war. Nach Ausbau der ersten Quader war zu erkennen, dass nur einzelne Blöcke als Bindersteine den Verbund der Wandscheibe herstellten und dass auch hier der Wangenkern mit losem Abraum- bzw. Auffüllmaterial verfüllt war (Abb. 47, 48).

Über die teilweise offenen Fugen oder schadhaften Vierungen gelangte zusätzlich Oberflächenwasser in den Mauerzwischenraum und verursachte dort durch Auffrieren weitere Schäden (Abb. 49).

Zum Austausch vorgesehene Natursteinquader konnten deshalb nicht vollständig ausgebaut werden. Die schadhafte Oberfläche musste sehr behutsam und aufwendig abgespitzt und mit einem Vorsatzstein ergänzt werden. Um den Substanzverlust so gering wie möglich zu halten, wurden die schadhaften Steine im Randbereich der Treppenwange winkelförmig ausgearbeitet. Die vorzublendenden Steine wurden dann mit dem Binderstein „verklebt" und zusätzlich durch eine explizit festgelegte Anzahl von Edelstahlgewindestäben verankert. Der aufgefrorene Mauerkern, wurde nur überall dort, wo ein Austausch bzw. eine Ergänzung des Natursteinmaterials vorgesehen war, mit frostbeständigen Vormauerziegeln ausgemauert (Abb. 50).

Umfangreichere Maßnahmen hätten zu sehr in das sensible, statische Gefüge des Mauerwerks eingegriffen und ggf. größere Schäden verursacht. Neben den bereits erwähnten Restaurierungsarbeiten bei den Blockstufen, kam bei den Treppenwangen die Sanierung der Fugen hinzu. Teilweise waren diese mit bituminösem Material verfüllt oder mit Pflanzen bewachsen. Die Fugen mussten ausgeräumt, gereinigt und mineralisch wieder verschlossen werden, damit ein weiterer Feuchtigkeitseintrag in die Substruktion verhindert wird. Im erdberührten Bereich des Treppenwangensockels wurde eine konventionelle Drainage mit Noppenbahn, Sickerrohr und Kiespackung eingebaut. Die neu zu erstellenden Vierungen an den Wangenwänden wurden als Konturvierungen ausgeführt um das großformatige Erscheinungsbild des Quadermauerwerks nicht zu stören (Abb. 51).

Farbliche Unterschiede wurden vorsichtig retuschiert und so in den Bestand eingepasst. Mit den gewonnenen Erkenntnissen und Erfahrungen aus

Abb. 42: Neu aufgemauerte Auflagerwände

Abb. 43: Mauerkronenabdeckung aus Walzblei

Abb. 44: Drainageschicht am Fußpunkt der Treppe

Abb. 45: Geklebte und vernadelte Blockstufe

Abb. 46: Sanierung der Stufenreihen C und D

Abb. 47: Abgespitzter Binderstein

Abb. 48: Vorblendschale und aufgefrorenes Auffüll-material

dieser ersten Teilmaßnahme werden in den kommenden Jahren die restlichen Natursteinoberflächen des Walhallaunterbaus saniert (Abb. 52, 53).

7. Ausblick

Im weiteren Verlauf der Instandsetzungsmaßnahme werden restauratorische Maßnahmen im Tempelgebäude, ein barrierefreier Zugang und die Umsetzung des Landschaftspflegekonzeptes im Vordergrund stehen.

Die beschriebenen Abdichtungsmaßnahmen des Unterbaues werden eine Reduzierung des Feuchtegehalts der Luft im Keller bewirken, dies wird positive Auswirkungen auf die klimatischen Gegebenheiten im Tempel haben. Unter diesen Voraussetzungen ist eine langfristige Basis für die anstehenden Restaurierungsarbeiten an den Metallkassetten der Decke, den holzrestauratorischen Arbeiten und Instandsetzungsarbeiten an den Ausstattungsgegenständen im Inneren der Walhalla gegeben.
Eine weitere Aufgabe ist die Umsetzung des geplanten barrierefreien Zugangs auf das Tempelniveau, um gehbehinderten Menschen den Zugang zur Cella zu ermöglichen.
Eine behutsame Lichtung des dichten Baumbestandes in der historischen Waldschneise um die Walhalla, nach den Vorgaben des Landschaftspflegekonzeptes, wird dem Tempel wieder die Luft zum Atmen zu geben, die er für seine Erscheinung als Landschaftsmarke benötigt.

Abb. 49: Loses Abraummaterial im Mauerzwischen-raum

Abb. 50: Reparatur mit Vormauerziegeln

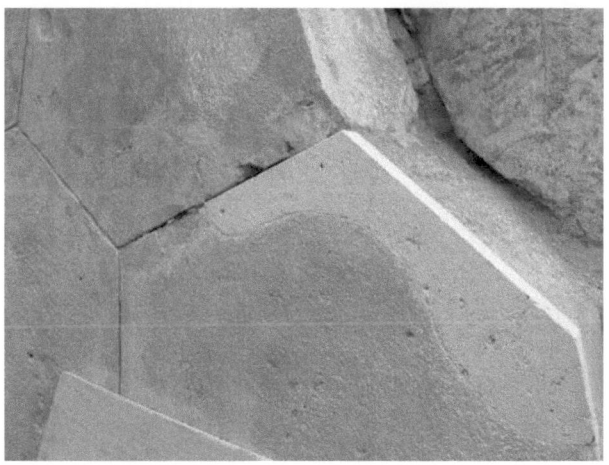

Abb. 51: Konturvierung an der Treppenwange

Abb. 52: Blick auf die fertig gestellte Treppenanlage

Abb. 53: Treppenaufgang zur Walhalla (Blick vom Dach)

Abbildungsverzeichnis

Titel: Firma Bennert GmbH, Unter der Eisenbahn, 99428 Hopfgarten

Abb. 3, 13, 14: Ingenieurbüro W. Harbauer, Landshuterstraße 112, 93005 Regensburg Ingenieurgemeinschaft Walhalla, Drexler+ Baumruck, Dr. Ing. Kahle, Judenmannstraße 13, 93098 Mintraching

Abb. 5: Ingenieurbüro W. Harbauer, Landshuterstraße 112, 93005 Regensburg

Abb. 4, 7, 9, 11, 12: Ingenieurgemeinschaft Walhalla, Drexler + Baumruck, Dr. Ing. Kahle, Judenmannstraße 13, 93098 Mintraching

Abb. 15, 16: Firma Bennert GmbH, Unter der Eisenbahn, 99428 Hopfgarten

Abb. 22: Ingenieurbüro W. Harbauer, Landshuterstraße 112, 93005 Regensburg LaborGNM (Germanisches Nationalmuseum), Kartäusergasse 1, 90402 Nürnberg

Abb. 24–36: Fachlabor für Konservierungsfragen in der Denkmalpflege Dr. Wendler, Mühlangerstraße 50/1, 81247 München

Tab. 1 und 2, Abb. 37: Steinwerkstatt Endemann, Auweg 42a, 93055 Regensburg

alle anderen Abb.: Staatliches Bauamt Regensburg

Verzeichnis der beteiligten Fachplaner

Tragwerksplanung Vermessung des schmiedeisernen Dachstuhls	Ingenieurgemeinschaft Walhalla, Drexler+ Baumruck, Dr. Ing. Kahle, Judenmannstraße 13, 93098 Mintraching
Bodengutachten Geotechnische Beratung Begleitung HDI und Abdichtung	LGA Bautechnik GmbH, Tillystraße 2, 90431 Nürnberg
Prüfstatik Materialprüfung Natursteinbohrkerne	LGA Prüfeninger Straße 137, 93049 Regensburg
Bestands-, Bewegungs- und Verformungsmessungen, Photogrammetrische Bestandsaufnahme	Ingenieurbüro Harbauer, Landshuter Straße 112, 93005 Regensburg
Gefügeerkundung des Mauerwerks mittels Radar	GGU mbH, Gesellschaft für geophysikalische Untersuchung mbH, Amalienstraße 4, 76133 Karlsruhe
Bestands- und Zustandskartierung	Labor GNM (Germanisches Nationalmuseum), Kartäusergasse 1, 90402 Nürnberg
Schadens- und Maßnahmenkartierung Fachbauleitung Bereich Z Rezeptur Steinersatz und Fugenmörtel	Steinwerkstatt Endemann, Auweg 42a, 93055 Regensburg
Labortechnische Untersuchung von Natur- und Kunststeinproben, Erarbeitung und Prüfung von Steinersatz- und Fugenmaterial	Fachlabor für Konservierungsfragen in der Denkmalpflege Dr. Wendler, Mühlangerstraße 50/1, 81247 München
Begutachtung und Schadenskartierung der Kupfereindeckung, Restaurierungskonzept, Befundung der Rosetten und der Aufhängung der Kassettendecke	Institut für Metallrestaurierung GmbH Am Himmelreich 37 a, 86356 Westheim
Bestandsaufnahme und Schadens- dokumentation der Raumschale, Restaurierungskonzept	Arge Turek-Wollschläger Krottental 15, 91301 Forchheim
Landschaftspflegerischer Begleitplan	Büro für angewandte Botanik Dipl.-Biologe Scheuerer Peter-Rosegger-Straße 10, 93152 Nittendorf
Archivrecherche	Isolde Schmidt, M. A. Sternbergstraße 26, 93053 Regensburg

Statische Sicherung von Bachkatzenmauerwerk – eine Herausforderung für Restauratoren, Planer und Ausführende

von Ralph Egermann

Bachkatzen- bzw. Wackenmauerwerk weist aufgrund seiner Struktur eine sehr hohe Druckfestigkeit auf, jedoch reagiert es auf Schubbeanspruchungen, die durch Setzungen, Erdbeben oder durch Umbauten oder Schäden angrenzender Bauteile entstehen, mit großen Verformungen und Rissen. Die statischen Sicherungen zielen darauf, die geschädigten und oft wertvolle Putze tragenden Wandbereiche wieder druck- und schubfest zusammenzufügen. Dabei müssen die bewährten Instandsetzungsverfahren wie das druckfeste Schließen von Rissen und der Einbau von Verpressankern auf die Besonderheiten dieser Mauerwerkskonstruktion abgestimmt werden. Aufbauend auf einer Konstruktionsbeschreibung wird an Praxisbeispielen die Vorgehensweise erläutert und Hinweise für die Ausführungen gegeben.

1. Einleitung

Bei Instandsetzungsaufgaben im Alpenvorland stößt man häufig bei Kirchen- und Profanbauten auf sogenanntes Bachkatzen- bzw. Wackenmauerwerk. Die Mauern, die in dieser Struktur hergestellt wurden, zählen zu den Haupttraggliedern von Gebäuden und haben damit neben der raumabschließenden Funktion auch statische Aufgaben. Ihre Struktur ist aber häufig hinter dicken Putzen verborgen, weswegen sich in der Literatur nur wenig über diesen Mauertypus findet. Bei Schadensanalysen von derartig konstruierten Wänden wurde beobachtet, dass das Mauerwerk trotz erheblicher Verformungen und breiter Risse noch eine erstaunliche Resttragfähigkeit besitzt. Besteht jedoch die Notwendigkeit der statischen Sicherung und ggf. Ertüchtigung, so müssen die am Bau Beteiligten Lösungen ersinnen und umsetzen, die behutsam aber wirkungsvoll sind, die technisch dem höchsten Standard entsprechen und dennoch wirtschaftlich vertretbar sind. In dem folgenden Beitrag werden die Struktur und das Tragverhalten von Bachkatzenmauerwerk beschrieben, typische Schäden und deren Ursachen aufgezeigt sowie Methoden für die Instandsetzung und statische Wiedernutzbarmachung vorgestellt. Praxisbeispiele sollen dabei die Problemstellungen am Bauwerk sowie die Vorgehensweise bei der Bauausführung verdeutlichen.

Abb. 1:   Steinfiguren aus Wacken

Abb. 2:   Trocken geschichtete Steintürme

2. Versuch einer Definition

Woher der Begriff Bachkatzenmauerwerk kommt, ist nicht eindeutig. In dem Wörterbuch der Gebrüder Grimm [1] ist erklärt, dass in der Gaunersprache mit „Bachkatze" ein Stein oder Kiesel bezeichnet wird. Auch fand sich der Hinweis, dass hinter „Bachkaz" der Begriff Backstein vermutet wird. Erläutert wird das damit, dass im Jiddischen „kossel" die Wand bedeutet, für die der Stein das Baumaterial darstellt. „Kossel" ist wiederum dem Jiddischen Wort „chosul" angelehnt, was Katze bedeutet.

Der häufig als Äquivalent benutzte Begriff „Wackenmauerwerk" beschreibt Verbände aus Steinen, die vom fließenden Wasser glatt geschliffen worden sind. Die Steine, die sehr schwer zu bearbeiten und daher meist „ungebrochen" vermauert worden sind, werden auch als Feld- und Lesesteine bezeichnet und unter dem Begriff Findlinge zusammengefasst. Als Feldsteine werden eher die großen Steine bezeichnet, während mit Lesesteinen kleinere Steine gemeint sind. Die Steine sind sehr hart und dicht, meist quarzitisch gebunden, und gehören zu den kristallinen Geschieben aus Rand- bzw. Endmoränen. Es handelt sich somit um magmatische (z. B. Granit, Diorit, Gabbro) und metamorphe Gesteine (Gneis).

2.1 Struktur und Tragverhalten

Aufgrund der rundlichen Form der Steine können beim Mauern nicht die üblichen Überbindemaße hergestellt werden. Es entstehen dadurch schlechte Verbände, die Anfälligkeit für Risse bei nicht vertikalen Beanspruchungen ist hoch. Andererseits werden aber aus Findlingen Skulpturen gebaut, die durch ein ausgewogenes Gleichgewicht verblüffen (Abb.1). Offensichtlich lassen sich mit dem hohen Gewicht der Steine, durch ihre gezielte Auswahl und durch eine sorgfältige Fügetechnik Strukturen schaffen, die nicht nur sich selbst tragen sondern auch noch geringen Horizontallasten widerstehen können. So ist es auch nicht weiter verwunderlich, dass es gelingt, aus Wacken Türme zu bauen, ohne dabei Mörtel zu verwenden (Abb. 2). Für ein stabiles Gleichgewicht muss dabei lediglich darauf geachtet werden, dass sich die Steine selbst stabilisieren. Das ist solange möglich, wie der natürliche Reibungswinkel nicht überschritten wird. Alles, was außerhalb des Winkels angemauert wird, ist, wenn es richtig gefügt wird, in einem labilen Gleichgewicht. Die Stabilisierung der Bereiche außerhalb des Reibungswinkels kann entweder durch gesonderte Stützkonstruktionen vorgenommen werden, oder durch die Verwendung von Mörtel.

An den Mörtel des Bachkatzenmauerwerks werden daher hohe Anforderungen gestellt: zum einen muss er aufgrund des hohen spezifischen Gewichts der Steine Spitzendrücke abbauen können, was nur mit einer hohen Druckfestigkeit möglich ist. Zum anderen muss er an den Rändern die aus den schrägen Lagerfugen resultierenden Umlenk- und Abtriebskräfte aufnehmen können. Dazu wird ein Mörtel mit hoher Zugfestigkeit benötigt. Analysen von Mörteln aus Wackenmauerwerk haben gezeigt, dass das Kornspektrum der Zuschläge von Feinsand bis Kies (bis 25 mm) variiert. Als Zuschläge fanden sich Quarz und Feldspat, untergeordnet illitischer Glimmer und Kaolinit. Als Bindemittel diente Kalk. Bindemittelgehalte (bezogen auf den rechnerisch bestimmten Calcitgehalt) von 44 Massenprozent geben dem Mörtel die notwendige, hohe Festigkeit. Da die Mörtel so gut wie keine Hydraulefaktoren aufwiesen, wurde die Endfestigkeit bei den meist dicken Mauern aufgrund des langsamen Carbonatisierungsfortschritts erst nach Jahrzehnten erreicht. In der Abbindephase kam es zwar noch zu geringfügigen Verformungen, aber es bildete sich durch die langsame Erhärtung ein optimal an die Steingeometrie angepasstes Mörtelbett aus. Im ausgehärteten Zustand wirkt dieses dann wie Gelenkpfannen.

Die Mauerwerksnorm DIN 1053 bewertet die Festigkeit von Natursteinmauerwerk nach der Mauerwerksstruktur, nach der Stein- und nach der Mörteldruckfestigkeit. Für die Mauerwerkstruktur werden vier Güteklassen aufgeführt, wobei das Quadermauerwerk in die höchste und das Bruchsteinmauerwerk in die niedrigste Güteklasse eingeordnet wird. Nach der Norm besitzt eine Quadermauer gegenüber einer Wackenmauer eine ca. sieben Mal höhere zulässige Druckspannung, selbst wenn die Komponenten Stein und Mörtel bei beiden Mauern gleich wären. Diese nach Norm ausgewiesene geringe Tragfähigkeit des Wackenmauerwerks bereitet bei Umbauten und Instandsetzungen den Tragwerksplanern erhebliche Probleme bei den statischen Nachweisen. So kann es z. B. vorkommen, dass die zulässigen Mauerwerksdruckspannungen am Fuße eines 20 m hohen mittelalterlichen Bergfrieds schon allein durch das Eigengewicht überschritten sind.

Bachkatzenmauerwerk wird in den seltensten Fällen als Sichtmauerwerk ausgebildet, da dies wie beim „opus spicatum" (Abb. 3) bereits beim Mauern eine sehr sorgfältige Auswahl der Steine voraussetzt bzw. eine aufwändige Steinbearbeitung dem Mauern vorgeschaltet werden muss. Bei der „pietra rasa"-Technik werden die Fugen entsprechend der Steinstruktur verstrichen und ggf. durch einen Kellenschnitt noch hervorgehoben. Die Regel ist jedoch das verputzte Wackenmauerwerk. Dabei konnten die durch die unterschiedlichen Steinformate bedingten Hohlräume mit kleineren Steinen bzw. Kieseln aufgefüllt werden, ohne die Optik zu beeinträchtigen. Die Putze waren auf die zeitabhängigen Verformungseigenschaften der Mauern gut ein-

Abb. 3: Opus spicatum (Ruine Alt-Süns,
Graubünden)

Abb. 4: Weberzunfthaus Wangen: Wandöffnungen
in der SO-Fassade

gestellt, denn sie besitzen eine große Oberflächen-festigkeit und ein gutes Haftvermögen. So finden sich auf vielen mittelalterlichen Wackenmauern noch die ursprünglichen Putze, die je nach Bedeutung des Bauwerks wertvolle Bemalungen tragen.

Über den inneren Wandaufbau von Bachkatzen-mauerwerk gibt es in der Literatur keine differenzierten Darstellungen. Mehrschalige Wandaufbauten können bei diesem Mauertyp angetroffen werden. Sie sind allerdings nicht zwingend, zumal eine Verzahnung mit einer strukturell anders aufgebauten Zwischenschicht wegen der Steinformate nicht wirkungsvoll hergestellt werden konnte [2].

3. Typische Schadensbilder

Geschädigtes Bachkatzenmauerwerk unterscheidet sich von anderen Mauerwerksstrukturen durch ungewöhnlich große Verformungen sowie durch erhebliche Rissweiten. Dies soll an zwei Beispielen verdeutlicht werden.

3.1 Südöstliche Giebelwand des Weberzunfthauses in Wangen im Allgäu

Die südöstliche Giebelwand des in seinen Ursprüngen von 1342 stammenden Bürgerhauses gehört zu einer Erweiterung aus dem Jahre 1475. Die massive zweigeschossige Wand aus Wackenmauerwerk wies ursprünglich im Erdgeschoss drei bogenförmige Tor- sowie im Obergeschoss drei rechteckige Fensteröffnungen in Bogennischen auf (Abb. 4), die bei Umbau- und Sicherungsarbeiten zugemauert wurden. Der Wandputz des Zunftsaales im Obergeschoss trug sehr wertvolle Malereien von 1588 und 1592 in Secco-Technik. Durch umbaubedingte, schwerwiegende Eingriffe in die Bausubstanz wurde das Gefüge des Bachkatzenmauerwerks gelockert, es kam zu erheblichen Verformungen und Rissbildungen (Abb. 5, 6). In den Baualtersplänen und Schadensdokumentationen des Landesdenkmalamtes Baden-Württemberg (heute Landesamt für Denkmalpflege) werden die Art der Eingriffe und die Größe der Verformungen deutlich (Abb. 7).

Die Risse im Bogenmauerwerk des Obergeschosses resultieren aus dem nachträglichen Einschneiden von Geschossdecken in ein weitgehend funktionierendes Tragsystem und aus Schäden am Dachtragwerk, die ein Zusammenhalten der Außenwände nicht mehr ermöglichten und dadurch zusätzlich Horizontalschübe nach außen erzeugten. Die Schübe aus den Bögen der Giebelwand verstärkten die Bewegungen zusätzlich. Die Schadensanalyse ergab, dass die Verbände aufrissen, die Steine aber dabei intakt blieben. Erstaunlich waren neben den großen Rissweiten auch die erheblichen

Verformungen, die dieses Mauerwerk „erleiden" kann.

Die großen Verformungsmöglichkeiten lassen sich mit der Bildung von Gelenken zwischen den „Mörtelpfannen" und den „Steinkugeln" erklären: solange die Steine nicht aus den Gelenkpfannen herausrutschen, ist ein Verdrehen ohne Aufreißen der Wandstruktur möglich. Ein Problem bei den Wackenwänden ist, dass die Verformungen durch einmalige Schadensereignisse so groß geworden sind, dass durch die Exzentrizitäten und die hohen Wandgewichte die Verformungen langsam auch ohne weitere äußere Schadensereignisse zunehmen. Diesen Verformungen kann dann nur über eine Stabilisierung in Form einer statischen Hilfe Einhalt geboten werden.

Abb. 5: Weberzunfthaus Wangen: SO-Fassade während der Sicherungsarbeiten

Abb. 6: Weberzunfthaus Wangen: gerissene Bögen auf der Innenseite der SO-Fassade

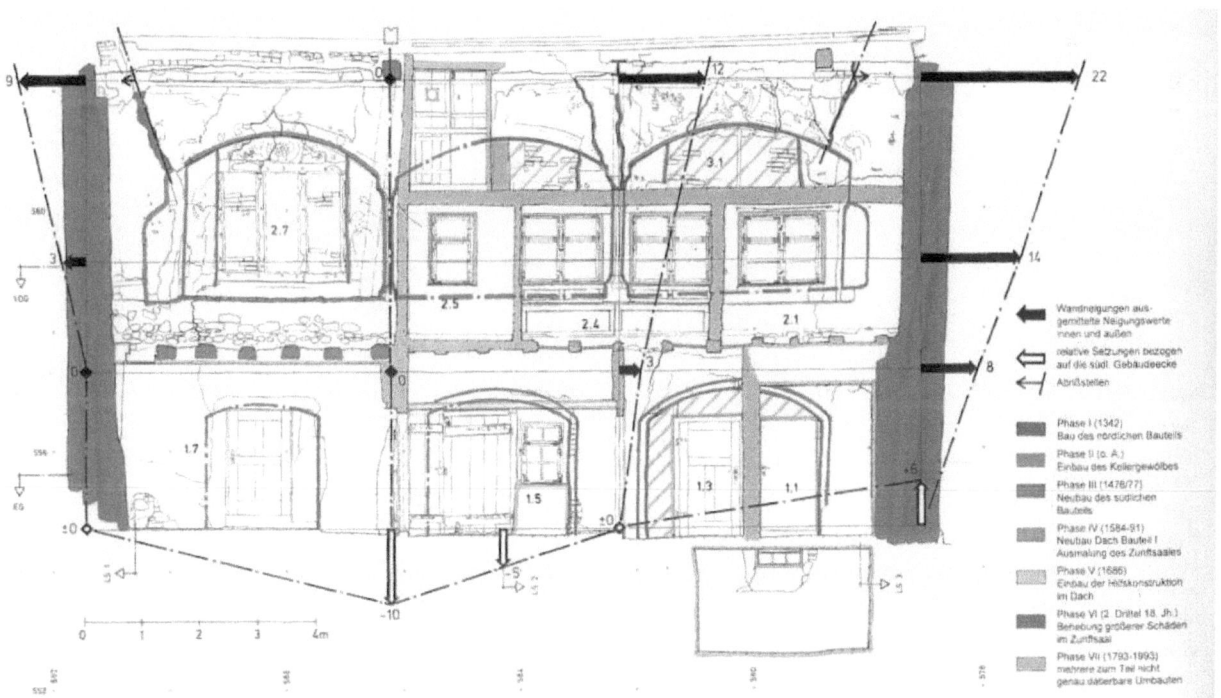

Abb. 7: Weberzunfthaus Wangen: Schadens- und Baualtersplan der SO-Fassade (Günter Eckstein, Benno Willburger [3])

3.2 Hoffassade des Gebäudes Marktstraße 45 in Ravensburg

Die Hoffassade des zu dem mittelalterlichen Humpisquartier gehörenden Bürgerhauses Marktstr. 45 in Ravensburg ist ebenfalls zweigeschossig aus Bachkatzenmauerwerk errichtet worden (Abb. 8). Während der östliche Teil der Fassade die Abschlusswand eines Kernbaus aus dem ausgehenden 14. Jahrhundert bildet, ist die stumpf an diese angeschlossene Fassade der Raumabschluss eines in die Baulücke eingestellten Erweiterungsbaus aus dem beginnenden 15. Jahrhundert (Abb. 9).

Der 1996 vorgefundene Zustand der Wand war Besorgnis erregend: extrem große Risse mit Rissweiten von mehreren Zentimetern klafften an den Anschlüssen zwischen der Hoffassade und den Querwänden (Abb. 10). Die gemessen Wandverformungen, eine Kombination von Verkippungen zum Hof hin und Ausbauchungen infolge Biegebeanspruchungen, betrugen bis zu 54 cm auf eine Höhe von 8 m, d. h., das entspricht in etwa einer Schiefstellung von knapp 4°. Neben den Verkippungen und Ausbauchungen waren auch noch Setzungen der Hoffassade zu beobachten. Der Grund für die extrem großen Verformungen ist zum einen in der Struktur des Gebäudes selbst, zum anderen aber

auch in Umbauten bzw. Erweiterungen zu suchen. Zur Gebäudestruktur ist zu nennen, dass die Holzbalkendecken über dem Erd- und dem 1. Obergeschoß parallel zur Hoffassade spannen und damit keine direkte Anbindung an die Fassade besitzen. Der nachträglich veränderte stehende Dachstuhl, dessen Fußpfetten auf Drempeln aufliegen, kann auch keine horizontale Halterung der Hofwand bieten. Unter das Gebäude wurde nachträglich ein Keller eingetieft. Dieser Keller schließt zum Erdgeschoss hin mit einem Tonnengewölbe ab, das parallel zur Hofwand spannt. Die ca. 17 cm dicke Schildmauer der Gewölbetonnen wurde auf der Innenseite fluchtgerecht unter die aufgehende 90 cm dicke Hofwand gesetzt und unterstützt diese damit exzentrisch (vgl. Abb. 9). Die damaligen Eingriffe in den Baugrund haben Setzungen hervorgerufen, die ein Absetzen der Hofwand auf die neue Schildwand zur Folge hatte, und, da diese nur Teile des Wandquerschnitts unterfing, kippte die Hofwand nach außen. Die einzige Anbindung der Hoffassade war über die Querwände gegeben, weshalb es dort zu Verschiebungen und Abrissen kam.

Abb. 8: *Hoffassade Marktstr. 45 in Ravensburg (Zustand 1996)*

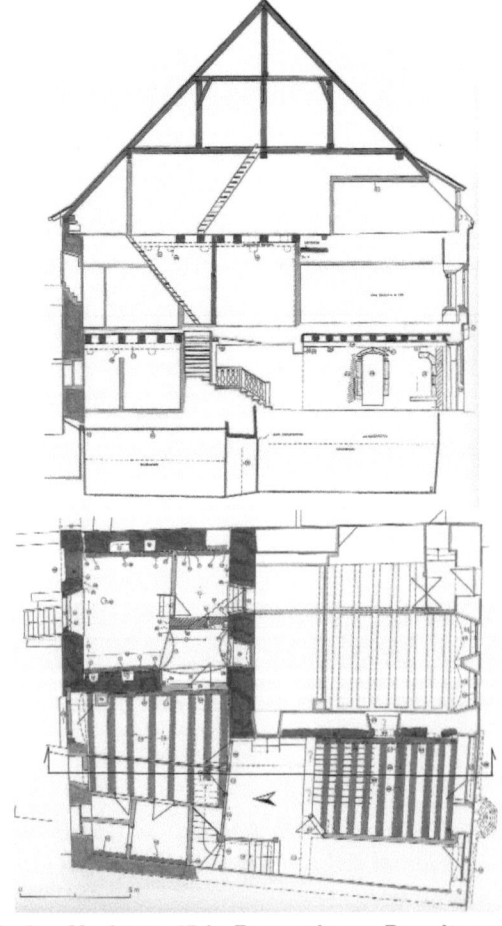

Abb. 9: *Marktstr. 45 in Ravensburg: Baualterspläne 1. OG, Schnitt (Stefan Uhl [4])*

4. Instandsetzungsverfahren

Eine behutsame Instandsetzung des Mauerwerkgefüges ist generell nur möglich, wenn im Rahmen einer Schadensanalyse die Schadensursachen geklärt und Prognosen entwickelt werden, wie die zukünftige Schadensentwicklung ohne Veränderungen an der aktuellen Situation einzuschätzen ist. Das innere Wandgefüge von Wackenmauern kann selbst mit wirkungsvollen zerstörungsarmen Untersuchungsverfahren wie Radar und Seismik nur unzureichend erschlossen werden. Zwar gelingt es, Schalengrenzen bei mehrschaligen Wandaufbauten zu detektieren, aber das Auffinden von Kiesnestern ist je nach deren Dichte und Schichtung aufgrund der nahezu gleichen Schalllaufgeschwindigkeiten (bei mechanischen Wellen) bzw. gleichen Dielektrizitätskonstanten (bei elektromagnetischen Wellen) nur mit unverhältnismäßig großem messtechnischen Aufwand und niedriger Aussagesicherheit möglich.

Die einmal eingetretenen, plastischen Verformungen von Wänden aus Bachkatzenmauerwerk sind i. d. R. nicht rückgängig zu machen. Deshalb ist vom Tragwerksplaner festzulegen, welche statische Aufgabe der verformten und ggf. gerissenen Wand

Abb. 10: Marktstr. 45 in Ravensburg: Hoffassade von Querwand abgerissen (Zustand 1996)

zukünftig zukommt, und ob sie hierfür zu ertüchtigen ist. So muss beispielsweise entschieden werden, ob Risse nur bauphysikalisch, d. h. abdichtend zu schließen sind, oder ob über die Risse hinweg zukünftig Kräfte zu übertragen sind. Ferner ist festzulegen, ob an Stellen, an denen Zugspannungen auftreten bzw. zukünftig auftreten werden, in das Mauerwerk Verpressanker einzubauen sind, die in der Lage sind, diese Beanspruchungen aufzunehmen. Und schließlich müssen zukünftig zu erwartende Verformungen oder höhere Beanspruchungen des Mauerwerks durch ergänzende, stützende Konstruktionen aufgenommen werden. Das können z. B. Geschossdecken sein, die den Wänden durch eine entsprechend verbesserte konstruktive Ausbildung eine horizontale Stützung und damit eine zusätzliche Aussteifung geben.

4.1 Abdichten

Je nach statischer Erfordernis müssen die Risse druckfest geschlossen werden. In diesem Fall ist ein „Ausstopfen" der Risse nicht ausreichend, denn bei der Verwendung von mineralischen Bindemitteln verhindert deren Schwinden während der Aushärtung einen optimalen Kraftschluss. Die Rissflanken werden beim Wackenmauerwerk von den Steinoberflächen ausgebildet und verlaufen daher unregelmäßig. Je nach Breite sind die Risse entweder nur mit einem Mörtel auf mineralischer Bindemittelbasis zu schließen oder zusätzlich mit kleinen Steinen auszuzwicken. Nach dem Ausräumen und Reinigen der Risse sind diese zunächst oberflächennah abzudichten. Wegen den Kontaktstellen zu den historischen Putzen sollten Vorreinigung und Abdichtung von erfahrenen Restauratoren vorgenommen werden. Zum einen haben sie die größte Erfahrung mit dem Andichten an die alten Putze, zum anderen schaffen sie bereits dadurch den Haftgrund für die zukünftigen Putze bzw. Retuschen. Beim Reinigen/Ausräumen der Risse erhalten die Restauratoren auch Informationen über den Rissverlauf im Inneren des Mauerwerks. Da in einer späteren Phase in diesen Riss Mörtel eingepresst wird, müssen Voraussetzungen geschaffen werden, dass das Verpressgut nicht unkontrolliert abläuft, bzw. dass das Ablaufen durch Verringern der Hohlräume weitgehend unterbunden wird. Stroh, Lehm und Kalkschlämmen haben sich dafür gut bewährt. Die äußere Abdichtung der Risse wird entsprechend den späteren Oberflächengestaltungen vorgenommen. Verputzte Randzonen werden auf Haftung der Putze und auf kleinere Risse hin überprüft. Ein Hauptproblem beim späteren Verpressen ist nämlich, dass das Verpressgut durch die kleinen Risse im Putz austritt und diesen verunreinigt. Hier hat sich ein Dichtmittel bewährt, das sich als „flüchtiges Bindemittel" wieder auflöst und somit keine Rückstände auf dem Trägermaterial hinterlässt: Cyclododecan [5]. Es gehört zu der Gruppe der gesättigten, alicyclischen Kohlenwasserstoffe und kann bei Rissweiten bis 2 mm nachweislich Drücke von 10 bar aufnehmen. Es wird mit der Spraydose oder mit dem Pinsel (aus Schmelze) aufgebracht und bildet einen dichtenden Film, der sich nach geraumer Zeit je nach klimatischen Einflüssen wieder rückstandslos auflöst.

4.2 Verpressen

Nach dem Abdichten werden in die Risse Injektionsbohrungen (d = 25–35 mm) gesetzt und Packer eingebaut. Der Abstand der Packer beträgt i. d. R. 1 m, kann aber je nach Hohlraumgehalt größer oder kleiner sein. Über die Packer wird dann Injektionsgut in die Risse eingefüllt. Bei der verformungssensiblen Struktur von Bachkatzenmauerwerk empfiehlt sich das Einbringen des Injektionsgut mit der Handpumpe, da dabei am behutsamsten auf eventuelle Verformungen reagiert werden kann. Die Risse werden zunächst drucklos verfüllt. Wenn die Risse weitgehend geschlossen sind und sich ein Druck aufbaut, wird dieser bei maximal 2 bar mindestens 5 Minuten aufrecht erhalten. Dann erst ist der Erfolg einer druckfesten Verpressung garantiert. Als Bindemittel für das Verpressgut haben sich Trasskalke und hochhydraulische Kalke bewährt.

Nach bisherigen Erfahrungen bei der Instandsetzung von Wackenmauerwerk liegt der Hohlraumgehalt in ungerissenen Wänden unter 10 %. D. h., dass eine systematische Verpressung über Rasterinjektionen weitestgehend wirkungslos bleibt.

4.3 Einbau von Verpressankern

Der Einbau von Verpressankern wird dann unumgänglich, wenn in gemauerten Konstruktionen Zugspannungen zu erwarten sind, die nicht aufgenommen werden können. Die stählernen Zugglieder mit Durchmessern zwischen 16 mm und maximal 28 mm werden in Bohrlöcher eingebaut, deren Durchmesser sich nach dem Stahldurchmesser zuzüglich umlaufend 2 cm Verpressgutüberdeckung (d. h. bei d_{Stahl} = 16 mm => d_{Loch} = 16+2x20 = 56 mm) bemessen.

Die Herstellung der Löcher ist in dem heterogenen Bachkatzenmauerwerk sehr aufwändig. Dies liegt zum einen an den meist wertvollen Wandoberflächen mit historischen Putzen und Bemalungen, an den hochfesten, rundlichen Steinen und dem Wechsel zwischen festem Mörtel und losem Kies, und zum anderen an den hohen Anforderungen an die Bohrung selbst, die so auszuführen ist, dass sie auch bei großen Längen nur geringe Zielabweichung hat, dass sie erschütterungsarm niedergebracht wird, und dass dabei die Oberflächen und die angrenzenden Bereiche nicht verunreinigt werden. Durch diese Randbedingungen engen sich die Ausführungsmöglichkeiten erheblich ein.

4.3.1 Vollbohrungen

Vollbohrungen sind nur mit Imlochhämmern möglich. Die Hämmer arbeiten aufgrund ihrer hohen Schlagfrequenz relativ erschütterungsarm. Sie zertrümmern konzentriert den Stein, der Bohrfortschritt ist relativ hoch. Die Probleme der Imlochhämmer sind zum einen die geringere Zielgenauigkeit, da der Kronendurchmesser größer ist als der Durchmesser des Bohrgestänges und damit die für lange Bohrungen notwendige Biegesteifigkeit des Bohrgestänges geringer ist als bei einem Kernrohr. Zum anderen kann die Taillierung zwischen Krone und Gestänge bei Nachfall den Komplettverlust der Bohrausrüstung zur Folge haben, da sich das Gestänge nicht mehr ziehen lässt.

4.3.2 Kernbohrverfahren

Das Kernbohrverfahren mit diamantbesetzten Bohrkronen erfüllt am besten die genannten Randbedingungen. Es ist durch die rein drehende Vortriebstechnik sehr erschütterungsarm. Die Zielgenauigkeit ist sehr hoch, da das Bohrrohr annähernd den gleichen Durchmesser wie die Bohrkrone besitzt. Durch den Besatz der Krone mit Diamanten erfolgt der Bohrfortschritt durch Spanen. Dabei kommt es darauf an, wie dicklippig die Zähne ausgebildet sind, in welcher Dichte die Diamanten in der Matrix angeordnet sind, und welche Härte die Matrix aufweist (Abb. 11). Die Festlegung dieser Parameter muss immer neu vorgenommen werden und obliegt der Erfahrung des Bohrunternehmers. Bei der spanenden Bohrtechnik müssen das Bohrklein kontinuierlich abgeführt und gleichzeitig die Diamanten gekühlt werden, damit sie nicht durch die aus der Reibung entstehende Hitze zerstört wer-

Abb. 11: Diamantbohrkrone

den. Als Spül- und Kühlmedien stehen Wasser oder Luft zur Verfügung. Das für den Bohrfortschritt, für die Standzeit der Bohrkrone und für die spätere Haftreibung zwischen Verpressgut und Bohrlochwandung beste Spül- und Kühlmedium stellt unzweifelhaft das Wasser dar [6]. Das Nassbohren ist somit die wirtschaftlichere Variante. Allerdings kann Wackenmauerwerk nur sehr selten nass gebohrt werden. Die oft wertvollen und bemalten Putze, hölzerne Konstruktions- und Ausbauteile wie Deckenbalken, Lamperien, Täfer etc., aber auch wassersaugende Deckeneinschübe und -verkleidungen wie Lehm, Stuck etc. verbieten den Einsatz von Wasser, zumal dies je nach Aufschluss im Bohrkanal unkontrolliert abfließen kann. Somit bleibt häufig die Luftspülung als einzig zulässige Variante übrig. Das Hauptproblem der Trockenbohrung ist die Zufuhr der Luft. Sie kann in der Regel nur über einen Kompressor erfolgen. Am Bohrlochmund entsteht dabei eine enorme Staubentwicklung, die, wenn ausreichend Platz vorhanden ist, über Absaugvorrichtungen eingedämmt aber nicht völlig unterbunden werden kann, da meist die Wandoberflächen uneben sind. Beim Trockenbohren wird im Gegensatz zur Nassbohrung der Verlust an Kühl-/Spülmittel am Bohrlochmund kaum erkannt. Das kann zur Folge haben, dass die Diamanten unbemerkt verbrennen und die Krone zerstört wird. Am besten laufen die Bohrungen, wenn alle Steine unverschieblich im Gefüge liegen. Dann ist auch ein Wechsel der Härten zwischen Mörtel und Stein von der Bohrkrone bewältigbar. Stößt allerdings die Bohrkrone auf lose Steine, besonders wenn sie kiesartig angehäuft sind, ist so gut wie kein Bohrfortschritt mehr zu erzielen. Die Steine verklemmen sich zwischen den diamantbesetzten Zähnen der Krone, ein Zahn reißt aus, was zur Unwucht der Krone führt und meist weitere Verluste der Zähne nach sich zieht. Derartige Bohrhindernisse können kaum detektiert werden, sie können aber damit auch weder prognostiziert noch umgangen werden. Durch ein systematisches Verpressen entlang des Bohrkanals werden die Kiesnester nicht unbedingt getroffen. Der Aufwand hierfür und die Schädigungen der Putze durch die Injektionsbohrungen stehen damit in keinem vernünftigen Verhältnis zum Erfolg. Eine Lanzeninjektion der losen Zone ist zwar theoretisch möglich, das unkontrollierte Abfließen des Injektionsgutes ist aber in diesem Fall ein Risiko, das je nach Wert der umgebenden Oberflächen nicht in Kauf genommen werden kann. Das Durchörtern von Kiesnestern ist trotz großem Verschleiß an Kronen und extrem langsamem Bohrfortschritt noch die schonendste Lösung. Allerdings wird eine derartige Bohrung auch entsprechend teuer.

4.3.3 Befestigung des Bohrgeräts

Ein weiterer wichtiger Parameter für einen guten Bohrfortschritt im Bachkatzenmauerwerk ist die Be-

festigung der Bohrmaschine. Je unverschieblicher bzw. starrer diese befestigt ist, umso besser läuft die Bohrung. Beim drehenden Bohren können Andrücke bis zu 15 kN entstehen, die von einer geeigneten Befestigung aufzunehmen sind [6]. Für die Befestigung bieten sich verschiedene Möglichkeiten. Die „weicheste" Befestigung ist die Montage der Bohrlafette auf dem Gerüst. Je nach Ausbildung und Verankerung des Gerüstes können beim Bohren erhebliche Schwingungen auftreten, die die Qualität der Bohrung verschlechtern und den Preis aufgrund geringerer Standzeiten der Krone und langsameren Bohrfortschritts erhöhen. Häufig dürfen Gerüste aufgrund wertvoller Putze gar nicht am Bauwerk befestigt werden. In diesem Fall sind Abstrebungen für die Standsicherheit des Gerüstes erforderlich. Die Abstrebungen sind jedoch keinesfalls für eine Bohrmaschinenbefestigung am Gerüst ausreichend. Die Direktbefestigung des Bohrständers an der Wand ist dann eine geeignete Lösung, wenn Dübel oder Anker gesetzt werden dürfen, und wenn die aus dem Anpressen der Maschine entstehenden Zugkräfte von den Dübeln aufgenommen werden können. Bewährt hat sich auch die Errichtung von hölzernen „Spalieren", die an von den Restauratoren freigegebenen Stellen festgedübelt werden dürfen und an die die Bohrständer beliebig befestigt werden können.

4.3.4 Bestrumpfte Anker

Damit Verformungen im Mauerwerk von Zugelementen unterbunden werden, muss zwischen den Ankern und dem Mauerwerk ein Verbund hergestellt werden. Da die Bohrkanäle nicht nur durch die Steine laufen, sondern sie diese manchmal nur anschneiden, entsteht keine zylindrische Oberfläche, sondern ein Gebilde mit vielen Kavernen, Ausbuchtungen, aber auch glatten Oberflächen. Ein Verpressen des Bohrloches, wie es sonst bei anderen Mauerwerksarten üblich ist, hätte beim Bachkatzenmauerwerk unweigerlich das lokale Abfließen des Injektionsguts und damit eine reduzierte Tragfähigkeit des Ankers zur Folge. Verbessert werden können die Verbundeigenschaften durch das Bestrumpfen der Anker mit geeigneten Geotextilien. Diese müssen von ihrer Maschenweite exakt auf das Verpressgut abgestimmt sein. So dringt beim Verpressen noch begrenzt Verpressgut durch die Maschen und sorgt nach dem Abbinden für Haftverbund an den glatten Bohrlochwandungen. In die zum Bohrkanal hin offenen Spalten drückt sich das elastische, aber hoch reißfeste Geotextil hinein und füllt sich mit Verpressgut. Diese Zonen sorgen nach dem Aushärten für den hoch wirksamen Scherverbund. Als Verpressgut wird ein speziell auf das Geotextil abgestimmter Zementmörtel verwendet. Im Bachkatzenmauerwerk ist aufgrund des hohen spezifischen Steingewichts der Verbund der Anker trotz des z. T. losen Gefüges hoch.

4.4 Auflagertaschen

Bei Umbauten kann die Notwendigkeit auftreten, in dem Wackenmauerwerk nachträglich kleine Nischen herzustellen, in die z. B. neue Deckenbalken oder vergleichbare Tragkonstruktionen eingebaut werden. Aufgrund der Mauerwerksstruktur, aber auch aufgrund der Härte der Steine ist es sehr schwer, die Nischen in der planmäßigen Größe herzustellen. Da in den meisten Fällen ein Aufbrechen bzw. Spalten der harten Steine nicht gelingt, müssen die Steine komplett aus dem Gefüge gelöst werden. Durch die hierzu notwendigen Erschütterungen werden dabei auch angrenzende Bereiche aufgelockert, die Nische wird dann meist größer als vorgesehen. Generell sollte nur in den Fällen ein Ausstemmen in Erwägung gezogen werden, in denen die Mauerwerksstruktur im Bereich der zukünftigen Nische an der Wandoberfläche ablesbar ist. Das substanzschonendere Verfahren ist auch hier wieder das Kernbohrverfahren. Je nach Größe der herzustellenden Nische ist zu entscheiden, ob diese über mehrere kleine Bohrungen, deren Anordnung ggf. noch auf die Form des einzufügenden Querschnitts abgestimmt werden kann, oder über eine große Bohrung herzustellen ist. Durch das Umsetzen und durch ggf. erhöhte Schwierigkeiten beim überlappenden Bohren wegen des inhomogenen Bohrgrunds dürfte das Herstellen einer großen Bohrung wirtschaftlicher und substanzschonender sein. Aufgrund der großen Bohrdurchmesser laufen die Bohrkronen wesentlich ruhiger, das Bohrklein kann besser abgeführt werden und die Zielgenauigkeit ist extrem hoch (Abb. 12).

Abb. 12: Herstellung von Auflagertaschen im Kernbohrverfahren

5. Ausführungsbeispiele

5.1 Wandsicherung am Weberzunfthaus in Wangen

Die ehemalige Außen- und jetzige Gebäudetrennwand des 1342 errichteten Kernbaus des Weberzunfthauses in Wangen zeigte wie auch die unter 3.1 beschriebene Südostwand erhebliche Risse. Obwohl die Hauptschadensursachen durch flankierende Maßnahmen behoben worden waren, sollte das vertikal zerrissene Wandgefüge wieder zu einer tragfähigen Aussteifungswand geschlossen werden. Zum einen mussten hierzu die Risse druckfest geschlossen werden, zum anderen sollten diese auch bei zukünftig zu erwartenden geringfügigen Verformungen nicht wieder aufreißen. Man entschloss sich daher, die Risse in der mit sehr wertvollen Putzen versehenen Wand druckfest zu schließen. Breite Risse wurden ausgemauert und mit Trasskalk verpresst, schmalere Risse wurden nur verpresst. Ansonsten wurden an dem Mauerwerk keine Vorverpressungen vorgenommen. Um zukünftige Zugspannungen möglichst rissfrei aufnehmen zu können, sollte die Wand längs vorgespannt werden. Hierzu musste die ca. 80 cm dicke Wand in Längsrichtung durchbohrt werden. Da der Spannanker möglichst mittig in der Wand liegen sollte, und an keiner Stelle beim Vorspannen Zug an den Außenflächen der Wand entstehen durfte, wurde bei der ca. 15 m langen Wand eine Zielgenauigkeit von 0,9 % gefordert, d. h. die maximale Abweichung des Bohrkanals von der Bohrachse durfte nur 13 cm betragen. Über zwei Kontrollöffnungen wurde der Verlauf der Bohrung überprüft. Die Befestigung der Bohrmaschine erfolgte am speziell hierfür erweiterten Gerüst, gebohrt wurde mit diamantbesetzten Bohrkronen und einem Durchmesser von 80 mm. Zum Kühlen und Spülen der Bohrung war aufgrund der wertvollen Putze nur Luft zugelassen. Der Bohrvorschub erfolgte ölhydraulisch. Während des Bohrens wurden die Wandoberflächen von den Restauratoren beobachtet. Der Bohrfortschritt war für das heterogene Mauerwerk ziemlich gut, die Bohrung lief ruhig, das Bohrgut zerfiel nicht (Abb. 13). Kurz vor Austritt der Bohrkrone auf der gegenüberliegenden Wandseite löste sich aus der Wandoberfläche ein Stein und durchschlug die Fensterscheibe eines auf der anderen Straßen-

Abb. 13: Weberzunfthaus Wangen: Bohrkern

seite gelegenen Wohnhauses. In dem sehr dichten Wandgefüge ist durch die Luftspülung zwischen dem Bohrrohr und der dicht an der Bohrlochwandung abschließenden Krone ein Innendruck entstanden, der durch den hydraulischen Vorschub der Bohrmaschine nicht wahrgenommen wurde. Dieser Innendruck hat ausgereicht, um einen kleinen Stein aus dem Gefüge zu lösen und zu einem

Geschoss werden zu lassen. Zu vermeiden sind derartige Phänomene zum einen durch einen Spindelvortrieb der Bohrmaschine, so dass der Bohrmeister den Innendruck „zu spüren" bekommt, zum anderen durch kleine Entlüftungsbohrungen senkrecht zum Bohrkanal, die am besten in die Risse zu setzen sind.

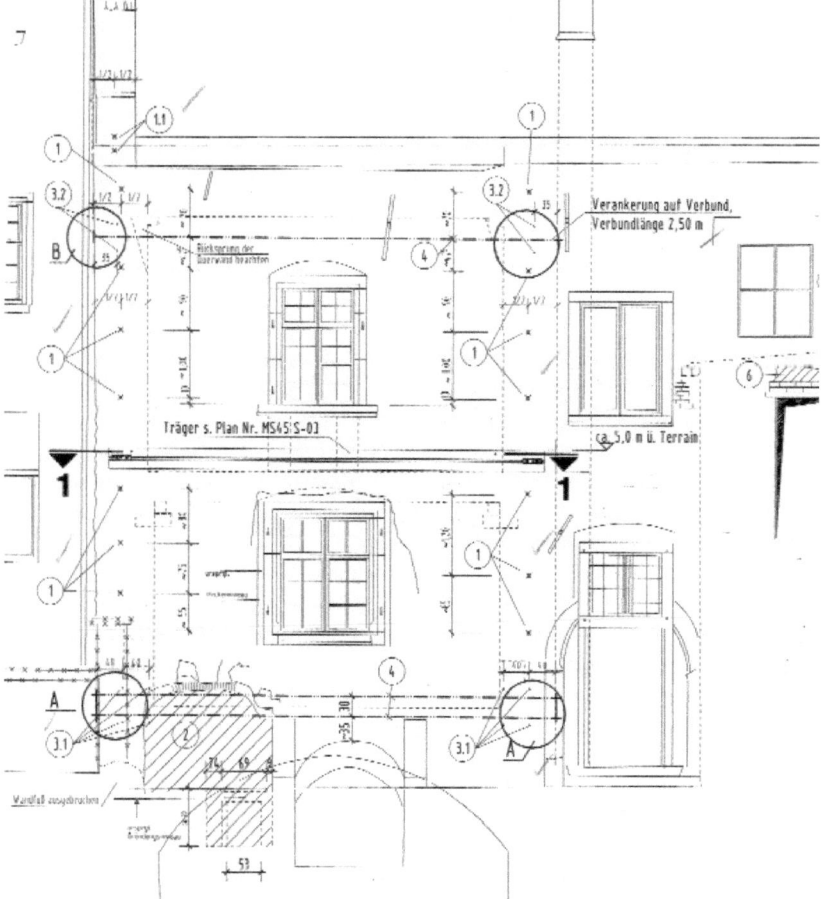

Abb. 14: Marktstr. 45 in Ravensburg: Plan zur Sicherung der Hofwand (Punkte = Verpressanker in Querwand, strich-punktierte Linien = Spannanker in Hoffassade)

5.2 Gebäude Marktstr. 45 in Ravensburg

Die Sicherung der im Kapitel 3.2 beschriebenen Hofwand des Gebäudes Marktstraße 45 verfolgte zwei Ziele: zum einen sollte die Scheiben- und Plattentragwirkung der Fassade verbessert werden, zum anderen war sie wieder zug- und druckfest an die Querwände anzuschließen (Abb. 14).

Trotz Anbindung an die Querwände drohte nämlich die Wand wegen ihres großen Überhangs entlang ihrer Fensterachse „aufzuklappen". Dies sollte durch die Erhöhung der Querbiegefestigkeit verhindert werden. Eine ausreichende Scheibentragwirkung war nötig, um die Hoffassade abschnittsweise unterfangen zu können.

Die zugfeste Anbindung der Hofwand an die Querwände erfolgte über Verpressanker, die von außen senkrecht durch die Hofwand geführt und mindestens 4 m in die Querwände eingebunden wurden. Das druckfeste Anschließen ermöglichten Verpressungen der offenen Fugen und Risse. Die Verbesserung der Scheibentragwirkung wurde über den Einbau von Spannankern, die im Sockelbereich und unterhalb der Traufe weitgehend zentrisch in die Hofwand eingebaut wurden, gewährleistet. Während die unteren beiden Spannanker aufgrund einer Türöffnung im Erdgeschoss so durch die Wand geführt werden konnten, dass sie jeweils an ihren Enden über Stahlplatten zu verankern waren, musste der obere Spannanker aufgrund der nur einseitigen Zugänglichkeit an einem Ende auf Verbund verankert werden. Zur Verhinderung des „Aufklappens" der Wand entlang der Fensterachse wurde in Höhe der Geschossdecke eine horizontale Halterung der Wand geschaffen, auf die später noch genauer eingegangen wird.

Folgende Arbeitsschritte wurden zur Wandsicherung durchgeführt:

1. Die erste Vorsicherung des Mauerwerks wurde aufgrund der sehr wertvollen mittelalterlichen Putze von den Restauratoren vorgenommen. Nach dem Einbau von Notsprießungen und dem Verkeilen loser Steine sind zunächst die offen Fugen und Risse vorsichtig gereinigt worden. Als Hilfsmittel dienten Staubsauger und Pinsel. Danach haben die Restauratoren die offenen Fugen und Risse oberflächig mit Weißkalkhydrat geschlossen bzw. abgedichtet. Bei besonders großen Rissweiten wurde Stroh als „Trägermaterial" eingesetzt. Gleichzeitig wurden in die Risse in einem Abstand von ca. 50 cm Injektionsröhrchen gesetzt.

2. Um Verunreinigungen der Putze beim Injizieren zu vermeiden, waren auch feine Haarrisse an den Putzoberflächen abzudichten. Dazu wurde das wachsartige Cyclododekan durch Erwärmen flüssig gemacht und mit dem Pinsel auf die Risse aufgetragen. Diese Abdichtung löste sich rückstandsfrei auf. Über Tastversuche wurde vorher erprobt, wie lange die dichtende Wirkung des Cyclododekans bei den vorhandenen Raumklimaten anhielt.

3. Nach der sorgsamen Abdichtung aller Fugen und Risse wurden diese zunächst drucklos, dann mit geringem Druck mit Trasskalkmörtel von unten nach oben verfüllt bzw. verpresst. Diese Arbeiten wurden von einer Firma ausgeführt, die über ein europäisches Ausschreibungsverfahren den Zuschlag erhalten hatte und die ausreichende Referenzen bei der Instand-

setzung historischen Mauerwerks nachweisen konnte.

4. Mit luftgekühlten Diamantbohrkronen wurden die 5–6 m langen, horizontalen Bohrkanäle mit Durchmessern zwischen 60 und 80 mm vom Gerüst aus hergestellt. Um Verunreinigungen durch Luft- bzw. Staubaustritte, Putzrisse und ungewollte Erschütterungen während der Bohrarbeiten umgehend zu unterbinden, überwachten die Restauratoren alle Bohrungen. Trotz vergleichbarer Bauzeit und Nutzung, geringer räumlichen Entfernung und zunächst scheinbar gleicher Wandstruktur zeigte sich, dass die Herstellung der Bohrkanäle wesentlich komplizierter war als beim Weberzunfthaus in Wangen. Öfters mussten bei den Bohrungen Zonen von sehr

Abb. 15: Bohrgut aus Wand (vgl. dazu im Gegensatz Abb. 13)

Abb. 16: Bohrkrone nach Durchörtern von Kiesnestern

kleinteiligen, ungebundenen Steinen, sogenannte „Kiesnester" durchteuft werden (Abb.
15). Sie verursachten einen Totalverlust der Krone (Abb. 16). Die Firma schlug daraufhin vor, die
Bohrungen mit einem Imlochhammer durchzuführen. Eine Probebohrung zeigte bauteil-
verträgliche Schwinggeschwindigkeiten und
einen schnelleren Bohrfortschritt. Die Schwingungen verursachten jedoch Nachfall und
schließlich ein Verklemmen der taillierten Bohrkrone. Sie konnte nicht mehr gezogen werden
und musste aufgegeben werden. Schließlich
wollte die Firma über eine Rasterverpressung
entlang des Bohrkanals einen besseren Bohrfortschritt erreichen. Mit einem Verpressversuch
entlang eines Bohrkanals, bei dem die Injektionsbohrungen sorgsam auf die Putze abgestimmt
waren, konnte nachgewiesen werden, dass nur
sehr geringe Verpressmengen in das Mauerwerk
einzubringen waren, dass sich aber der
Bohrfortschritt dadurch nur unwesentlich verbesserte. Daher wurde auf weitere Verpressungen verzichtet.

5. In die Bohrkanäle wurden nichtrostende
Gewindestangen (Durchmesser zwischen 16
und 20 mm) eingelegt, die mit Geotextilien be-
strumpft waren (Abb. 17). Über Verpress-
röhrchen wurden die Anker von der Tiefe heraus
mit Trasszement verpresst. Zur Eignungsprüfung
waren zunächst an drei Ankern Zugversuche
durchgeführt worden, die an relativ zerrütteten
Zonen eingebaut wurden. Um Schäden in den
Ankerzonen zu vermeiden, ist die Prüflast in Abstimmung mit dem Prüfingenieur auf einen Bereich zwischen dem 0,9-fachen Ankerwiderstand
und der 1,5-fachen Gebrauchslast (hier 25 kN)
beschränkt worden. Als Prüfkriterium wurde in
Anlehnung an die Prüfung von Erdankern festgelegt, dass die Differenz der Kopfverschie-
bungen nach 5 bzw. 15 Minuten nicht größer
sein darf als 0,5 mm. Nachdem alle drei Anker
das Verschiebungskriterium erfüllt hatten, konnten alle anderen Anker unter denselben Bedingungen eingebaut und verpresst werden.

6. Wie bereits oben erwähnt sah das Instand-
setzungskonzept vor, dass die Hofwand in Höhe
der Decke über Erdgeschoss eine horizontale
Halterung erhält. Nach der ersten Sanierungs-
variante sollte zwischen die Deckenbalken ein
Stahlträger eingebaut werden, an den die Hofwand über Verpressanker angehängt wird, und
der dann die horizontale Lasten über Auflagertaschen an die Querwände abgibt. Das Aufreißen der Querwände im Auflagerbereich der
Stahlträger sollte über Verpressanker in den
Querwänden verhindert werden. Aufgrund des
fehlenden Brandschutzes der Stahlbauteile und
der notwendigen Bohrlöcher im Randdecken-
balken und im Mauerwerk wurde diese Lösung

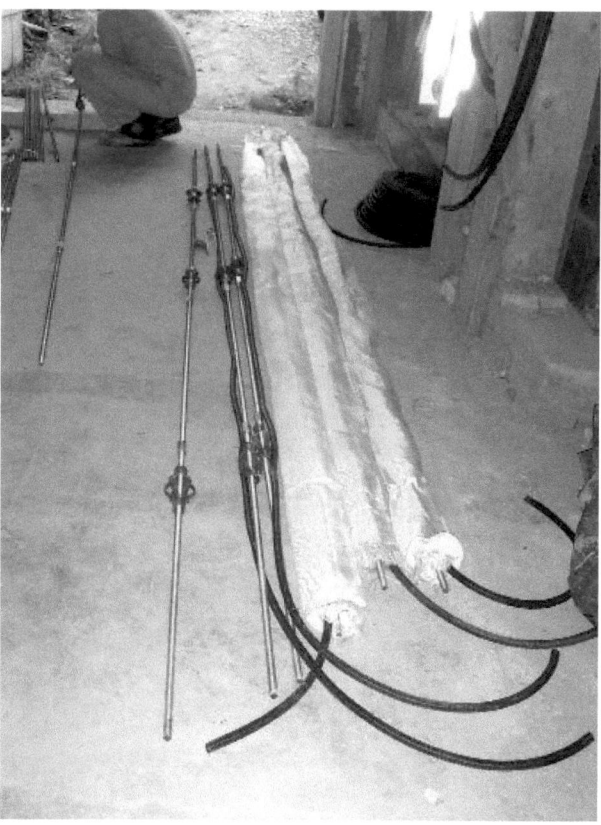

Abb. 17: Mit Geotextil bestrumpfte Anker

*Abb. 18: Marktstr. 45 in Ravensburg: Stahlträger zur
Stabilisierung der Hoffassade*

vom Bauordnungsamt und vom Landesdenkmalamt abgelehnt. Eine brandschutztechnische Abkofferung der Stahlbauteile wäre zwar prinzipiell möglich gewesen, sie widersprach aber den gestalterischen Anforderungen an die historische Deckenkonstruktion. Als Alternative wurde daher ein außen liegender Stahlträger entwickelt, an den sich die Wand über Druckteller punktuell anlehnen kann, und der die so aufgesammelten Horizontalkräfte über Verpressanker an die Querwände abgibt (Abb. 18). Zusätzlich mussten an den Auflagerpunkten noch Gewindestangen eingebaut werden, um ein Verdrehen bzw. Verkippen des aus zwei L-Profilen zusammengesetzten Trägers zu vermeiden. Der Träger wird zukünftig durch ein Glasdach vor der Witterung geschützt. Brandschutzanforderungen wurden an ihn jetzt nicht mehr gestellt, da er im baurechtlichen Sinne als Außenbauteil verstanden wird.

6. Empfehlungen zur Ausschreibung und Abrechnung

Die bisherigen Erfahrungen bei der statischen Sicherung von Wackenmauerwerk haben gezeigt, dass die örtlichen Verhältnisse trotz zunächst vergleichbar erscheinender Wandstrukturen sehr unterschiedlich sein können. In der Ausschreibung sind daher möglichst alle kostenrelevanten Randbedingungen so exakt wie möglich zu beschreiben. Hierzu zählen neben der Erläuterung des Mauerwerksaufbaus und der Bedeutung von Putzen die technologischen Angaben zum Kühl- und Spülmedium sowie Angaben, wie und wo das Bohrgerät befestigt werden kann, welche Bohrhindernisse zu erwarten sind, und welche Verflechtungen mit anderen Gewerken wie z. B. restauratorischen Arbeiten bestehen. Wenn auch eine Kalkulation der Bohrpreise aufgrund nicht im Vorfeld zu klärender Randbedingungen sehr schwer ist, so hat sich doch bewährt, die Bohrungen nach laufenden Metern auszuschreiben und dabei nach Durchmesser und Längen abzustufen. Bei unverhältnismäßig großem Mehraufwand muss dies der Bohrunternehmer dem Bauherrn rechtzeitig anzeigen und ein Nachtragsangebot vorlegen.

7. Schlussbemerkung

Für die statische Sicherung von Bachkatzen- bzw. Wackenmauerwerk muss der Tragwerksplaner bereits bei der Planung Restauratoren und Bauforscher mit einbeziehen, um der Wert der reparaturbedürftigen Bauteile zu erkennen und den Einfluss ggf. früherer Umbauphasen auf die Tragkonstruktion bewerten zu können. Da eine Einschätzung der Mauerwerkstragfähigkeit nicht nach Norm sondern nur in Anlehnung an diese erfolgen kann, sind ggf. auch vertiefende Voruntersuchungen und Abstimmungen mit dem Prüfingenieur erforderlich. Die Sicherungsmaßnahmen sind so zu entwickeln, dass die Eingriffe in die Mauerwerksstruktur so gering wie möglich bleiben und speziell auf deren Besonderheiten abgestimmt sind. Das Schätzen der Kosten dieser speziellen Mauerwerkssanierung ist enorm schwierig, da selbst bei sorgfältigen Voruntersuchungen kostenrelevante Besonderheiten nicht immer detektiert werden können. Hierüber muss auch der Bauherr so früh wie möglich in Kenntnis gesetzt werden. In der Ausschreibung sind die Besonderheiten und Unzulänglichkeiten aufzuführen, Bietergespräche im Vorfeld derartiger Baumaßnahmen sind unabdingbar. Nicht nur zum Schutz bauhistorisch wertvoller Bauteile sondern auch zum Schutz von Bauherrn, Planern und der Firmen selbst sollten nur Handwerksbetriebe zur Ausführung aufgefordert und zugelassen werden, die ausreichend Referenzen bei der Instandsetzung speziell dieser Mauerwerksart nachweisen können.

Literaturverzeichnis

[1] Grimm: Deutsches Wörterbuch von Jacob und Wilhelm Grimm, Bd. 1–33, (1. Band 1854, fertig gestellt 1960.)

[2] Egermann, Ralph: Untersuchungen zum Tragverhalten mehrschaliger Mauerwerkskonstruktionen. In: Erhalten historisch bedeutsamer Bauwerke, SFB 315, Universität Karlsruhe, Jahrbuch 1994, Berlin, 1996, S. 155–180.

[3] Denkmalstiftung Baden-Württemberg (Hrsg.): Das Weberzunfthaus in Wangen im Allgäu. Denkmal Reichsstädtischen Kulturlebens. Festschrift zur Eröffnung, 1998.

[4] Uhl, Stefan: Das Humpisquartier in Ravensburg. Städtisches Wohnen des Spätmittelalters in Oberschwaben. Forschungen und Berichte der Bau- und Kunstdenkmalpflege in Baden-Württemberg, Bd. 8. Stuttgart, 1999.

[5] Hangleiter, Hans Michael: Vorübergehender Schutz empfindlicher Oberflächen über den Umgang mit flüchtigen Bindemitteln. DRV-Tagung Berlin, 2000.

[6] Stiesch, Gerhard: Überlegungen zur Bohrtechnik für das Verpressen, Vernadeln und Vorspannen von Mauerwerk historischer Bauten. In: Erhalten historisch bedeutsamer Bauwerke, SFB 315, Universität Karlsruhe, Jahrbuch 1988, Berlin, 1989, S. 143–156.

[7] Wenzel, Fritz et al. (Hrsg.): Empfehlungen für die Praxis: Historisches Mauerwerk. Sonderforschungsbereich 315 (Erhalten historisch bedeutsamer Bauwerke), Universität Karlsruhe, 2000.

Bemerkungen zu Außenfarbigkeit am Freiburger Münster

von Johanna Quatmann

Am Freiburger Münster wurden in den letzten Jahrzehnten viele Farbreste an den Außenfassaden und ihren Skulpturen gefunden und untersucht. Dieser Bericht skizziert die verschiedenen Befunde und ergänzt sie durch historische Überlieferungen. Das Ergebnis überrascht, denn an allen elementaren Bauteilen von der Spätromanik über die Hoch- und Spätgotik bis zur Renaissance wurden Fassungen nachgewiesen – selbst in der Turmpyramide.

1. Einführung

Im vergangenen Jahr sprach hier Luzius Kürten über die Konservierung von Buntsandstein am Freiburger Münster [1]. In seinem Vortrag erwähnte er auch die Fassungsbefunde am gotischen Schöpfungsportal und an der Vorhalle des südlichen Querhauses von 1620.

In den letzten beiden Jahrzehnten wurden zahlreiche Erkenntnisse zu den historischen Fassungen bzw. Anstrichen am Äußeren des Freiburger Münsters gewonnenen. Der Vortrag stellt eine Art Rundgang um das Freiburger Münster dar und wird die Erkenntnisse zu Bemalungen an den verschiedenen Bauteilen zum Teil skizzieren, zum Teil ausführlicher darstellen.

Die Forschung für Fassadenmalereien an sakralen Gebäuden steckt im Vergleich zu denen an Profanbauten immer noch in den Kinderschuhen. Lediglich über die Farbigkeit der Kirchenportale gibt es zahlreiche Untersuchungen. In diesem Bericht soll gezeigt werden, dass das Freiburger Münster noch „von Kopf bis Fuß" Farbreste aufweist. Und dies trotz Verwitterung und Steinaustausch und obschon nach dem zweiten Weltkrieg ein großer Teil der originalen Oberflächen durch moderne Techniken der Reinigung wie das Absprühen der Flächen mit Wasser unter Hochdruck und abrasives Reinigen im Sandstrahlverfahren verloren gegangen sind. Die Auffassung, dass gotische Kirchen außen durchgehend materialsichtig waren, hat sich eigentlich bis heute hartnäckig gehalten. Dabei stammt sie aus der ersten Hälfte des 19. Jahrhunderts. So etwa heißt es bei Grueber 1840, dass „während des teutschen Stils" – gemeint ist die Gotik – die Außenmauern immer steinsichtig gewesen seien. Verputzt habe man nur, um handwerkliche Mängel zu vertuschen. Die Bildhauereien seien gewöhnlich bemalt gewesen, sonst aber zeigten sich am „Aeussern selten Spuren von Malereien (...). Im Innern aber bieten Linien und Felder unserer Bauart günstige Gelegenheit für Entfaltung von Farbenpracht" [2].

Im Folgenden soll nicht näher auf technologische Fragen wie die verwendeten oder vermutlich verwendeten Bindemittel eingegangen werden. Auch die verschiedenen Mörtel, die durch die Jahrhunder-

Abb. 1: *Das Münster von Südost, Aufnahme von G. Th. Hase, Hofphotograph in Freiburg i. B., um 1855. An der oberen südlichen Querhauswand erkennt man noch die 1863 abgestockte Sonnenuhr (vgl. Abb. 4). Auf den Sockelflächen der Strebepfeiler am Langhaus sieht man klar abgegrenzte helle Flächen, auf die Wappen gemalt waren. Die Wappen sind heute noch teilweise sichtbar.*

te während der Renovierungen benutzt wurden und die direkt mit den Farbbefunden zusammenhängen, sind hier nicht näher behandelt. Hierzu sei nur bemerkt, dass es wahrscheinlich in manchen Bauteilen einen bauzeitlichen weißen Fugenmörtel unter der ältesten Malschicht gibt, in anderen Bereichen dagegen ist der älteste Fugenmörtel rosa gefärbt. Sowohl die Bindemittel als auch die Mörtel bedürfen noch weiterer Untersuchungen [3].

2. Die Baugeschichte des Freiburger Münsters im Überblick

Bevor ich auf die Farbigkeit zu sprechen komme, soll die Baugeschichte in Kürze erläutert werden. Alle Bauteile bestehen aus Buntsandstein, deren Farbe von hellgelb, grünlich-gelb über hellrosa bis violett variiert. Häufig finden sich diese Farben innerhalb eines Steines.

Dem heutigen Münster in Freiburg ging ein ab ca. 1120 errichteter romanischer Bau voraus, der nach seinem Gründer – dem Zähringer Herzog Konrad I. – das konradinische Münster genannt wird. In der zweiten Hälfte des 12. Jahrhunderts errichtete man auf dem an der Nordseite gelegenen Friedhof die zweigeschossige St. Michaels- und Andreas-Kapelle mit einem Beinhaus im Untergeschoß (Abb. 2). Diese Kapelle blieb mit einigen baulichen Erweiterungen bis 1744 stehen. Ihr Grundriss ist heute im Pflaster des Münsterplatzes ablesbar. Um 1200 begann der letzte Zähringer Herzog Berthold V. für seine Grablege mit dem Bau einer spätromanischen Kirche, deren Querhaus mit seinen flankierenden Hahnentürmen aus der Zeit um 1200–1220 noch steht. Nach seinem Tod wurde das Langhaus ab ca. 1220/30 in gotischem Stil (Abb. 2) weitergebaut. Langhaus und Turm waren etwa um 1340 fertig gestellt. Die mit zahlreichen Figuren geschmückte Vorhalle unten im Turm wurde bereits kurz nach 1290 vollendet und ist recht zeitnah dazu bemalt worden [4].

Um die Mitte des 14. Jahrhunderts beginnt man mit dem Neubau des Chores, wozu der romanische Chor abgetragen werden musste. Als Baumeister verpflichtete man 1359 Johannes von Gmünd aus der bekannten Architekten- und Bildhauerfamilie der Parler, der aber vermutlich auch schon vor 1359 in Freiburg tätig gewesen war. Unter ihm wurden bis 1370/80 weite Teile der Sakristei und die Mauern des Kapellenkranzes bis auf etwa die halbe Höhe gebaut (Abb. 3). Jahrzehntelange Auseinandersetzungen zwischen den Grafen von Freiburg, den Nachfolgern der Zähringer-Herzöge, und der Stadt Freiburg führten dazu, dass sich die Stadt Freiburg 1368 von den Grafen lossagte und sich den Habsburgern unterstellte [5]. Das Freiburger Münster war nun ein Projekt der Stadt geworden. Der Bau des neuen Chores

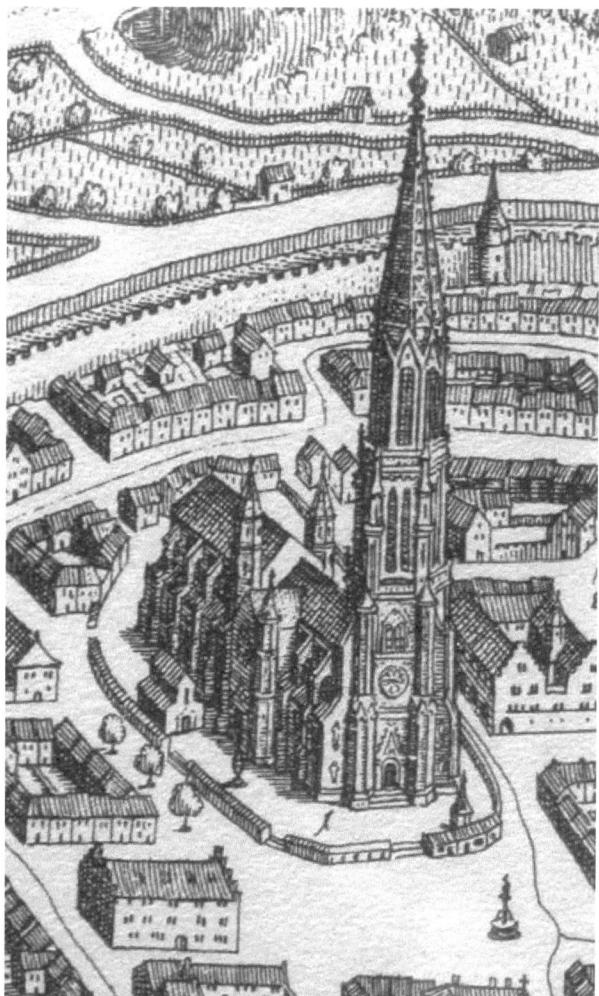

Abb. 2: *Das Münster von Südost, 1589. Ausschnitt aus dem Sickinger-Plan*

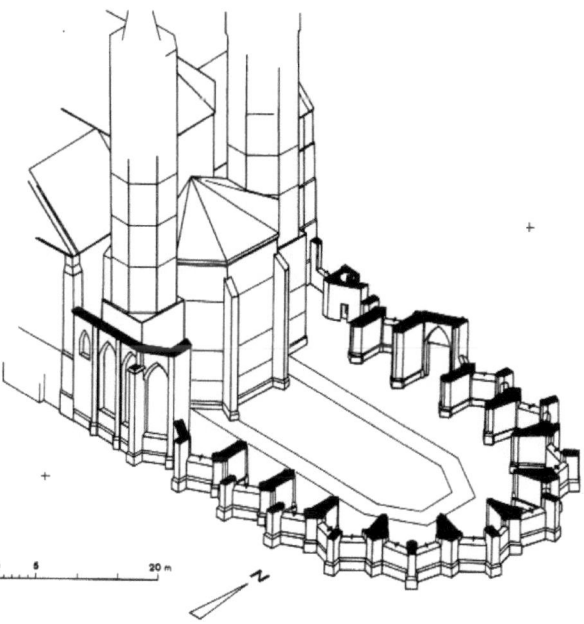

Abb. 3: *Schematischer Grundriss des Chores um 1370. In diesem Zustand blieb der Chor über hundert Jahre lang.*

115

verzögerte sich lange, da die Stadt hohe Reparationssummen an die Grafen zahlen musste und durch die Anbindung an die Habsburger in manche Kriege und Unruhen involviert war. Auch der Schwarze Tod – die Pest – dezimierte die Bevölkerung am Ende des 14. Jahrhunderts erheblich. Als die Arbeiten am neuen Chor 1471 unter Hans Niesenberger wieder aufgenommen wurden, hatte der Bau etwa 100 Jahre lang kaum Fortschritte gemacht [6]. Der spätgotische Chor wurde schließlich 1536 vollständig fertig gestellt. Bis etwa 1620 gab es innen wie außen eine reiche Ausschmückungsphase. In diese wohlhabende Epoche fällt 1529 die Flucht des Basler Domkapitels vor der Reformation nach Freiburg, das vom Rat der Stadt das Nutzungsrecht für Gottesdienste und das Chorgebet im Münster erhielt. Damit war eine bischöfliche Abteilung in einer Pfarrkirche zu Gast, denn das Münster wurde erst 1827 zum Metropolitansitz erhoben und war bis dahin eine Pfarrkirche. Die Basler hatten großen kulturellen und wirtschaftlichen Einfluss auf das Münster und blieben bis 1678, also fast 150 Jahre lang in Freiburg.

3. Zu den Außenbemalungen am Münster

3.1.1 Das romanische Nikolausportal im südlichen Querhaus

Das um 1200 gebaute Nikolausportal am südlichen romanischen Querhaus ist ein dreifach gestuftes Säulenportal mit einer Giebelarchitektur. In der Mitte des Tympanons sitzt – als Hochrelief ausgebildet – der heilige Nikolaus auf dem Bischofsthron. Einige gemalte unterschiedlich große kniende Stifterfiguren sind seitlich von ihm noch schemenhaft zu erkennen. Sicherlich handelt es sich um die Stifterfamilie. Die Giebelarchitektur des Portals ist heute von der 1620 an die südliche Querhauswand gebaute Vorhalle verdeckt [7]. Eberhard Grether stellte an dem romanischen Portal vier Fassungsphasen fest, von denen die ältesten beiden auf einem weißen Grundanstrich liegen [8].

3.1.2 Renaissancevorhalle

Die vor das südliche Querhaus gebaute Renaissancevorhalle von 1620 weist nach Grethers Untersuchungen fünf monochrome rötliche, steinfarbene Anstriche auf, von denen der bauzeitliche „zumindest an den Gewölberippen im Innern ein aufgemaltes Fugenstrichsystem" zeigte [9].

Abb. 4 *(vgl. Abb. 1): Das südliche romanische Querhaus mit dem Nikolausportal 1826. Ausschnitt aus einer Lithographie mit der Südseite des Münsters von A. v. Baier*

Abb. 5. *Westlicher Teil der Südseite mit romanischem Querhaus, der 1620 vor das Nikolausportal gebauten Vorhalle, den beiden romanischen Querhaustürmen und ihren gotischen Aufsätzen sowie dem spätgotischen Chor*

3.1.3 Farbspuren auf der südlichen Querhausfassade

Christoph Herm und Eberhard Grether stießen 1989/90 an der südlichen Querhausfassade auf zahlreiche blaue, rote, gelbe und grüne Farbreste, die zu einer oder evtl. auch zu mehreren Fassungsphasen gehören. Teilweise lägen die Farbreste auf „weißlichen bzw. weißgelblichen Schichten" [10]. Der Chemiker Herm stellte in den weißen Farbresten mit Baryt (Schwerspat, Permanentweiß, Blanc fixe) verschnittenes Bleiweiß in einem öligen Bindemittel fest. Für einen blauen Farbrest auf einem Kalkmörtel analysierte er Azurit als Pigment; hier ließen sich weder Protein noch Öl als Bindemittel nachweisen, vermutlich war das Azurit kalkgebunden. Eine rosa Farbfassung, die direkt auf dem Stein lag, enthielt Hämatit (Eisenoxidrot) und Baryt als Pigmente, das enthaltende Bleisulfat (Anglesit) ließ als Bindemittel wieder ein Öl vermuten [11].

Der Stein ganz oben im Giebel, der die eingehauene Jahreszahl 1611 trug, wurde vor der genaueren Untersuchung ausgetauscht. Grether hatte noch Farbreste neben der stark zerstörten Jahreszahl gesehen und vermutet, dass die Zahl ursprünglich vielleicht nur aufgemalt war und erst später in den Stein gehauen wurde [12]. Diese Beobachtung wird gestützt durch einen Bericht des früheren Münsterpfarrers Joseph Marmon von 1878. Er hat die wahrscheinlich aufgemalte Jahreszahl 1611 wohl nicht mehr gesehen, da sie verblichen und unten vom Münsterplatz aus nicht mehr zu erkennen war. Wie die Abbildungen 1 und 4 zeigen, war die Fassade des Querhauses mit einer großen Sonnenuhr mit Tierkreiszeichen bemalt. Auch Baier hat die Jahreszahl 1611 nicht in seiner Lithographie abgebildet, weil er sie wohl nicht mehr erkannt hat. Die erwähnte Zahl 1611 nennt wahrscheinlich das Jahr der Renovierung einer bereits vorhandenen Sonnenuhr, die nach einer Hüttenrechnung schon 1512 entstanden war: „Item 6 Pfund 5 Schilling dem Mathematico von dem Solarium zu machen ob der Segenthür" [13]. Schreiber berichtet 1820: „Ueber der Sonnenuhr ließt man unter einem einfachen Adler die (…) Jahrzahl 1611" [14] Es ist also gut möglich, dass es zwei Fassungen mit einer Sonnenuhr auf der Fassade gegeben hat, eine von 1512 und die nächste 1611, wobei die jüngere noch einen gemalten Adler über der Jahreszahl zeigte, möglicherweise ein Hinweis auf den Stifter der Sonnenuhr.

Als 1620 die sogenannte Renaissancevorhalle vor das südliche romanische Portal gebaut wurde [15], befand sich die Malerei mit der eben beschriebenen Sonnenuhr an der Südfassade des Querhauses (Abb. 5). Während der Konservierung der Renaissancevorhalle 2003 fand Grether das hinter dem Dach der Vorhalle erhaltene ursprüngliche Rot der Querhausfassade (Abb. 6 u. 16), das unter der ge-

malten Sonnenuhr verstrichen worden war oder sogar als ihr farbiger Untergrund diente [16]. Zumindest gibt uns dies zusammen mit dem Foto von 1855 (Abb. 1) einen Eindruck von der Farbigkeit. Man sieht auf dem Foto der Befundstelle, dass das Rot an eine Kante gestrichen worden ist, hinter der einige rote Farbläufer waren. Dies könnte ein Hinweis darauf sein, dass es auch schon vor der 1620 gebauten Vorhalle eine Art Dach oder Regenschutz über dem romanischen Portal gab; denn nach der Überlieferung wurde das Nikolausportal „Segenthor genannt, weil hier die Täuflinge und Wöchnerinnen vom Priester empfangen wurden" [17].

Das Foto von 1855 (Abb. 1) zeigt, dass der heute wieder ergänzte waagrechte Rundbogenfries auf der Fassade unter der Malerei nicht mehr vorhanden ist. 1863 wurde „die dort ersichtliche zwecklose Sonnenuhr entfernt, und die Giebelfassade von der Kalk- und Öltünche gereinigt" [18]. Dies geschah durch Abstocken der gesamten Querhausfassade! Das Christliche Kunstblatt kommentierte dies so: „Erst kürzlich wurde, was wir mit besonderer Freude vermelden, die südliche Giebelseite des romanischen Querschiffes endlich auch von seinem abge-

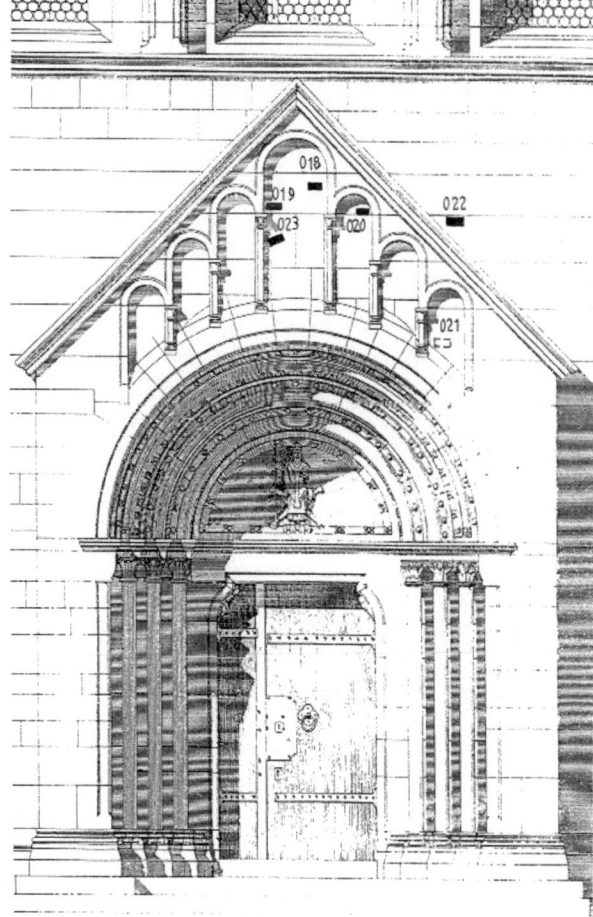

Abb. 6: *Südliches Querhausportal: Plan zu Befunden von Eberhard Grether. Die Befundstelle 022 (vgl. Abb. 16) liegt rechts oberhalb des Giebels vom romanischen Portal.*

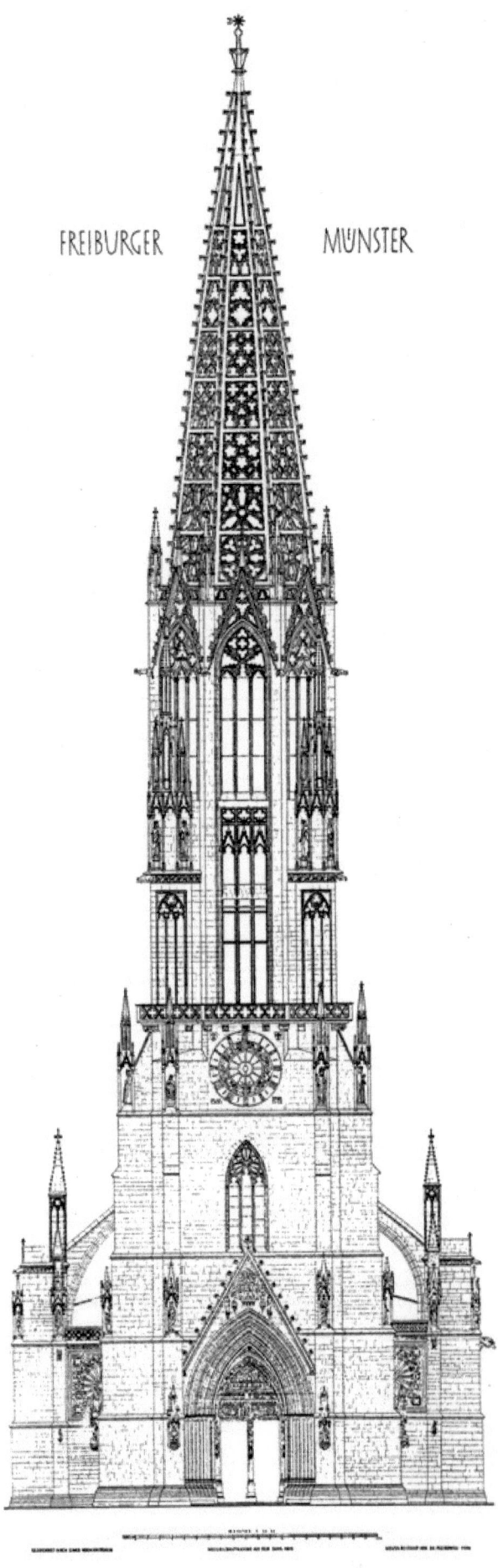

FREIBURGER   MÜNSTER

Abb. 7: Aufriss der Westfassade des Hauptturmes

schmackten rothen Anstrich befreit. Die Abwechslung der rothen und weißen Sandsteine gibt der Façade ein teppichartiges, wohltuendes Aussehen" [19].

Die westliche Fassade des romanischen Vierungsturmes, die, geschützt durch das Dach des gotischen Mittelschiffs heute noch in Teilen vorhanden ist, trägt übrigens auch noch zahlreiche Farbreste, die jedoch noch nicht untersucht sind.

3.1.4 Südlicher Hahnenturm
Auf dem ersten gotischen Geschoß des südlichen Hahnenturms wurden 2005 ebenfalls Farbreste entdeckt (Abb. 5 u. 17). Sie liegen in den oberen Bereichen der Maßwerköffnungen. Hier wurde ein helles Rosa nachgewiesen, dass ursprünglich einem mittelhellen Farbton entsprochen hat. Die Reste dieser rosa Farbigkeit liegen auf den Profilen der Maßwerkrahmung sowie auf den planen waagrechten Flächen des Maßwerks. Ebenso wurden Farbreste auch auf dem über die Ränder der Fugen hinaus vertriebenen ursprünglichen Kalkmörtel gefunden, so dass man davon ausgehen kann, dass die Fugen ebenfalls rosa bemalt waren [20]. Leider konnte man nicht mehr feststellen, ob auch die übrigen Oberflächen rosa bemalt waren; auch über ehemals eventuell vorhandene Fugenstriche gab es keine Anhaltspunkte (mehr?).

3.1.5 Bemalungen an der Fassade des südlichen Seitenschiffs und am Lammportal
Am Lammportal im südlichen Seitenschiff befinden sich Farbreste, die heute noch mit bloßem Auge erkennbar sind. Auf den unteren Wänden des Seitenschiffs und der Strebepfeiler am südlichen Langhaus sind heute noch Reste einiger gemalter Wappen sichtbar. Wie man auf dem früheren Foto von etwa 1855 noch schwach erkennt (Abb. 1) standen die polychromen Wappen auf einem hellen gemalten Hintergrund. Wahrscheinlich haben sich auf den hellen Hintergründen der Wappenzeichnungen ehemals Umrahmungsarchitekturen befunden, deren Reste das Foto von 1855 nicht mehr zeigt. Am Berner Münster hat Tobias Hotz solche Wappenzeichnungen in gemaltem Rahmen nachgewiesen [21].

3.1.6 Fassade des südlichen Mittelschiffs
(vgl. Abb. 12)
Am Hochschiff des südlichen Langhauses wurde Farbe auf den Blattfriesen nachgewiesen [22]. Herm beschreibt eine rötliche Tönung auf der Steinoberfläche des Frieses, unter der, durch eine Schmutzschicht getrennt, „eine weiße, teilweise dicke Fassung" liegt [23]. Ein kompaktes, dickschichtiges Weiß begegnet uns auch an der Fassade der Heimhoferkapelle am Schöpfungsportal und in der Westvorhalle, wie noch gezeigt wird.

3.1.7 Dachdeckung

Zu den Ziegeln des Langhausdaches bemerkte Münsterbaumeister Friedrich Kempf 1898: „Unter dem Deckmaterial finden sich hier und da verstreut Ziegel, deren untere Hälfte grün und weiß glasiert ist"; sie passten genau in die Umrisse der als Normalmass eingemeißelten Ziegel am südlichen Strebepfeiler der Vorhalle [24]. Auch das Dach – zumindest das des Langhauses – scheint demnach farbig gewesen sein.

3.2 Bemalungen an der Westfassade und am Hauptturm

3.2.1 Vorhalle und untere Westfassade mit Marienkrönung

Die Skulpturen der Vorhalle unten im Westturm haben, wie die Untersuchungen von Andrea Zurl ergeben haben, mindestens zwei polychrome Bemalungsphasen unter der jetzigen Sichtfassung von 1889/90. Auch an den Skulpturen fand sich die charakteristische weiße Schicht [25]. Die Wandflächen der Vorhalle enthielten ehemals Malereien der Erbauungszeit und aus dem frühen 17. Jahrhundert, die 1827 hell überstrichen worden waren. Aus der ersten Ausmalungsphase um 1300 blieb auf der oberen südlichen Schildwand der Turmhalle eine Schutzmantelmadonna fragmentarisch erhalten (Abb. 8 u. 9). Sie gehört zu den frühen Darstellungen dieses Typus, der erstmals für das dritte Viertel des 13. Jahrhunderts nachgewiesen ist [26]. Seit 1889 sind die Wände der Vorhalle steinsichtig. Die Portaltüren, deren rechter Flügel 1724 ersetzt wurde und die oft und immer wieder renoviert worden sind, stammen ebenfalls aus dem frühen 17. Jahrhundert [27]. Noch 1826 erwähnt Schreiber, dass die Türen „mit Stabwerk und bildlichen Darstellungen versehen" seien [28].

Die Gewände und Säulen des Außenportals wurden 1604/09 marmoriert, die Kapitelle vergoldet. Die Aussenarchivolten zeigen noch heute die originale äußerst differenzierte Fassung vom beginnenden 17. Jahrhundert, deren ursprüngliche Leuchtkraft der Farben durch Korrosion der Pigmente heute verloren ist [29] (Abb. 7 u. 18).

Die Marienkrönung im Giebel des Hauptportals war ursprünglich bemalt. In einem Münsterführer von 1878 heißt es zur Marienkrönung: „Die ganze Gruppe war mit Gold und Farben bemalt" [30]. Das Original wurde 1972 ausgebaut und hing bis vor wenigen Wochen im Innenhof des Freiburger Augustinermuseums. Sie wird derzeit von Silke Günther und Andrea Zurl konserviert und auf ihre Farbigkeit untersucht. Übrigens sind die Krabben auf dem Fassadengiebel nicht ursprünglich, sondern eine freie Erfindung von 1972 [31].

Abb. 8: *Fragment einer Schutzmantelmadonna von der südlichen Schildwand der Turmvorhalle (vgl. Abb. 9)*

3.2.2 Zifferblatt der Turmuhr, Konsolen der Sterngalerie und die Skulpturen der Propheten am Glockengeschoß

1971 nahm man anlässlich einer Renovierung das 1851 angebrachte handgeschmiedete Zifferblatt ab. Darunter lagen Reste von mehreren aufgemalten Uhren, die seit dem Einbau des alten Uhrwerks aus der Zeit um 1500 stammten. Das metallene Zifferblatt wurde 1972 durch eine rekonstruierende Fassung ersetzt [32].

Die Rosetten und Konsolbüsten der Sterngalerie am Turm, die z. T. farbig sind, sollen in Kürze auf ihre Fassung untersucht werden (Abb. 7). Die Propheten im Uhrengeschoß wurden unlängst von Zurl untersucht; ihr Bericht mit der Auswertung der Polychromie-Befunde ist in Arbeit.

3.2.3 Inneres der Turmpyramide

Im Innern des Turmhelms wurden 2006 ebenfalls Fassungsreste gefunden, so konnten auf einer Rippe zwischen zwei Maßwerköffnungen in der zweituntersten Maßwerketage der Turmpyramide zwei Fassungen festgestellt werden [33] (Abb. 10 u. 19). Hier liegt als älteste kalkgebundene Schicht eine leuchtend rote Farbe, die hellroten Ocker enthält. Die Oberfläche dieser roten Schicht hat einen ausgeprägten Schmutzhorizont, sie war also eine Sichtfassung. Die folgenden beiden Lagen bilden eine Fassungsschicht. Das Weiß, eine Kalktünche, diente als Grundierung für die zweite dunklere Rotschicht, die Hämatit enthält [34]. Es ist erstaunlich,

Abb. 9: *Rekonstruktionsskizze der Schutzmantelmadonna (vgl. Abb. 8 u. Punkt 3.2.1).*
Anhand verschiedener Fotos konnten Details wie die Krone auf dem Haupt der Maria und die Flügel
des Engels links unten festgestellt werden. Die Personengruppe links unter dem Mantel besteht aus
weiblichen, die rechte Gruppe aus männlichen Figuren. Die gestrichelten Linien in der Skizze
markieren nicht klar zuzuordnende Linien; oben könnten sie von Engeln stammen, die den Mantel
der Madonna hielten.

in dieser Höhe Bemalungen vorzufinden, und dazu noch zwei Fassungen, von denen die jüngere durch einen weißen Voranstrich recht aufwendig ist. Bemerkenswert ist auch, dass auch hier oben im Turmhelm eine weiße Grundierung vorliegt.

In den oberen Bereichen der Helminnenseite, die weitgehend vor Witterung geschützt sind, wurden verschiedenfarbige Anstriche aus verschiedenen Zeiten gefunden. Die Farbe variiert hier von recht dunklem Braun-Roten in sehr dünnschichtigen älteren Aufträgen bis hin zu hellem opaken Rosa, das zur Barockzeit gehört. Die ältere braun-rote Farbe liegt flächig auf dem Stein und hat teilweise noch eine aufliegende Rötelschrift. Manche Rötelschriften liegen auch direkt, ohne eine flächige Farbunterlage, auf dem Stein. Auch gelblich-rote Farbreste wurden gefunden. Die Befundung der Anstriche bzw. der Fassungen im Turmhelm ist ebenso wie die Mörtelklassifizierung, die mit den Farbbefunden zusammenhängt, noch nicht abgeschlossen.

Auf der Außenseite der Turmpyramide wurde keine Fassung (mehr?) gefunden.

3.3 Nordseite
3.3.1 Fassade des nördlichen Mittelschiffs
(Abb. 11 u. 12)
An der Fassade des Langhausmittelschiffs wurde auf den Blattfriesen Farbe nachgewiesen. Herm beschreibt eine rötliche Tönung auf der Steinoberfläche des Frieses, unter der, durch eine Schmutzschicht getrennt, „eine weiße, teilweise dicke Fassung" liegt [35]. Ein kompaktes, dickschichtiges Weiß begegnet uns also auch hier wieder. Auch die Wandfläche des nördlichen Hochschiffs hat kräftig rote Farbreste, die von der Beschreibung her der zweiten Fassungsphase an den Fassaden der Blumenegg und Heimhoferkapelle ähnlich scheinen, denn in beiden Bereichen kommt ein kräftiges Rot vor [36]. Ein 1914 in den Freiburger Münsterblättern veröffentlichtes Foto vom Blattfries der nördlichen Mittelschiffwand zeigt, dass das über dem Fries lie-

Abb. 10 (vgl. Abb. 19 u. Punkt 3.2.3): Turmpyramide, zweites Maßwerkgeschoß, Strebe zwischen nordwestlichem und westlichem Maßwerk

Abb. 11: Ansicht der Nordseite des Münsters, 1977

gende Profil ehemals mit einer hellen Bänderung bemalt war [37] (Abb. 12). Die Bänderung könnte zur Renaissance oder auch zum Manierismus gehören, wie die Malerei auf den Archivolten des Westportals mit dem differenziert gemalten Beschlagwerk (Abb. 18).

3.3.2 Das nördliche Querhausportal
(Abb. 11, 13–15)

Das romanische Portal in der nördlichen Querhausfassade ist plastisch weniger reich ausgestattet, als sein Pendant auf der Südseite. Es ist ein einfaches

nur einmal gestuftes Säulenportal ohne Giebelarchitektur. Allerdings ist der plastische Blattschmuck der Kapitelle und des umlaufenden Kämpferprofils sehr fein ausgearbeitet. Das gotische Wandgemälde im Tympanon des Portals zeigt die thronende Muttergottes zwischen einem Bischof (links) und dem Apostel Johannes, der durch seine Attribute, den Adler und das Buch, erkennbar ist. Rechts außen kniet eine Frau, den Rosenkranz haltend; links außen kniet eine männliche Figur, die ebenfalls betet. Bei diesen Figuren handelt es sich um die Stifter des Gemäldes, die durch die unter ihnen gemalten

Abb. 12 (vgl. Abb. 11, 18 u. Punkt 3.1.6): Aus dem Blattfries am nördlichen Hochschiff. Profil mit hellem Bandmuster. Ch. Herm beschreibt für einen Bereich im Fries des nördlichen Hochschiffs eine rötliche Tönung auf der Steinoberfläche des Frieses, unter der, durch eine Schmutzschicht getrennt, „eine weiße, teilweise dicke Fassung" liegt (vgl. Punkt 3.1.6).

Abb. 13: *Tympanon des nördlichen Querhausportals. Das Bild zeigt die Malerei von Sebastian Lutz, 1868. Aufnahme um 1900.*

Abb. 14: *Tympanon des nördlichen Querhausportals, März 2007. Das Bild zeigt die in den 1970er Jahren freigelegte Malerei des 14. Jahrhunderts.*

Wappen zu identifizieren wären. „Wären", denn leider sind die Wappen noch nicht eindeutig entschlüsselt.

Im Jahre 2003 wurde das Tympanongemälde von Astrid Obermann im Rahmen ihrer Diplomarbeit untersucht. Sie fand Farbspuren aus mehreren Epochen auf dem Bild [38]. Nach Obermanns Untersuchungen kann man drei Bemalungsphasen des Tympanonbildes klassifizieren: eine spätromanisch bauzeitliche, eine gotische und eine neugotische Bemalung.

Zur ursprünglichen Bemalung: Im Bild des Tympanons sind drei eingeritzte Heiligenscheine zu erkennen, die im Streiflicht deutlich sichtbar sind (Abb. 15). Diese Heiligenscheine gehörten zu drei Figuren, die heute nicht mehr sichtbar sind. Die eingeritzten Heiligenscheine gehören zur ursprünglichen Bemalung. Es war in dieser Zeit gebräuchlich, plastische Elemente – in diesem Falle Einritzungen, oft aber auch Applikationen – gemeinsam mit zweidimensionaler Malerei in einem Bildwerk zu verwenden.

Um 1847 schätzte der Kunsthistoriker Franz Kugler das Tympanongemälde ins 13. Jahrhundert [39]. Und Johann N. Müller schreibt 1839 zum Portal: „Die Thüre, welche in den Querbau des Münsters führt, ist in den Verzierungen an den Säulen und dem Quersturze byzantinisch. Oben im Rundbogen ist ein Gemälde, das aber sehr verdorben ist. Es stellt vor, Maria mit dem Kinde in der Mitte sitzend, ihr zur Seite der Evangelist Johannes, hinter welchem eine betende Frau knieet. Auf dem Wappenschilde zu ihren Füßen ist ein Fuchs in gelbem Felde. Gegenüber neben Maria ein Bischof, und hinter diesem kniet ein Ritter in Hauskleidung; das Wappen neben ihm zeigt eine grüne Fahne, auch in gelbem Felde" [40].

Zur gotischen Bemalung: Wohl am Beginn des 14. Jahrhunderts wurde das heute weitgehend sichtbare Bild geschaffen (Abb. 14).

Zur Bemalung des 19. Jahrhunderts: Wir wissen nicht, ob das Tympanon in der Spätgotik, der Renaissance oder im Barock nochmals übermalt worden ist, es scheint jedoch, als sei es seit dem 14. Jahrhundert erstmals wieder 1868 neu gefasst worden (Abb. 13). Der Maler war Sebastian Lutz. Er wiederholte den Inhalt des gotischen Vorgängerbildes – die thronende Muttergottes mit Assistenzfiguren und Stiftern – allerdings in neugotischem Stil [41]. Die Wandflächen seitlich und oberhalb des Portals zeigen nur noch wenige und nicht mehr chronologisch zuzuordnende Fassungsspuren.

Ent-Restaurierung der 1970er Jahre: Die Fassung von 1868 blieb bis in 1970er Jahre bestehen. Weil sie in sehr schlechtem Zustand war, wurde das Bild in dieser Zeit restauriert. Dabei wurde die Übermalung des 19. Jahrhunderts abgenommen.

Aktuelle Restaurierung: Bis zum Jahr 2007 hatten sich nach über 30 Jahren wieder Farbschichten gelöst. Sie wurden fixiert und viele Fehlstellen ausretuschiert. Wir sehen heute einen Mischzustand von mittelalterlicher Bemalung und Retuschen der 1970 Jahre und des Jahres 2007. Die jüngsten Retuschen sind durch ihre Strichtechnik von Nahem ablesbar [42].

3.3.3 Die Farbbefunde an den Fassaden der Blumenegg- und Heimhoferkapelle

Die Fassaden der Blumenegg- und Heimhoferkapelle sind die ersten Kapellen des spätgotischen Chorumgangs an der Nordseite (Abb. 11). Im Frühjahr 2007 sollten sie einer Sanierung unterzogen werden. Dabei stellten die Mitarbeiter der Freiburger

Abb. 15: Ritzung des Nimbus an der Figur des Johannes vom nördlichen Tympanon

Abb. 16 (vgl. Abb. 6 u. Punkt 3.1.3): Untere südliche Querhauswand, Befund mit roter Fassung. Dieses Rot war 1620 beim Bau der Renaissancevorhalle vorhanden.

Münsterbauhütte in verschiedenen Bereichen rote Fugenbemalungen sowie weitere Farbreste auf den Quaderoberflächen fest. Die Verantwortlichen des Münsterbauvereins und die beratenden Denkmalpfleger kamen überein, dass die fragmentarisch erhaltene Fassadenbemalung untersucht und konserviert werden sollten [43].

Die Befundung/Untersuchung der Farbreste ergab, dass die beiden Fassaden bis um etwa 1900 mindestens fünf Mal überarbeitet wurden (Vgl. Tab. 1). Keiner der Befunde enthält mehr die zusammenhängenden Schichtenabfolge, jedoch konnten in der Gegenüberstellung der Einzelbefunde mit den Querschliffen der Naturwissenschaftler die verschiedenen Bearbeitungsphasen weitgehend nachgewiesen werden, von denen die frühesten beiden sicher, und die dritte Phase vermutlich Farbträger waren. Für diese ältesten drei Phasen wurden nur noch in Nähe der Fugen Reste gefunden, so dass das Erscheinungsbild der Quaderflächen hier ungeklärt bleibt. In der vierten Phase waren die beiden Fassaden und auch die Strebepfeilerwand des östlich angrenzenden Genesisportals mit einer hellgrundigen Orange-Gelb-Rosa-farbenen Marmorimitation bemalt.

Phase I – Fugenbereich – bauzeitlich?
(Tab. 1, Schicht 1–2)
Für die erste nachweisbare Fassadenbemalung, die vermutlich nach Fertigstellung des neuen Chores um 1530–1540 entstanden ist, konnten wir eine kräftig rote Fugenbemalung auf einem weißen Fugenmörtel feststellen. Über das Aussehen der Flächen in der ersten Fassungsphase konnten keine Erkenntnisse gewonnen werden.

Ein Blick auf die Bau- und Nutzungsgeschichte: Die Blumeneggkapelle des neuen Chores war bereits sehr früh in Nutzung. Bis 1464, vielleicht sogar da-

rüber hinaus, war sie die einzige Kapelle im neuen Chor, die mit einem Altar ausgestattet war [44]. Erst 1512 wurde die Wand vom nördlichen Hahnenturm in den neuen Chor durchstoßen [45] und das Fenster über dem östlich an die Blumeneggkapelle anschließenden Schöpfungsportal erfolgte wahrscheinlich 1515 [46]. In einem Bericht von 1754 heißt es, dass der Friedhof im Jahre 1514 „neu aufgerichtet und angeleget worden" sei [47]. Es gibt somit einige Anhaltspunkte, dass in diesem Bereich der nördlichen Münsterseite in den Jahren um 1515 viel gearbeitet wurde und möglicherweise beinhaltete dies auch die Fassung der Fassaden.

Zeitgleich mit der Fertigstellung des neuen Chores und den oben erwähnten Arbeiten auf dem Friedhof wurde dieser 1515 aus hygienischen Gründen durch Erlass Kaiser Maximilians I. geschlossen, nachdem die Freiburger dort seit über 350 Jahren bestattet worden waren [48]. Nur Adelige, Kleriker und reiche Bürger konnten weiterhin im Münster bestattet werden. Auch nach seiner Schließung blieb der ‚Kilchhof' wichtiger Bestandteil des liturgischen und öffentlichen Lebens. Vielleicht wurde das Beinhaus mit der Andreaskapelle (Abb. 2), das vor der Blumenegg- und Heimhoferkapelle stand, sogar weiterhin für die Überführung der Gebeine vom neuen Friedhof außerhalb der Stadtmauer benutzt. Es fanden regelmäßig Prozessionen mit „Misere" und „Collecte" statt. Die Tür des nördlichen Querhauses hieß früher Tür von St. Andreas, war also nach der Kapelle des Beinhauses benannt [49].

Phase II – Fugenbereich – Renaissance
(Tab. 1, Schicht 3 bis 6; Abb. 21–22)
Die zweite nachweisbare Fassung hat einen komplexeren Aufbau. Hier wurden die Fugen zunächst mit einem hellen rosa Mörtel verstrichen, dem Ziegelmehl beigemischt ist. Darauf liegt eine reinweiße Tüncheschicht, auf die erneut ein kräftiges Rot (Ei-

Tab. 1: *Tabelle mit Interpretation der Schichtenabfolge in Querschliffen und Befunden von*

	Freiburg i. B. - Münster Unser Lieben Frau					
Schicht	Materialprobe 0018 Pfeiler, Fugenbereich, Labor: HBK Dresden, Dr. S. Hoblyn. QS9459, Aug. 2007. Vgl. Abb. 21 u. 22	*0018 Interpretation Hoblyn*	*0018 Interpretation Quatmann*	Materialprobe 0012, Fugenbereich, Fensterprofil. Labor Prof. E. Jägers, Bornheim. QS 0012, Juni 2007.	*Materialprobe 0012 Interpretation Jägers nach schriftlichem Bericht u. Telefonat 03.07.07*	Probe 0013, Fugenbereich, Ecke Wand/ Pfeiler. Labor Prof. E. Jägers, Bornheim. QS 0013, Juni 2007.
15						
14	Rot mit Schwarz und Weiß	*Schlämme*	*Mörtel u. Schlämme*	Dunkelviolette Schicht, stark vergraut	*Anstrich, Schlämme*	Rot mit vergrauter Oberfläche. (Zement ? J.Q.)
13	Weiß; im Querschliff nur teilweise nachweisbar	*ohne Interpretation*	*Farbschicht der Marmorierungs- phase*			
12	Rosa mit Orange	*Malschicht*	*Farbschicht der Marmorierungs- phase*			
11	Weiß mit Orange	*Tünche*	*Farbschicht u. / o. Grundanstrich der Marmo- rierungsphase*			
10	Dünne helle Schicht; im Querschliff nur teilweise nachweisbar	*Grundierung oder Festigungsmittel*	*Grundierschicht der Marmorierungs- phase*			Weiße Schicht, eingedrungen ins Craquelee des Schwarzen
9						
8						
7				Rosa Mörtel, enthält Ziegelmehl; stark versinterte (transparente) Schicht; enthält Calciumcarbonat und Calciumsilikat: Zementschlämme?	*Hinweise auf Zementmörtel*	
6	Schwarz mit Rot/ Orange	*Malschicht*				
5				Kräftig kompakte rote Tüncheschicht (Eisenoxidrot); enthält grobe graue Quarzkörner.	*Malschicht. Kräftig rote Schicht (Eisenoxidrot) u. reines Weiß gehören zu einer Fassungsphase*	Kräftig rote Schicht
4				Reinweiße Tüncheschicht; enthält grobe graue Quarzkörner.		Reinweiße Tüncheschicht. Enthält grobe graue Quarzkörner. Nur in QS 0013a
3	Rötlich mit Orange	*Malschicht*	*Nach QS-Foto und Befunden eher ein Mörtel oder eine Schlämme*	Heller, rosa Mörtel; enthält Ziegelmehl u. rundliche Quarzkörner	*Mörtel*	Heller, rosa Mörtel; enthält rundliche Quarzkörner
2	Rot	*Malschicht*	*Malschicht*			
1						
0	Roter Sandstein	*Träger*	*Träger*			

den ersten beiden nördlichen Chorfassaden (Heimhofer- u. Blumeneggkapelle).

Untersuchung der historischen Bemalungen auf den Fassaden der ersten beiden nördlichen Chorkapellen

Befunde aus Fugenbereichen: 016, 018, 025, 026, 028, 035, 036, 037, 038, 040, 041 Befunde auf Quaderflächen: 019, 021, 032, 039 044, 045	Beschreibung der einzelnen Phasen	Schicht
Rosa Farbe/ Tünche, sehr dick aufgetragen; weich u. schwach gebunden.	**Phase VI.** Nach 1945 Partielle Übertünchungen von Abbrüchen u. Steinschäden nach 1945	15
Caputmortuum-farbener Mörtel, oberflächlich sehr hart u. dunkel , innwendig dunkelrosa u. oft weich. Auch als Flickmörtel verwendet. Zement?	**Phase V.** Verfugungen vermutlich aus der zweiten Hälfte des 19. Jhd.	14
Weiße Tünche (nur in Bef. 028)	**Phase IV.** Barock? Der Mörtel unterscheidet sich deutlich von den beiden Vorhergehenden. Er ist heller, eher gelblich-beige und sehr fett/ weich.	13
	Die leicht gelbliche Grundtünche ähnelt dem Mörtel farblich. Auf dieser Tünche findet man partiell Rosa, Ockergelb u. ein kräftiges Orange /Rotocker. Auf den Flächen erhaltene Reste dieser Farben zeigen noch schwach, aber gut erkennbar, dass es sich um eine gemalte Marmorierung gehandelt hat. Sie ist auf den Steinoberflächen der beiden Fassaden, den Strebepfeilerwänden, auf den Gesimsen und an den Fensterprofilen nachweisbar. Erkenntnisse über eine weitere Strukturierung wie Fugenstriche, farbliche Absetzungen der Fenster o.ä. wurden nicht gewonnen.	12
Rosa Farbschicht auf dem beigen Mörtel u. auch auf der angrenzenden Steinfläche; stellenweise auch kräftiges Orange u. Gelb auf der Fläche. Das Weiß der Grundierung blieb zwischen den rosafarbenen, orangefarbenen u. gelben Steinimitationen partiell sichtbar.		11
Gebrochen weiße Tünche		10
Heller Mörtel, mit Hinweisen, dass er als Schlämme benutzt wurde; leicht beige, sehr weich; erscheint oft leicht rosa; auch als Flickmörtel verwendet. Mörtel der Marmorierungsphase.		9
Rot, kräftig, aber etwas heller als Schicht 2	**Phase III.** Nur vage Hinweise auf ein wiederum kräftiges Rot im Fugenbereich. Der Mörtel ist demjenigen der vorhergehenden Phase farblich und strukturell sehr ähnlich, aber ein Nuance orangefarbener u. meist weicher. Keine Ergebnisse zur Farbigkeit der Steinoberflächen. Handelt es sich um eine Ausbesserungsphase?	8
Heller rosa Mörtel, weich, augenschein. Anteile von Ziegelmehl (vgl. Bef. 018, 035, 037 u. Probe 0012)		7
Schwarz-Rot	**Phase II.** Renaissance, letztes Drittel des 16. Jhds.? Kräftiges Rot mit aufliegender schwarz-roter (= dunkelroter) Farbe im Fugenbereich. Schwarz-rot vielleicht ein gemalter Randschlag? Der Mörtel ist oft sehr hart. Keine Ergebnisse zur Farbigkeit der Steinoberflächen.	6
Rot, kräftig; erscheint mitunter zweischichtig u. unterschiedlich hell (Bef. 018, 038)		5
Verschiedene Lagen sehr weißer Schichten. Kompaktes Schichtenpaket. Bleiweiß?		4
Heller, rosa Mörtel, feine Zuschläge u. augenscheinlich Anteile von Ziegelmehl; etwas bläulicher als der jüngere rosa Mörtel aus Schicht 7 Liegt in vielen Fugen u. angrenzenden Flankenbereichen. Stein darunter ist diesen Bereichen überall gut o. relativ gut erhalten. Auch als Flickmörtel u. Füllung Gerüstloch.		3
Rot , fest gebunden. Erscheint mitunter zweilagig (Bef. 016)	**Phase I.** Bauzeitlich? Um 1515 oder um 1540? Kräftig rote Farbe im Fugenbereich. Keine Ergebnisse zur Farbigkeit der Steinoberflächen.	2
Mörtel, weiß, hart		1
Gelber u. roter Sandstein		0

senoxidrot) gemalt wurde, das dem Rot der Vor-gängerfassung sehr ähnlich sieht. Auf diesem Rot liegt eine sehr dunkle schwarz-rote Schicht, die klar begrenzt ist und ein Fugenstrich ist, der wahrscheinlich einen Randschlag imitieren sollte [50], wie es vor allem in der Renaissance beliebt war. Aber wie weit sah man noch das darunter nachgewiesene kräftige Rot? War das Schwarz-Rot nur ein breiter Schattenstrich und das kräftige Rot zog sich weiter bis auf die Fläche? Ja, hat man sich eine kräftig rote Fassadenbemalung mit schwarz-rot gemalten Randschlägen vorzustellen? Oder gab es neben dem kräftigen Rot und dem schwarz-roten Randschlag auf der weißen Grundfarbe noch andere gemalte dekorative, emblematische oder darstellende Gestaltungselemente wie Wappen oder Inschriften?

Zeitliche Einordnung: Diese Fassung würde zu den um die Mitte des 16. Jahrhunderts belegten zahlreichen Erneuerungen an der Nordseite des Münsters bzw. auf dem damaligen Friedhof passen. Noch fragmentarisch erhalten sind zwei gemalte Wappen der Zunft der Maler und der Zunft der Bauleute von 1537, die sich auf dem Maßwerk des Malerfensters im fünften von Westen gezählten Joch des nördlichen Seitenschiffes befinden.

Wie oben erwähnt war das Basler Domkapitel seit 1529 in Freiburg und es erhielt die Heimhoferkapelle als Sakristei. Diese wurde zu dem Zweck innen zweigeschossig umgebaut [51]. Es gab weiterhin Prozessionen auf dem Friedhof. Wegen Seuchengefahr verbot die Stadt 1565 und 1576 die Samstagsprozession der Schulkinder [52]. Im Beinhaus und der Andreaskapelle wurden weiterhin öffentlich Almosen verteilt [53] (Abb. 2). Um 1570 ließ das Basler Domkapitel die Andreaskapelle vergrößern. Für das späte 17. oder frühe 18. Jahrhundert sind erneut Baumaßnahmen an der Westfassade nachgewiesen [54].

Phase III – Fugenbereich *(Tab. 1, Schicht 7–8)*
Zu der dritten Bearbeitungsphase der Fassaden haben wir nur vage Hinweise auf eine Fassung. Der Ausbesserungsmörtel dieser Phase, der wieder mit Ziegelmehl versetzt ist, kommt demjenigen der Periode II farblich und strukturell sehr nah, ist aber eine Nuance orangefarbener und meist weicher. Darauf liegt wiederum ein kräftiges Rot. Auch für diese Periode liegen keine Ergebnisse zur Farbigkeit der Steinoberflächen vor. Vielleicht handelt es sich nur um eine Ausbesserungsphase der Phase II.
Zeitliche Einordnung: Die chronologische Einordnung dieser Phase ergibt sich nur aus dem Post bzw. Ante Quam der Perioden II und IV.

Phase IV – Fugen- und Flächenbereich – Spätbarock, Rokoko oder Klassizismus?
(Tab. 1, Schicht 9–13)
In der vierten Phase waren die beiden Fassaden

und auch die Strebepfeilerwand des östlich angrenzenden Genesisportals mit einer hellgrundigen Orange-Gelb-Rosa-farbenen Marmorimitation bemalt. Der Mörtel unterscheidet sich deutlich von den beiden eingefärbten Vorhergehenden. Er ist heller, eher gelblich-beige und sehr fett/weich. Die auf vielen Flächen nachweisbare elfenbeinfarbene Grundtünche ähnelt dem Mörtel farblich. Auf dieser Tünche findet man partiell Rosa, Ockergelb und ein kräftiges Orange. Auf den Flächen erhaltene Reste dieser Farben zeigen noch schwach, aber gut erkennbar, dass es sich um eine gemalte Marmorierung gehandelt hat. Sie lässt sich auf den Steinoberflächen der beiden Fassaden, den Strebepfeilerwänden, auf den Gesimsen und den Fensterprofilen nachweisen. Erkenntnisse über Akzentuierungen wie Fugenstrichen, farbliche Absetzungen der Fenster o. ä. wurden nicht gewonnen. Es macht den Eindruck, als sei sie ganzflächig, auch über die Profile hinweg gelaufen. Trotz der relativ spärlichen Reste soll noch versucht werden die Struktur des gemalten Marmors, seinen Rhythmus in der Anordnung von Rosa, Gelb und Orangerot sowie die Gestaltung der Aderzüge etc. in Pläne aufzunehmen.

Zeitliche Einordnung: Hinsichtlich der Geschichte Freiburgs und der vielen kriegerischen Auseinandersetzungen in dieser Zeit kann eine Bemalung kaum vor der zweiten Hälfte des 18. Jahrhunderts erfolgt sein [55]. 1752 wurde die bis dahin in der Nähe der Fassade stehende und beim Bombardement 1744 vermutlich beschädigte Beinhauskapelle abgetragen.

Auch für einen Zusammenhang der Fassadenbemalung mit dem Besuch der Marie Antoinette 1770 in Freiburg gibt es keine archivalischen Belege. Zwar plante man 1769 aus Anlass des hohen Besuches die Kirchhofmauer abzubrechen und den Friedhof zu einem freien Platz umzugestalten, um Raum für zwei Marmorstatuen von Maria Theresia und Joseph II. zu gewinnen. Außerdem sollte der Platz mit „allée-weissen" Bäumen bepflanzt werden. Diese Pläne wurden aber nicht umgesetzt [56]. Die Friedhofsmauer wurde schließlich 1789 entfernt und der Platz planiert und gepflastert [57].

Phase V – Fugen- und Flächenbereich
(Tab. 1, Schicht 14)
Ausfugungen und Ausflickungen im Stein aus der zweiten Hälfte des 19. Jhd. mit einem dunklen, rotbraunen harten Mörtel (Zement?).

Phase VI – Farbliche Ausbesserungen auf der Fläche nach dem 2. Weltkrieg
(Tab. 1, Schicht 15)
Rosa Tünche in Abbrüchen und auf nachgedunkeltem Mörtel des 19. Jhd.

3.3.3.1 Zu den historischen Bemalungen des Schöpfungsportals (Abb. 11 u. 20)

Die Befundsituation am Genesisportal ist sehr viel ärmer als die eben beschriebene der Fassaden von Blumenegg- und Heimhoferkapelle. Das Portal wurde in den frühen 1970er Jahren renoviert [58]. Dabei wurden die Fassungsreste weitgehend zerstört, sodass Fassungsabfolgen nur sehr eingeschränkt bestimmbar sind. Es können nur zwei Fassungen nachgewiesen werden, eine vermutlich spätmittelalterliche und eine neuzeitliche; bei einer dritten Phase scheint es sich um eine Ausbesserung zu handeln. Allerdings steht der genaue Vergleich der Befunde am Genesisportal mit denen an den Fassaden der Blumenegg- und Heimhoferkapelle noch aus.

Zur frühesten Bemalung: Die Fugen im gesamten Portalbereich und auch der angrenzenden Kapellenmauern waren ursprünglich mit einem sehr feinkörnigen rosa Mörtel gefüllt. Ebenso finden sich auf der Portalwand und auch im Maßwerk des Fensters rosa Farbreste direkt auf dem hier gelben Sandstein (Abb. 20) [59]. Diese Farbgebung wurde auch auf rotem Sandstein beobachtet. Mörtel und Farbe sind dem roten Sandstein angepasst [60]. Als Pigmente wurden roter Ocker und Pflanzenschwarz und Spuren von Protein im Bindemittel chemisch nachgewiesen. Auch die Skulpturen hatten eine rötliche Fassung, die eine Sichtfassung und keine Untermalung war. Zu dieser, die Farbe des roten Sandsteins aufnehmenden rosa Bemalung gehörten möglicherweise andersfarbige Augenzeichnungen und Lippen, jedoch wurden keinerlei Reste solcher Zeichnungen gefunden. Auch wurden keine Reste einer Fugenbemalung aus dieser Zeit festgestellt. Das Portal war schon einige Jahre, wahrscheinlich jahrzehntelang, der Witterung ausgesetzt gewesen als die erste Farbe aufgetragen wurde, denn das Rosa liegt sowohl auf der unverwitterten als auch auf der verwitterten Steinoberfläche. Vermutlich geschah die erste Bemalung erst zeitnah zur Fertigstellung der nördlichen Eingangskapelle 1515 [61].

Zu den jüngeren Farbbefunden: Nach der oben beschriebenen wahrscheinlich spätmittelalterlichen rosa Fassung hat man das Portal im Bereich der Skulptur und der Gewände weiß gekalkt. Dieses Weiß war Grundierung und partiell auch die Sichtfassung. Im Vergleich mit den Befunden an den westlich an das Schöpfungsportal anschließenden Fassaden der Blumenegg- und Heimhoferkapelle handelt es sich bei diesen Resten wahrscheinlich um die dortige Fassungsphase IV mit der hellgrundigen Orange-Gelb-Rosa-farbenen Marmorimitation.

Auf dieser hellen Fassung findet man am Portal in einigen Bereichen erneut weiße Farbreste, die jedoch nur unten am äußeren westlichen Profilbogen

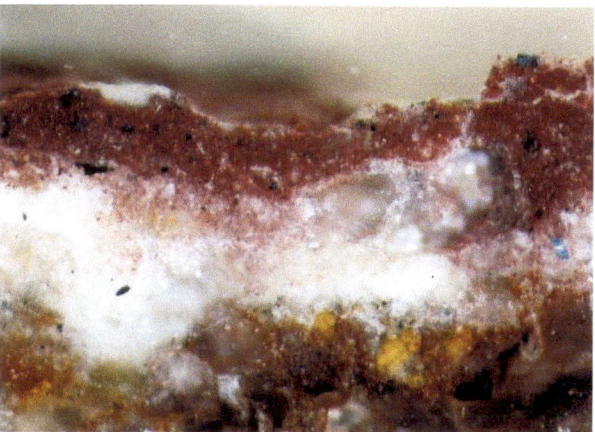

Abb. 17. *(vgl. Punkt 3.1.4): Südlicher Hahnenturm, frühgotische Erhöhung; Querschliff einer Materialprobe. Auf rotem Sandstein (mit gelben Einschlüssen) liegt hier eine weiße Kalkschicht, bei der es sich um auf die Fläche gezogenen Fugenmörtel handelt. Darauf liegt ein kräftiges Rot, das aus leuchtend rotem Ocker besteht.*

Abb. 18: *(vgl. Punkt 3.2.1): Ausschnitt aus den Archivolten am Eingang in die Turmvorhalle. Dekorationsmalerei von 1604/09, deren Musterungen teilweise noch gut erkennbar sind. Das stilisierte und antikisierende Blüten-, Ranken- und Beschlagwerk entspricht dem Formenrepertoire der Renaissance. Die ehemals leuchtenden Farben wie Weiß, Blau und Grün sind heute korrodiert.*

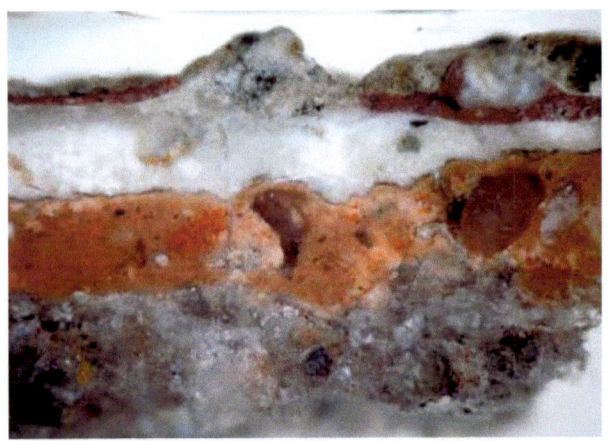

Abb. 19 *(vgl. Abb. 10 u. Punkt 3.2.3): Querschliff einer Materialprobe von der Innenseite der Turmpyramide. Bei der direkt auf dem roten Sandstein liegenden Erstfassung handelt es sich um ein leuchtendes Rot (Ziegelmehl in Kalkbindung) mit einem ausgeprägten Schmutzhorizont, also um eine ehemalige Sichtfassung. Darauf folgt eine weiße Grundierschicht (Kalktünche, stark vergipst) und darüber dunkleres, zweites Rot, das Hämatit enthält. Die weiße Kalktünche und das Hämatitrot gehören zu einer Fassungsphase.*

Abb. 20 *(vgl. Punkt 3.3.3.1): Querschliff einer Materialprobe aus dem Profil des Spitzgiebels am Genesisportal (westl. Hälfte, große Kehle). Die Oberfläche des hier gelben Sandsteines war ehemals rot gefärbt. Analytisch wurden in der Fassung roter Ocker, Pflanzenschwarz und Spuren von Proteinen nachgewiesen.*

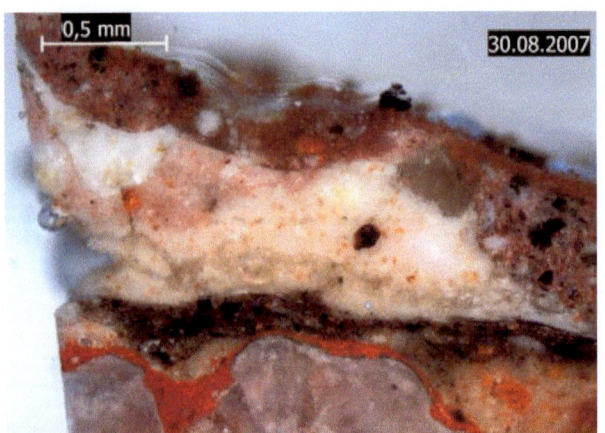

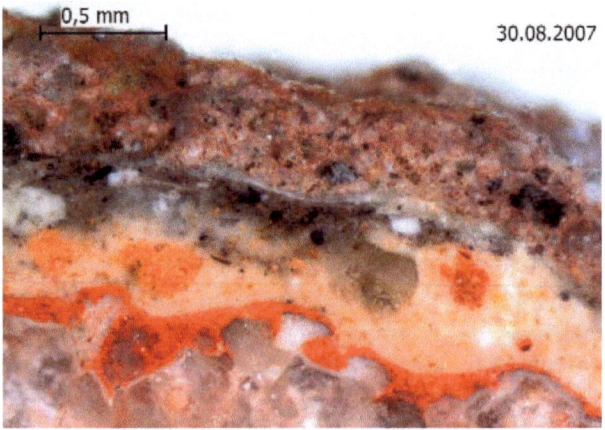

Abb. 21 *(vgl. Abb. 22; Tab. 1, 0018; Punkt 3.3.3): Querschliff Materialprobe 0018 von der westlichen Strebepfeilerwand der Heimhoferkapelle. Linker Bereich des Querschliffs. - Roter Sandstein, - Rot, - rötlich mit Orange (Mörtel), - Schwarz mit Rot/Orange (Farbschicht/ Fassung) - Dünne helle Schicht (?), - Weiß mit Orange (Mörtel), - Ro-sa mit Orange (Farbschicht), - Weiß, nur ganz links im Schliff (?), - Rot mit Schwarz u. Weiß (Schlämme).*

Abb. 22 *(wie Abb. 21): Hier handelt es sich um den mittleren Bereich des Querschliffs. - Roter Sandstein, - Rot, - rötlich mit Orange (Mörtel), - Schwarz mit Rot/ Orange (Farbschicht/ Fassung) - Dünne helle Schicht (?), - Weiß, nur ganz links im Schliff (?), - Rot mit Schwarz u. Weiß (Schlämme).*

und am Gewändeprofil vorkommen. Auch dieses Weiß scheint Sichtfassung und Untermalung gleichzeitig gewesen zu sein, denn hier ist noch ein kräftiges bräunliches Rot zu sehen. Gleichzeitig gibt es Bereiche, wo keine weitere Farbe mehr auf dem Weiß liegt. Wir konnten nicht mehr eindeutig feststellen, ob es überall oder nur an einigen Stellen wie an den Profilläufen aufgetragen wurde.

3.4 Zusammenfassung

Die Beobachtungen zu ehemaligen farblichen Gestaltungen am Freiburger Münster sind natürlich für das Münster selbst, aber auch für die darüber hinausgehende vergleichende Forschung zu Fassadenmalereien an Kirchengebäuden wichtig. Viele Befunde sind bereits vorhanden und warten darauf, systematisch zusammengeführt zu werden. Vieles bleibt noch zu untersuchen.

In den meisten dargestellten Bereichen haben wir es mit mindestens zwei Fassungsphasen zu tun. Es gibt einige Hinweise auf sehr frühe wenn nicht sogar bauzeitliche Bemalungen; dies spricht für eine bereits vorhandene Tradition, die Fassaden zu bemalen. Ob die in vielen Befunden nachgewiesenen weißen Schichten zu einer Fassungsperiode oder eher zu einer Technologieperiode gehören, ist noch nicht geklärt.

Bei den gewonnenen Erkenntnissen muss man sicher immer vergegenwärtigen, dass das Freiburger Münster bis 1827 eine Pfarrkirche war und erst danach eine Bischofskirche.

Anmerkungen

[1] Kürten, Luzius: Konservierung von Buntsandstein am Freiburg Münster, in: Grassegger, G., Patitz G., Wölbert, O. (Hrsg.) Natursteinsanierung Stuttgart 2007. Neue Natursteinrestaurierungsergebnisse und messtechnische Erfassung. Tagung am 16. März 2007 in Stuttgart, S. 123–132.

[2] Grueber, Bernhard: Vergleichende Sammlungen für christliche Baukunst. Teil 1 (ohne Titel), Teil 2 (Die Constructionslehre), Augsburg 1839 u. 1840, Teil 2, S. 48 f.

[3] Vgl. - Herm, Christoph: Anstriche auf Naturstein – Untersuchungen zur Zusammensetzung historischer Fassungen, Kolloidchemie von Kalkfarbe und Bauphysik. Dissertation an der Ludwig-Max.-Universität München 1997. - Ders.: Die Farbigkeit der Fassade in der Restaurierung, in: Pigmente an der historischen Fassade, Restauro-Extra März 2007, 4–13. - Hotz, Tobias: Ölen von Sandstein als Witterungsschutz am Berner Münster. Diplomarbeit an der Hochschule für Künste Bern, Fachbereich Konservierung und Restaurierung, September 2006; http://www.hkb.bfh.ch/fileadmin/PDFs/Konservierung/Diplom_2006/HOTZ_TOBIAS_2006_Diplomarbeit_klein.pdf

[4] Morsch, Dieter Gerhard: Die Portalhalle im Freiburger Münsterturm. Münster, New York, München, Berlin 2001. Studien zur Kunst am Oberrhein, Bd. 1. Zugleich Dissertation an der Universität Freiburg i. B., 2000, S. 17 ff. - Quatmann, Johanna: Literaturbericht und Quellen zur Farbigkeit, in: „Edle Faltenwürfe, abentheuerlich bemalt...". die Turmvorhalle des Freiburger Münsters. Untersuchung und Konservierung der Polychromie. Landesdenkmalamt Baden-Württemberg (Hrsg.), Esslingen/ N. 2004, S. 19–54, S. 29 u. 32.

[5] Flum, Thomas: Der spätgotische Chor des Freiburger Münsters, Baugeschichte und Baugestalt, Berlin 2001, zugleich Dissertation Universität Freiburg i. B., 1999, S. 15.

[6] Ebd.

[7] Wie Anm. 1.

[8] Grether, Eberhard: Zur Farbigkeit am Freiburger Münster, in: Edle Faltenwürfe... wie Anm. 4, Beschreibung der Fassungen: S. 148 ff.

[9] Ebd., S. 149.

[10] Ebd., S. 146 ff. - Untersuchung Christoph Herm: Jahresberichte aus dem Forschungsprojekt Steinzerfall – Steinkonservierung. Ein Förderprojekt des Bundesministers für Forschung und Technologie. Verbundforschungsprojekt Steinzerfall und Steinkonservierung. Stuttgart, 1991–1998. Bd. 2, 1990, S. 340 f. - Vgl. auch unveröffentlichter Bericht E. Grethers beim Münsterbauverein Freiburg um 1990.

[11] Jahresberichte.. wie Anm. 10, S. 340 f.

[12] Grether wie Anm. 8, S. 147.

[13] Marmon, Joseph: Unserer lieben Frauen Münster zu Freiburg im Breisgau, Freiburg 1878, S. 15. - Schuster nennt 1512 als Rechnungsjahr für die Sonnenuhr, vgl. Schuster, Karl: Der romanische Teil des Freiburger Münsters, in: Freiburger Münsterblätter 3.1907, S. 54.

[14] Schreiber, Heinrich: Geschichte und Beschreibung des Münsters zu Freiburg i. Br., Freiburg 1820, S. 140.

[15] Vgl. Mittmann, Heike: Das Münster zu Freiburg im Freiburg. Bearbeitet von Heile Mittmann, Freiburger Münsterbauverein (Hrsg.), 1.2000, S. 11 ff.

[16] Grether wie Anm. 8, S. 149.

[17] Marmon wie Anm. 13, S. 16.

[18] Erzbischöfliches Archiv, Freiburg, Ordinariatsakten, Nr. 2836 Vol I., zitiert nach Schneider, Wolfgang: Die Sonnenuhren am Freiburger Münster, in: Münsterblatt, 9.2002, S. 11.

[19] Christliche Kunstblätter (Beilage zum Freiburger Kirchenblatt), 24.1863, Seite 93.

[20] Untersuchungsbericht Quatmann 23.07.05; Anlage zum Konservierungsbericht südlicher Hahnenturm 2003–2005 von L. Kürten (unveröffentlicht).

[21] Hotz, wie Anm. 3, S. 54.

[22] Vgl. Untersuchungsbericht Grether zum südlichen Mittelschiff 1990 beim Münsterbauverein Freiburg (unveröffentlicht).

[23] Institut für Allgemeine u. Angewandte Geologie der Ludwig-Max.-Universität München, BMFT-Projekt BAU 5015 J, Bericht Christoph Herm (unveröffentlicht) vom 25.04.1991, S. 10. - Jahresberichte… wie Anm. 10, S. 340 f. - Vgl. auch Punkt 3.3.3 in diesem Artikel.

[24] Kempf, Friedrich: Unser Lieben Frauen Münster zu Freiburg i. B., Freiburg 1898, S. 296 mit Angabe der Maße der gefundenen Ziegeln. - Marmon wie Anm. 13, S. 4.

[25] Zurl, Andrea: Befunde zu älteren Fassungen, in: Edle Faltenwürfe…wie Anm. 4, S. 83 – 91.

[26] Vgl. Quatmann wie Anm. 4, S. 29 ff. - Tutt, Gundula; Ehrat, Alexander: UV_Fotografie in: Edle Faltenwürfe… wie Anm. 4, S. 63–66. - Parello, Daniel: Schutzmantelmadonna, in: Bäumer, Remigius u. Scheffczyk, Leo (Hrsg.): Marienlexikon, St. Ottilien 1994, S. 82–87. - Belting-Ihm, Christa: 'Sub matris tutela' : Untersuchungen zur Vorgeschichte der Schutzmantelmadonna, Heidelberg 1976 (Abhandlungen der Heidelberger Akademie der Wissenschaften, Philosophisch-Historische Klasse, 3.1976). - Lexikon der christlichen Ikonographie, Bd. 4, Allgemeine Ikonographie. Freiburg 1972, Sp. 128–133. - Schmitt, Otto: Gotische Skulpturen des Freiburger Münsters, Bd. I., Bd. II., Frankfurt/M. 1926, Bd. 1, S. 62, Bd. 2, Tafel 249, 252. - Krebs, Maria mit dem Schutzmantel, in: Münsterblätter 1.1905, 27–35. - Vgl. auch Kempf, Maria mit dem Schutzmantel, ein Sculpturenwerk am Freiburger Münster, in: Schau-ins-Land 18.1893, 25–28.

[27] Kempf, Friedrich u. Schuster, Karl: Das Freiburger Münster. Ein Führer für Einheimische und Fremde, Freiburg i. Br. 1906, S. 93 und Abb. 7.

[28] Zur Turmvorhalle: „Ueber den an den Wänden fortlaufenden Bogenstellungen erheben sich Bildsäulen; dann kommt die innere perspektivisch angeordnete Pforte, welche wieder mit Stabwerk und bildlichen Darstellungen versehen, und durch einen mit der Bildsäule der Jungfrau Maria geschmückten Zwischenpfeiler getheilt ist. So daß sie zwei Thüren bildet." Aus: Schreiber, Heinrich: Freiburg mit seinen Umgebungen, Freiburg 1825, S. 107 f.

[29] Günther, Silke u. Langhammer, Nadine: Außenarchivolten: Befunde und Maßnahmenkonzeption, in: Edle Faltenwürfe…wie Anm. 4, S. 83–91.

[30] Marmon wie Anm. 13, S. 8.

[31] Triller, Heinz: Hundert Jahre Freiburger Münsterbauverein e.V. - Hundert Jahre Freiburger Münsterbauhütte, in: Ott, Hugo (Hrsg.):100 Jahre Freiburger Münsterbauverein. 1890 – 1990, Freiburg 1990, S. 62.

[32] Badische Zeitung 27.05.1971 und 18.08.1972. - Müller, Johann Nepomuk: Führer durch die erzbischöfliche Dom- und Münsterkirche zu Freiburg im Breisgau. Eine kurze Darstellung des Merkwürdigsten in und an derselben, Freiburg i. Br., 1839, S. 24 berichtet von einer Renovierung der Turmuhr im Jahre 1729.

[33] Materialprobe 0010 Juni 2006, Labor Schramm Dresden QS 4052 u.; Analyse Labor Jägers, Bornheim; beide Untersuchungen ergaben ein übereinstimmendes Ergebnis.

[34] Hotz wie Anm. 3, S. 130–153, ausführliche Untersuchung der Farbigkeit am Berner Münsterturm.

[35] Bericht Herm (unveröffentlicht) vom 25.04.1991, wie Anm. 23, S. 10. - Vgl. auch Jahresberichte… wie Anm. 10, S. 340 f.

[36] Bericht Herm (unveröffentlicht) vom 25.04.1991, wie Anm. 23, S. 8 f. - Jahresberichte… wie Anm. 10, S. 340 f. - Vgl. Schichtenabfolge Punkt 3.3.3., Phase II. in diesem Artikel.

[37] Münsterblätter 2.1914, S. 53.

[38] Obermann, Astrid: Werk- und fassungstechnologische Untersuchung am nördlichen Querhausportal des Freiburger Münsters und Erstellung eines Konservierungskonzeptes für die Tympanonmalerei. Diplomarbeit, FH Potsdam, 2003.

[39] Kugler, Franz: Handbuch der Geschichte der Malerei, umgearbeitet und vermehrt von Jacob Burckhardt, Berlin 2.1847, S. 199.

[40] Müller, Johann Nepomuk wie Anm. 32, S. 80.

[41] Christliche Kunstblätter (Beilage zum Freiburger Kirchenblatt) 74.1868, S. 102.

[42] Ausführende Restauratoren der Konservierung des gesamten Portals: Elke Thiessen, Kandern; Luzius Kürten, Stegen; Johanna Quatmann, Freiburg.

[43] Münsterbaumeisterin Yvonne Faller; Werkmeister Christian Leuschner; Otto Wölbert, Restaurator beim RP Stuttgart, Landesamt für Denkmalpflege, Fachgebiet Restaurierung; Dagmar Zimdars RP Freiburg, Referat 25, Denkmalpflege.

[44] Flum wie Anm. 5, S. 44.

[45] Ebd., S. 46.

[46] Ebd., S. 78 u. S. 167, Nr. 53–54.

[47] Albert, Peter P.: Maldoners Bericht über das

Freiburger Münster 1754, in: Freiburger Münsterblätter 1.1905, S. 90–92, S. 92.

[48] Ecker, Ulrich: Andreas-Kapelle, Esel und Bäckerlicht, in: Geschichte der Stadt Freiburg im Breisgau, Bd. 1, Freiburg 1996, S. 376–379.

[49] Butz, Erwin: Das Jahrzeitbuch des Münsters zu Freiburg im Breisgau (um 1455–1723), 2 Bde., Teil A Kommentar, Teil B Text. Freiburg/ München 1986, zugleich Dissertation Universität Freiburg i. B. 1982, Teil A, S. 198 u. 200.

[50] Vgl. zu dem Schwarz-Rot Befund in Materialprobe 0011, Analyse Labor Prof. E. u. E. Jägers, Bornheim. QS 0011, 07.12.05, in: Untersuchungsbericht E. Grether: Freiburger Münster ULF, Chor Nordseite, Fassade. Protokoll von Probeentnahmen und deren Interpretation, Februar 2006.

[51] Hart, Wolf (Photos). Die künstlerische Ausstattung des Freiburger Münsters. Mit einem Beitrag von Adam, Ernst, Freiburg 1981, S. 121.

[52] Kraemer, Fritz: Pestbekämpfung und Abwehr in Freiburg 1550 bis 1750, Dissertation Universität Freiburg 1987, S. 117, S. 122.

[53] Butz wie Anm. 49, S. 200.

[54] Burgmaier, Ralf: Der Freiburger Münsterplatz im Mittelalter – ein archäologisches Mosaik, in: Münsterblatt 3,1996, S. 9.

[55] Quatmann, J.: Das versteckte Portal am Münster, in: Münsterblatt 13.2006, S. 15 ff. – Zu möglichen stilistischen Einordnungen vgl. Klein, Heinrich-Josef. Marmorierung und Architektur. Ein Beitrag zur Geschichte der Musterung. Phil. Diss. Universität Köln 1976, S. 249–261.

[56] Schuster, Karl: Baugeschichtliches über das Freiburger Münster aus alten Chroniken, in: Freiburger Münsterblätter, Nr. 7, 1911, S. 33 f.

[57] Kempf, Friedrich: Das Freiburger Münster, seine Bau- und Kunstpflege, Karlsruhe 1914, in: Badische Heimat 1.1914, S. 5–88; S. 20, S. 22.

[58] Zur Renovierungsgeschichte vgl. Kürten wie Anm. 1, S. 129. Zur Baugeschichte des Genesisportals vgl. Quatmann, wie Anm. 55 , S. 16.

[59] Fassungsanalyse zum Maßwerk: Materialprobe 0013 aus Untersuchungsbericht E. Grether (unveröffentlicht), Mikroanalytisches Labor Jägers, Bornheim (07.12.05), wo rote Eisenoxidpigmente (= Ocker) und (Russ-?) Schwarz festgestellt wurden. Analyse zur Portalwand: Naturwissenschaftliches Analyse-Labor, H.-P. Schramm u. M. Schramm, Dresden. (25.04.06) Materialprobe-Nr. 0003 mit dem Nachweis von rotem Ocker, Pflanzenschwarz und Spuren von Protein im Bindemittel.

[60] Zu weiteren „steinfarbenen" rosa Befunden am Münster u. a. Kirchen in Baden-Württemberg vgl. Beiträge von Grether, E., wie Anm. 8, S. 143; Wölbert, Otto: Exkurs zur Farbigkeit auf Stein – Beispiele in Baden-Württemberg, in: „Edle Faltenwürfe…, S. 164 u. Zurl, A., wie Anm. 25, S. 69.

[61] Vgl. Flum wie Anm. 5, S. 78.

Abbildungsnachweis

Titelbild (Nr. 22); Abb. 7; Abb. 11 (Dröhner 1977); Abb. 13 (Nr. 77_9272): Archiv des Münsterbauvereins (MBV) Freiburg.

Abb. 1: Landesdenkmalamt Baden-Württemberg, Stuttgart Nr. 987/18, Repro 9/90.

Abb. 2: Sickinger, Gregor. Der Statt Freyburg im Breyßgaw Abcontrafehtung, Gregorius Sickinger Formschneider, 1589, 1 Kt.; 103 x 54 cm.

Abb. 3: Flum, Thomas: Der spätgotische Chor des Freiburger Münsters, Baugeschichte und Baugestalt, Berlin 2001, Abb. 24, S. 39; Atelier d'àrchéologie médivale, Moudon (Franz Wadsack).

Abb. 4: Schreiber, Heinrich: Das Münster zu Freiburg im Breisgau mit erläuternden Texten herausgegeben von D. Heinrich Schreiber. In dreizehn lithographischen Blättern nach den Zeichnungen des Architekten August von Baier. Carlsruhe & Freiburg i.Br., 1826, in der Herderschen Kunstbuchhandlung (Denkmale deutscher Baukunst des Mittelalters am Oberrhein 2).

Abb. 6 u. Abb. 16: Untersuchungsbericht Eberhard Grether, Freiburg. „Freiburg, Münster ULF, Südseite, Renaissance-Vorhalle, Fortführung der Befunderhebung, Februar/ März 2003." Beim MBV Freiburg (unveröffentlicht).

Abb. 12: Freiburger Münsterblätter 2.1914, S. 53.

Abb. 17: Untersuchungsbericht Hahnenturm Labor Schramm, Dresden 10. Juli 2005, Querschliff 3744, in: Luzius Kürten. "Freiburger Münster. Südlicher Hahnenturm. Konservierungsarbeiten Stein, 2003-2005", Anhang: J. Quatmann Untersuchungsbericht zur Fassung, südlicher Hahnenturm, Materialprobe 0001; beim MBV Freiburg (unveröffentlicht).

Abb. 19: Untersuchungsbericht Hauptturm Labor Schramm, Dresden 01 .08.2006, Querschliff 4052, Materialprobe 0010; beim MBV Freiburg (unveröffentlicht).

Abb. 20: Untersuchungsbericht Schöpfungsportal Labor Schramm, Dresden 25. April 2006, Querschliff 3949, Materialprobe 003; beim MBV Freiburg (unveröffentlicht).

Abb. 21, Abb. 22: Untersuchungsbericht Heimhoferkapelle Labor Hoblyn, Dresden 02. Sept. 2007, Querschliff 9459, Materialprobe 0018; beim MBV Freiburg (unveröffentlicht).

Abb. 15: Obermann, Astrid. Diplomarbeit, F Potsdam, 2003, Abb. 19, S. 50.

Abb. 5, Abb. 8, Abb. 9, Abb. 10, Abb. 14, Abb. 18:
J. Quatmann.

Abb. 23: Tabelle.
J. Quatmann: Freiburg, Münster ULF. Bericht zur
Konservierung und Untersuchung der
Fassungsfragmente an den Fassaden der ersten beiden
nördlichen Chorkapellen (Heimhofer- und
Blumeneggkapelle) 2007/2008; beim MBV Freiburg
(unveröffentlicht).

Steinkonservierung an der mittelalterlichen Kreuzigungsgruppe von Schloss Eberstein

von Frank Eger

Die großen Schäden an der mittelalterlichen Kreuzigungsgruppe aus Schilfsandstein waren Gegenstand einer im Jahr 2007 begonnen umfassenden Untersuchung und Steinkonservierungsmaßnahme.

1. Objektgeschichte/ Restaurierungsgeschichte

Das heutige Schloss gründet sich auf der ehemaligen Burg Eberstein, welche um 1272 durch die Grafen von Eberstein erbaut wurde. Der Besitz ging im 17. Jahrhundert an die Markgrafen von Baden über (Abb. 1). Nach einer längeren Phase des Zerfalls und des Besitzwechsels, lässt Markgraf Friedrich von Baden die Schlossanlage durch den badischen Baumeister Friedrich Weinbrenner wieder herrichten und ausbauen. In den Jahren 1838 und 1865 kamen weitere Gebäude und Anbauten hinzu. Das Schloss diente im 19. und 20. Jahrhundert als Nebenwohnsitz und Sommerfrische des Hauses Baden[1]. Im Jahre 2000 verkaufte Markgraf Max von Baden das Anwesen. Der neue Eigentümer saniert und restauriert seither die Anlage umfassend. Das Schloss wird heute als Hotelrestaurant und Privatwohnsitz genutzt (Abb. 2).

Für die Kreuzigungsgruppe wurde vom Landesamt für Denkmalpflege Baden-Württemberg ein Konservierungskonzept entwickelt. Die Erhaltungsmaßnahmen wurden im Frühjahr 2007 beauftragt und in der Folge ausgeführt.

Die Kreuzigungsgruppe besteht aus grünem Schilfsandstein und stammt aus dem Kloster in Herrenalb, welches eine ebersteinische Gründung durch Graf Berthold III. von Eberstein war[2]. Sie ist laut einer Jahreszahl auf 1464 datiert und war vermutlich über dem ehemaligen Klostertor in Herrenalb angebracht.

1842 wurde die Kreuzigungsgruppe von Großherzog Leopold von Baden gekauft und durch den Baumeister J. Belzer von Weisenbach abgebaut und in einem neuen gotischen Rahmen aus rotem Schwarzwälder Buntsandstein an der Süd-Südost-

wand des Innenhofes im Schloss Eberstein wieder aufgebaut (Abb. 3). Die Kreuzigungsgruppe wird dem Umkreis des Nikolaus Gerhaert von Leyden zugeordnet, einem spätgotischem Bildhauer mit holländischer Herkunft, welcher um die Entstehungszeit der Kreuzigungsgruppe im nahen Baden-Baden arbeitete[3].

Im Mittelpunkt der Kreuzigungsgruppe (Abb. 4) steht ein Kruzifix. Christus zu Füßen ist die Jahreszahl 1464 eingehauen. Zu beiden Seiten die Inschrift „Soli deo" – Gott allein die Ehre, der Wahlspruch der Zisterzienser[4]. Unter dem Kreuz kniet Maria Magdalena, vom Betrachter aus gesehen links und rechts stehen Maria und Johannes beide betend. Weiter außen die beiden Stifterskulpturen Robert von Citeaux (links) und Abt Robert von Moleme (rechts). Auf dem unteren Rahmenstück finden wir links die Wappen von Württemberg und Pfalzbayern, in der Mitte das deutsche Reichswappen sowie rechts die Wappen von Baden-Sponheim und Eberstein. Der obere Querbalken zeigt in Korrespondenz zum jeweiligen Wappen Helme mit Visier und Helmzier. In der Kehlung umgeben Engel das Kruzifix.

Frühere Restaurierungsmaßnahmen, nach dem Aufbau der Kreuzigungsgruppe im Schlosshof, sind festzustellen. So wurden die Köpfe des Robert von Citeaux und des Johannes neu angesetzt. Aufgrund der Stilistik und der unterschiedlichen Arbeitsspuren ist zu vermuten, dass vor allem der Kopf des Johannes eine spätere Hinzufügung ist. An den Helmen und den Profilen sind ebenfalls diverse Ergänzungen aus Naturstein zu erkennen.

***Abb. 1: Ansicht Schloss Eberstein vor 1863
– Stich von Carl Ludwig Frommel***

Abb.2: Ansicht Schloss Eberstein um 1942

[1] Langenbach, H.: Führer durch das Schloß Eberstein; Gernsbach 1929.
[2] Pfister, P.: Klosterführer aller Zisterzienserklöster im deutschsprachigen Raum; Strasbourg 1998 und Willig, W.: Spurensuche in Baden-Württemberg – Klöster Stifte und Klausen; Wannweil 1997.
[3] Seilacher, C.: Ein verschwundenes Zisterzienserkloster; Karlsruhe 1927.
[4] Langenbach, H., 1929.

2. Befund- und Schadensuntersuchung

2.1 Verwendetes Steinmaterial

Schwarzwälder Buntsandstein der Umrahmungsarchitektur:

Für die Umrahmungsarchitektur wurde roter Schwarzwälder Buntsandstein verwendet. Das Steinmaterial ist als fein- bis mittelkörnig anzusprechen. Als Hauptkomponenten sind vor allem Quarz, Gesteinsbruchstücke, als Nebenkomponenten Feldspat, Muscovit und Apatit zu nennen. Die Bindung besteht hauptsächlich aus kieseligen Korn-Korn-Kontakten und tonig-ferritischen Belägen um die Mineralkörner. Auffällig am Gestein sind die oft anzutreffenden Tongallen[5]. Die Verwitterungsbeständigkeit an der Kreuzigungsgruppe ist als gut zu bezeichnen. Es kommt zur Abwitterung einzelner Kornaggregate und vereinzelt zu Rissbildungen im Fugenbereich bzw. im Bereich von korrodierenden Eisenhalterungen.

Grüner Schilfsandstein der Kreuzigungsgruppe:
Nach den Untersuchungen von GRÜNER[6] und GRIMM[5] bestehen die Schilfsandsteinvarietäten in Baden-Württemberg meist aus den Hauptkomponenten Gesteinsbruchstücke (Mikroquarz und

Abb. 3: Ansicht der Kreuzigungsgruppe 1960

Abb. 4: Gesamtansicht Kreuzigungsgruppe

Quarz-Feldspat-Aggregate, sowie Glimmer- und Tonschiefer). Als Nebenkomponenten sind neben Feldspäten verschiedene (quellfähige Ton-) Minerale enthalten.

Der Schilfsandstein zeigt unterschiedliche Schadensphänomene. Es kommt dabei hauptsächlich zu Gesteinsablösungen parallel zur Steinschichtung[7]. Die Verwitterungsanfälligkeit von Schilfsandstein ist vor allem auf die Anwesenheit von quellfähigen Tonmineralen und dem hohen Feinporenanteil des Gefüges zurückzuführen.

---

[5] Grimm, W. D.: Bildatlas wichtiger Denkmalgesteine der Bundesrepublik Deutschland; München 1990, S. 157 und S.159.

[6] Grüner, F.: Untersuchungsbericht zu Renfrizhausener Sandstein; MPA Stuttgart, Stuttgart 1999.

[7] Kownatzki, R.: Verwitterungszustandserfassung von Natursteinbauwerken unter besonderer Berücksichtigung phänomenologischer Verfahren; Aachen, 1997, S. 216.

Abb. 6: *Vorzustand Steinschäden an der rechten Stifterfigur*

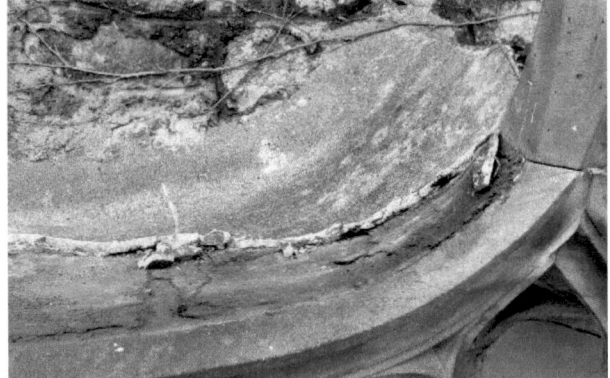

Abb. 5: *Stifterfigur – links Zustand 1940, rechts Zustand 2007*

Abb. 7: *Verdachung Vorzustand Stifterfigur*

Es besteht ein direkter Zusammenhang zwischen dem Tonmineralgehalt des Schilfsandsteins und der hygrischen Quellfähigkeit. Die Tonminerale im Gestein lagern dabei das Wasser ein. Durch den osmotischen Druck wird dieses in die einzelnen Tonlagen gezogen, dabei kommt es zu einer Aufweitung des Steingefüges und einer Vergrößerung der Oberfläche. Diese Vorgänge passieren mehrfach täglich bereits durch Einlagerung von Wasser im Luftfeuchtebereich[8]. Die dadurch bedingten Gesteinskontraktions- bzw. Dilatationsprozesse in unterschiedlicher Gesteinstiefe führen dabei zu oberflächennahen Spannungen, die dann über entsprechend häufigen Klimawechsel bzw. direkte Beregnungen und anschließende Trocknung zur Schädigung des Gesteins an der Oberfläche führen. Die typischen Schadensbilder sind (Abb. 5):

Schalen- und Rissbildung:
Es lösen sich teilweise mehrlagige, oberflächenparallele, großflächige Gesteinselemente vom Steinuntergrund ab, unter denen sich oftmals deutliche Mürbzonen zeigen (siehe Abb. 6). Vor allem verursacht durch das schnelle Abtrocknen von Sonne exponierten Seiten des Objekts. Dabei kommt es zum Abriss des kapilaren Feuchtetransportes an die Oberfläche und somit zur Verschiebung des Verdunstungshorizonts in das Gesteinsinnere[9].

Abschiefern:
Es handelt sich um das Ablösen kompakter Gesteinsschuppen (Abb. 6), ebenfalls oberflächenparallel. Bedingt durch die langsame Verdunstung an der Gesteinsoberfläche findet der Prozess, der Ausbildung von Schwächezonen und Anlagerung von Schadstoffen, in den oberen Kornlagen statt[10]. Dieser Mechanismus ist auch für die Verwitterungsformen des Abschuppens und Absandens so zu nennen.

Abblättern/Abschuppen:
Beschreibt das Ablösen sehr kleiner oberflächenparalleler Gesteinsschuppen wie sie verstärkt beim Abschiefern zu beobachten sind (siehe Abb. 6).

Absanden:
Herauslösen kleiner Einzelkörner und Kornaggregate aus dem Gesteinsgefüge. Zurundung von Kanten.

---

[8] Schuh, H.: Physikalische Eigenschaften von Sandsteinen und ihrer verwitterten Oberflächen; München 1987, S. 29.

[9] Wendler, E.: Zum Mechanismus der Schalenbildung bei tonigen Sandsteinen; aus Jahresberichte Steinzerfall – Steinkonservierung, Berlin 1991.

[10] Wendler, E., 1991.

2.2 Verdachung und korrodierende Metallhalterungen

Die Verdachung der Kreuzigungsgruppe ist statisch über eiserne Stützanker an der Rückwand abgefangen. Durch die Bewegungen des Objektes/der Rückwand, aber auch durch die Korrosion der Halteeisen waren, vor allem am Gesims der rechten Seite, starke Beschädigungen festzustellen. Hier war bereits früher eine Reparatur durch den Einbau einer Vierung notwendig. Diese war bereits wieder defekt und so korrodierte der nun freiliegende Halteanker verstärkt weiter. Durch intensive Durchfeuchtung (verstärkt durch die darüber liegende mangelnde Wasserableitung der Mauerterrasse) kam es in diesem Bereich aber auch an der direkt darunter befindlichen rechten Stifterskulptur zu deutlichen Beschädigungen und Moos-/Algenbewuchs am Stein. Es gab mehrere Versuche die Verdachung gegen Regen abzudichten. So wurde ein Zementmörtelkeil über einer Bitumenbeschichtung aufgebracht, um das Wasser entsprechend abzuleiten (Abb. 7). Beide Vorgehensweisen zeigten nicht den erwünschten dauerhaften Erfolg. Der Zementmörtel ist bereits von der Rückwand abgerissen und leitet das Regenwasser nun direkt hinter die Kreuzigungsgruppe.

2.3 Abnetzung – Vogelschutz

Um die Kreuzigungsgruppe vor Vogelnistungen und Vogelkot zu schützen, wurde schon früher eine Abnetzung mit einem feinmaschigen Kunststoffnetz angebracht. Die Halteanker wurden dabei in der Rückwand/Schlossmauer eingedübelt. Aufgrund der unsachgemäßen Befestigung kam es durch das Netz an einigen exponierten Bereichen, vor allem der beiden Stifterskulpturen, zu Abrieb und teilweise zur Lösung ganzer Steinelemente.

2.4 Spätere Ergänzungen

Die Helmziere zeigen teilweise spätere Ergänzungen aus Naturstein (Abb. 8). Diese wurden ursprünglich mittels Holzdübel und Schellack-Klebungen versetzt. Sie waren zu Beginn der Arbeiten lose und mussten neu verdübelt werden. An der Profilierung der Kreuzigungsgruppe sind diverse Vierungen eingebaut worden, die ebenfalls mit Schellack angesetzt wurden. Es ist anzunehmen, dass es sich hierbei um Arbeiten handelt, welche im Zuge der Umsetzung der Kreuzigungsgruppe von Herrenalb nach Schloss Eberstein (1842) durchgeführt wurden.

2.5 Farbfassung

Bei einer zweitägigen Untersuchung der Kreuzigungsgruppe konnten die Fassungsbefunde mit dem Technoskop angeschaut werden (Abb. 9). Alle untersuchten Stellen wurden mittels eines Fotoaufsatzes mit Diaaufnahmen belegt. Es konnte festgestellt werden, dass der Christuskorpus weißgetüncht war. Die Haare waren ockerfarben, die Wundmale und Lippen rot gefasst. An den anderen Skulpturen finden sich für die Haare ebenfalls Ocker und ein Rotton für die Gewänder, aber auch hell-/dunkelgraue Bereiche der Übergewänder bzw. Mäntel. Da es sich nur noch um Reste einer früheren Bemalung handelt, konnten vor allem für die Architektur und die Helme, Wappen bzw. Engelsskulpturen keine erschöpfenden Angaben gemacht werden. Eine für die weitergehende Fassungsuntersuchung notwendige Pigment- und Bindemittelanalyse bzw. evtl. Fassungsabfolge steht noch aus. Durch die teilweise sehr schwache Anbindung der Fassungsreste war es notwendig diese mittels geeigneten Materialien zu konsolidieren.

2.6 Salzbelastung

Aufgrund der deutlichen Ausbildung von Krusten und typischen Salzschadensbilder am Sandstein wurden Kratzproben entnommen und labortechnisch von der MPA Stuttgart untersucht[11]. Es wurden wässrige Auszüge von den Proben hergestellt und diese mittels Ionenchromatografie (Metrohm IC 690) auf die Anionen- und Kationenkonzentration untersucht. Die Ergebnisse der Untersuchung ergaben, dass die Schadsalze überwiegend als schwerlöslicher Gips vorliegen und eine Kompressenentsalzung hier, trotz einem dadurch bedingten immensen Wassereintrag ins Steinmaterial, wenig ergiebig sein würde.

Abb. 8: Ergänzung einer Helmzier

---

[11] Grüner, F.: Untersuchungsbericht zur Salzbelastung an der Kreuzigungsgruppe Schloss Eberstein; MPA Stuttgart, Stuttgart 2007.

Abb. 9: Farbbefunde am Gewand des Johannes

Abb. 10: Abnetzung an der Maria Magdalena

2.7 Fugen

Die originalen Fugenmörtel sind bereits bei einer früheren Restaurierungsmaßnahme großflächig ausgewechselt worden. Die Reparaturmörtel waren farblich und in der Kornstruktur sehr unbefriedigend ausgeführt. Teilweise waren auch zu starre, stark zementhaltige Fugenmörtel eingebaut, welche an den Natursteinflanken zu entsprechenden Schäden führten.

3. Konservierungskonzept und durchgeführte Maßnahmen

Um die Maßnahmen wetterunabhängig durchführen zu können, ist zu Beginn der Arbeiten ein Arbeitsgerüst mit Pultdach erstellt worden. Die Entwicklung des Konservierungskonzeptes erfolgte durch die Amtswerkstatt des Landesamtes für Denkmalpflege Baden-Württemberg in Esslingen. Die einzelnen Arbeitsschritte sind jeweils in Abstimmung mit dem Landesamt und der Bauherrschaft durchgeführt worden.

3.1 Abnahme der Vernetzung und Sicherung der losen Steinteile

Bedingt durch die Anbringung eines Vogelschutznetzes (Abb. 10) an der Kreuzigungsgruppe kam es in bestimmten Bereichen durch die unsachgemäße Befestigung zu Schäden am Stein. Die dabei abgerissenen Steinteile lagen noch im Netz und mussten bei der Abnahme des Netzes vorsichtig geborgen werden.

3.2 Sicherung der Fassungsreste

Lose aufliegende Farbschollen und pudernde Oberflächen mussten konsolidiert und mit dem steinernen Untergrund verbunden werden. Als Festigungsmaterial wurde Mowilith DM 771 als 5 %-ige Lösung in H_2O verwendet, welches sich neben seiner Verwitterungsresistenz, Viskosität und ausreichendem Haftvermögen auszeichnet. Das Bindemittel wurde mit der Spritze injiziert, so dass auch schwer zugängliche Stellen gut erreicht werden konnten. Aufgrund des stark saugenden Untergrundes musste der Vorgang teilweise mehrfach wiederholt werden. Es kam zu keiner Überfestigung bzw. zu glänzenden Stellen. Bindemittelüberschuss konnte mittels eines Ethanol-H_2O-Gemisches[12] leicht abgenommen werden.

---

[12] Mischungsverhältnis 50 % H2O + 50 % Ethanol.

3.3 Vorfestigung

Um das teilweise sehr stark entfestigte Steinmaterial auf die eigentliche Konsolidierung durch Hinterfüllungen und Anböschungen vorzubereiten und um eine gute Anhaftung der Massen zu erreichen, wurde partiell mit Kieselsäureester vorgefestigt. Zur Verwendung kam hierbei ein lösemittelfreies Kieselsäureester (Steinfestiger Funcosil 300). Der Steinfestiger zeichnet sich vor allem bei Schilfsandsteinen durch seine hohe Eindringtiefe aus[13/14]. Er wurde mit Spritzen unverdünnt mehrfach appliziert und der Überschuss anschließend mit Ethanol abgewaschen.

3.4 Abnahme der Zementmörtel an Fugen und Verdachung

Das Ausstemmen aller starren oder defekten Mörtelergänzungen im Bereich der Fugen und der Verdachung erfolgte vorsichtig von Hand. Die Natursteinflanken wurden dabei nicht zerstört.

3.5 Neuversatz von losen und abgefallenen Steinteilen

Alle losen oder stark gelockerten Architektur- und Skulpturteile ohne kraftschlüssige Verbindung zu Skulptur/Werkstein wurden abgenommen. Die Steinteile wurden anschließend neu verdübelt und punktuell mit Glasfaserstiften und Epoxidharz versetzt. Die eigentlichen Kontaktflächen sind mit farblich angepasstem Steinsilikatkleber[15] versehen und so wieder kraftschlüssig versetzt worden. Die Vernadelung erfolgte bei sehr schweren Bruchstücken in V4A-Gewindestäben.

3.6 Reinigung der Steinoberflächen

Die Reinigung der Steine von biogenem Bewuchs und anderen Verschmutzungen, erfolgte manuell mittels kleiner Bürsten, Holzspatel, Skalpelle und Wasser. Der Wassereintrag war dabei auf ein Minimum zu reduzieren, da durch die intensive Zufuhr von Feuchtigkeit eine Stimulation der Mikroflora, auch im Gesteinsinnern, zu erwarten war. Außerdem hätte die reichliche Zufuhr von Wasser einen weiterer Stressfaktor durch erneute Dilatationen des Gesteins bedeutet. Im Bereich von hartnäckigen Verschmutzungen, z. B. Taubenkot, wurde die Verschmutzung mit einem Heißdampfgerät und stark saugenden Schwämmen abgenommen, die grauschwarz verdunkelten Krusten mit dem Mikrosandstrahlgerät gedünnt. Somit wurde die Eigenspannung der Kruste minimiert. Eine komplette Abnahme der Verkrustungen war nicht möglich, da dies einen Eingriff und die Zerstörung der originalen Steinoberfläche bedeutet hätte.

3.7 Riss- und Schalenhinterfüllung

Die Riss- und Schalenverklebung (Abb. 11) erfolgte, sofern keine statisch wichtigen Bereiche davon betroffen waren, mit mineralischen Massen:
– Syton X 30
– Zuschlag aus 60 % Mineralmehl und 40 % Quarzmehl

Das Gemisch ist mit einer Disolverscheibe dispergiert und durch Spritzen und Kanülen in die Risse appliziert worden.

In Bereichen, die statisch bedingt andere Klebekräfte zum Zusammenhalt benötigten, wurde das Epoxidharz Araldit 106 bzw. 103 (je nach Viskosität) punktuell eingesetzt. Die Risse wurden vorher unter Freihaltung von Einspritzöffnungen, durch so genannte Packer, mit Heißkleber verschlossen. Vor der eigentlichen Verfüllung wurden die Bereiche mit Ethanol vorgenetzt, die durch Risse und Öffnungen nicht zugänglichen Hohlstellen zusätzlich mit 4 mm Steinbohrern angebohrt und anschließend ebenfalls verfüllt.

1 Kittmasse
2 Hinterfüllmasse
3 Schale
4 Mürbzone
5 verwitterter Naturstein

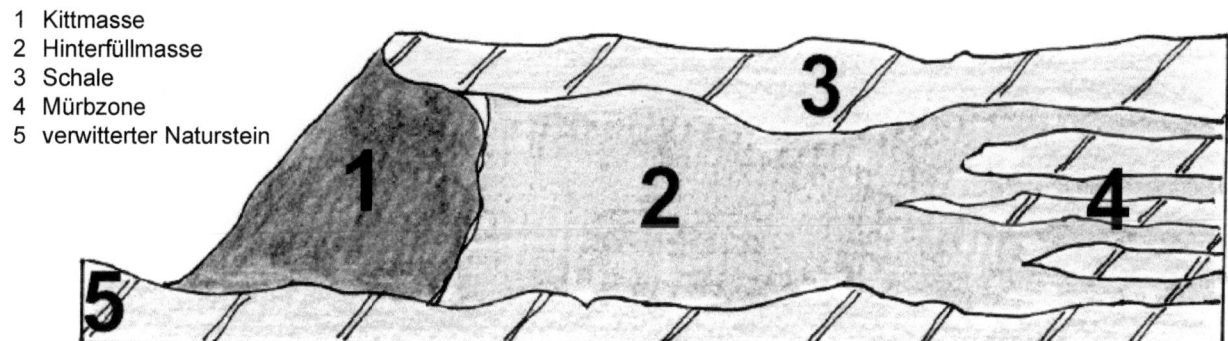

Abb. 11: Modellhafte Darstellung des Einsatzgebietes von Kitt- und Hinterfüllmassen

[13] Eger, F.: Die Grabsteine an der Unterstadtkirche zu Haigerloch – Konservierungskonzept unter besonderer Berücksichtigung des Einflusses diverser Konservierungsmittel auf die Gesteinsparameter, insbesondere des Längenänderungsverhaltens des Renfrizhausener Schilfsandsteins; unveröffentl. Facharbeit zum Diplom, HAWK Hildesheim 1999.

[14] Hollemann, M.: Überprüfung von ausgewählten kieselsäurehaltigen Festigern an verwittertem Sandstein; unveröffentl. Diplomarbeit FH Köln.

[15] Ettl, H. – Reiner, P. – Busch, S.: Stein-Silikat-Kleber – Steinverklebungen mit Kieselgel als Bindemittel; in Natursteinsanierung Stuttgart, Tagungsband 2005.

3.8 Kittungen und Schlämmen/Problematik der Manganverfärbungen

Durch die Kittungen sollten die offen stehenden Schalen, Schuppen und Risse geschlossen werden um eine kraftschlüssige Anbindung zu gewährleisten, aber auch um Regen- und Tauwasser effektiv auf den konservierten Oberflächen ableiten zu können. Weitergehende Ergänzungen in Form von Steinergänzungsmörtel waren nicht vorgesehen. Die zu verwendende Kittmasse sollte in ihren physikomechanischen Eigenschaften dem Naturstein angepasst sein. Der verwendete Schilfsandstein der Keuzigungsgruppe ist ein sehr feinkörniger, homogener Sandstein. Für diesen galt es, aus handelsüblichen Quarzsanden und gemahlenem Naturstein einen geeigneten Zuschlag für die Kitt- und Schlämmmassen zusammenzustellen. Der Gedanke dabei war, die Struktur, Farbe und die spezifischen Mörteleigenschaften der herzustellenden Anböschmassen durch die Zugabe von Natursteingranulat (anteilig zum Quarzsand) steuern bzw. beeinflussen zu können, um die Massen für den Stein geeignet einzustellen.

Zur Anwendung kamen entsprechend fraktionierte Stein- und Quarzsande in Sieblinie. Als Bindemittel sollte wie bei der Riss- und Schalenhinterfüllung das Kieselsol Syton X 30 verwendet werden. Mit dem Größtkorn von 0,5 mm konnte das beste Ergebnis zur Nachstellung der Gesteinsoberfläche erzielt werden. Die Sieblinie des verwendeten Zuschlags (Natursteingranulat und Quarzsand) wurde in Anlehnung und leichter Abänderung der Idealsieblinie nach Fuller festgelegt. Mittels dieser konnte in Vorversuchen[16] eine möglichst dichte Kornpackung der Massen mit geringem Bindemittelbedarf und dadurch bedingtem geringem Schwindverhalten hergestellt werden. Trotz allem zeigten die Massen noch sehr gute kapillare Wasseraufnahme- und Abgabefähigkeiten[17]. Für die Berechnung der jeweiligen Kornklasse fand somit nachfolgende Formel Verwendung:

$$A = 100 \times (d/D)^n$$

mit:

A Anteil einer Korngruppe von 0/d in mm
d beliebiger Korndurchmesser zwischen 0/d in mm
D Größtkorndurchmesser in mm
n Exponent in Abhängigkeit der Kornform

Für alle Einzelzuschlagskomponenten (Quarzsand, verschiedene Natursteinsande bzw. Schilfsandsteinsande) konnte in Bezug des Bindemittelanteils und des Schwindens in umfangreichen Vorversuchen für den Exponenten n = 0,7 die günstigsten Eigenschaften für die vorgesehenen Anböschmassen ermittelt werden[18].

Nach SCHOLZ (1995) sollte der Exponent 0,5 (bei kugelförmigen Zuschlag) für nicht kugelförmigen Zuschlag verkleinert werden. So liegt er für Kiessande bei 0,4, für gebrochenen Naturstein bei 0,3. Zu beachten gilt hier, dass die Fuller-Parabel für Korngrößen in der Betontechnologie entwickelt und

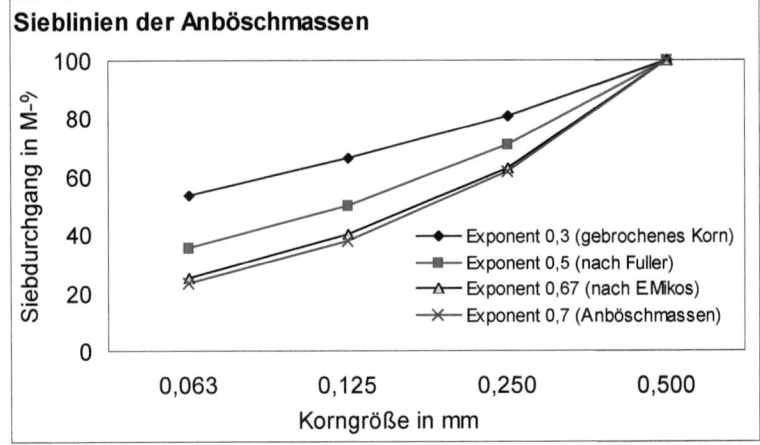

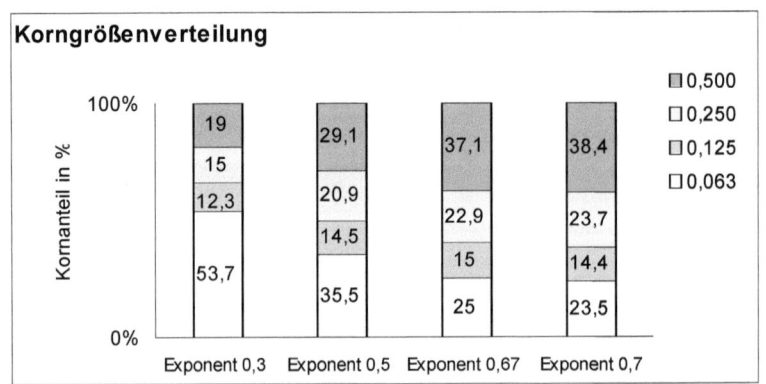

Abb. 12: Siebliniengrafik

---

[16] Die Vorversuche und Konzeptionsfindung erfolgte im Rahmen der Diplomarbeit des Verfassers – Eger, F.: Konzeption und Untersuchung geeigneter Anböschmassen für die Konservierung von Renfrizhausener Schilfsandstein am Beispiel der Grabsteine der St. Nikolauskirche zu Haigerloch; unveröffentl. Diplomarbeit, HAWK Hildesheim 2000.

[17] Untersucht wurde dies durch den Einsatz von Kapillartränkungsprüfern nach Mirowsky. Aufgrund der erhaltenen Grafiken konnte bei jeder Masse nach innen gerichtete Transportvorgänge des Wassers ermittelt werden. Oberflächenparalleles Aufnehmen von Wasser konnte nicht ermittelt werden. Somit können material- oder eigenschaftsbedingte Sperrwirkungen innerhalb der Anböschmassen ausgeschlossen werden.

[18] Untersucht wurden visuelle Eigenschaften (Struktur, Textur), Schwinden - Rissneigung, Wasseraufnahme und Wasserabgabe an Kleinproben (5x5x1cm).

für Größtkorn bis zu 32 mm konzipiert ist.

Bei Verwendung des Exponenten 0,3 (für gebrochenen Naturstein) und den vorgesehenen vier Kornklassen, ergäbe sich nach der Fuller-Verteilung ein viel zu hoher Feinanteil von über 50 % des Gesamtanteils (Abb. 12). Was in den Vorversuchen zu deutlich größerem Bindemittelbedarf und zu wesentlich größerem Schwinden und zu starker Rissneigung führte.

Der Exponent n ist bei feinkörnigen Mörteln also nicht starr an die Kornform gebunden, sondern wurde als Variable so gewählt, dass bei parabelförmigem Verlauf der Sieblinie ein deutlich kleinerer Anteil der 0,063 mm Kornklasse erzielt werden konnte[19] (siehe ebenfalls Abb. 12). Aufgrund der sehr gut angepassten verschiedenen Steinsande konnte bei den Kittmassen auf die Zugabe von Pigmenten zur farblichen Anpassung an den Stein vollständig verzichtet werden.

An den mit Syton X 30-Hinterfüllmassen befüllten Bereichen der Kreuzigungsgruppe, kam es nach sechs Wochen zu manganbedingten Braunverfärbungen an den Kontaktzonen der Hinterfüllmassen zum Naturstein, was für einen grünen Schilfsandstein sehr ungewöhnlich ist. Aufgrund diverser Erfahrungen mit Manganverfärbungen an Buntsandsteinen[20] wurde daher die weitere Verwendung von Syton X 30 als Bindemittel für die Kittmassen gestoppt.

Der derzeitige Stand zu den Mangan bedingten Braunverfärbungen ist der, dass Kieselsol (Syton X 30) werkseitig durch Natriumhydroxid (NaOH) stabilisiert wird. Die Kieselsoldispersion hat dabei einen pH-Wert von ca. 9,8. Durch die Abnahme des Kieselsäureanteils infolge der Gelbildung herrscht beim Abbindeprozess ein äußerst alkalisches Milieu (pH-Werte über 13). In den damit erreichten Steinschichten führt dieses länger anhaltende alkalische Milieu zur Reduktion des in den Mineralien des Steins vorkommenden Mangandioxids. Das dabei gebildete Mangansalz wandert durch kapillare Prozesse an die Oberfläche und oxidiert dort bei Zutritt von Kohlendioxid zum wasserunlöslichen Braunstein[21/22]. Dieser lässt sich nur mechanisch von der Oberfläche entfernen, wobei es aber auch noch nach Monaten zu erneuten Manganverfärbungen kommen kann.

Nach Erprobung und in Absprache mit dem Landesamt für Denkmalpflege Baden-Württemberg und der Bauherrschaft wurde ein alternatives Bindemittel mit geringerem pH-Wert gesucht und mit KSE 500 STE (pH-Wert ca. 9) gefunden. Die Verwendung der KSE-gebundenen Massen zeigte in der Anwendung, dass sie sich wesentlich schwerer verarbeiten lassen als die kieselsolgebundenen Massen. Vor allem in der Farbabstimmung ist dies ein eindeutiges Handicap und erforderte umfassende Rüstzeiten. So konnten die Kittmuster erst nach sechs Wochen auf ihre farbliche Eignung überprüft werden.

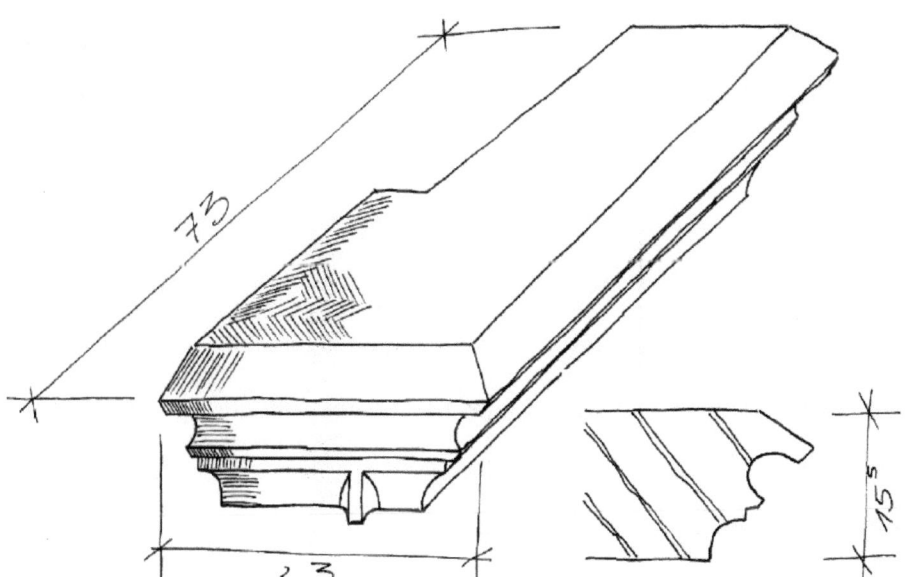

Abb. 13: Anfertigung einer neuen Steinvierung

---

[19] Mündl. Mitteilung von Frau Dipl.-Ing. Mikos, RWTH Aachen die bei Versuchsreihen mit mineralischen Mörteln mit einem Größtkorn von 0,5 mm günstige Werte bei einem Exponenten von 0,67 erreichte.

[20] Mitarbeit des Verfassers in der Projektgruppe zur Konservierung der Turmvorhalle des Freiburger Münsters und den dort aufgetretenen Manganverfärbungen durch die Verwendung Syton X 30 gebundener Massen als Fugenmörtel. Siehe hierzu auch Arbeitsheft 17 des Landesamtes für Denkmalpflege Baden-Württemberg, Stuttgart 2004.

[21] Siehe Untersuchungsbericht der FEAD-GmbH, Berlin, zur Manganverfärbungen am Freiburger Münster, 2002, Archiv LAD Esslingen.

[22] Althaus,K., Machill, S., Steger, W. E.: Untersuchung zu den Transportvorgängen während der Verwitterung der Elbsandsteine; in Chemie der Erde Band 59, S. 151–172, München 1999.

3.9 Herstellung und Einbau einer Vierung

An der Verdachung aus Buntsandstein wurde früher bereits eine Vierung eingesetzt, welche inzwischen wieder defekt war. Aus diesem Grunde ist aus Lahrer Buntsandstein ein entsprechend passendes Stück steinmetzmäßig heraus gearbeitet (Abb.13) und mit Steinsilikatkleber unter Verwendung von V4A-Gewindestäben versetzt worden.

3.10 Fugeninstandsetzung

Zur Fugeninstandsetzung und Reparatur der teilweise sehr kleinteiligen Fugen an der Kreuzigungsgruppe, wurde ein mit KSE 500 STE gebundener Fugenmörtel konzipiert, welcher sich farblich und in der Kornstruktur gut einpasst. Für die Architektur aus rotem Buntsandstein ist hingegen ein mit Pigmenten farblich abgestimmter Trasskalkmörtel verwendet worden.

3.11 Festigung

Um die Hinterfüll- und Kittmassen sowie Schlämme besser an das Festigkeitsniveau des Steins anzupassen und um damit eine bessere und gleichmäßigere Anbindung zu erhalten, wurden die entsprechenden Stellen partiell mit Funcosil Steinfestiger 300 nachgefestigt.

Abb. 14: Korrodierendes Eisen

3.12 Behandlung der verbleibenden Eisenelemente

Die am Objekt verbliebenen und freiliegenden historischen Eisen (Abb. 14) wurden allesamt mit der Handbürste entrostet und anschließend auf Empfehlung des Landesamtes für Denkmalpflege mit dem so genannten Allschweigöl mehrmals behandelt. Eisen, welche mit Mörtel überdeckt wurden, sind mit dem Rostinhibitor VCI 388 behandelt worden.

3.13 Retusche

Durch die sehr problematische und schwierige farbliche Anpassung der KSE 500 STE gebunden Kittungen und Schlämmen auf den umgebenden Natursteinton, wurde eine farbliche Einstimmung verschiedener Kittstellen notwendig. Aufgrund des teilweise salzbelasteten Untergrundes (Gips s. o.) wurde von der Verwendung von wässrigen oder silikatischen Farbretuschen abgesehen. In Absprache mit dem Landesamt für Denkmalpflege sollten die Retuschen in Silikonharzlasurtechnik ausgeführt werden. Bedingt durch die zeitintensive Untersuchung der Braunverfärbungen (s. o.), Bemusterung und Bindemittelumstellung der KSE-Kittungen, konnten die Retuschen bis auf Musterflächen (Abb. 15) nicht mehr in 2007 fertig gestellt werden, da die kalte und feuchte Witterung dies nicht mehr zuließ. Die abschließenden Retuschen werden nun im Frühjahr 2008 zu Ende gebracht.

3.14 Anbringen eines Schutzdaches aus Walzblei an der Verdachung sowie konstruktive Änderung des Wasserablaufs der Mauerkrone

Um die Verdachung nun entsprechend funktionstüchtig zu bekommen, soll hierzu ein Bleiblech angebracht werde. In einem für den Anschluss an der Rückwand nötigen Fugenschnitt, wird das Blech eingeführt und verstemmt. Um das Wasser links und rechts von der Kreuzigungsgruppe abzuleiten, werden entsprechende Aufkantungen und Tropfkanten notwendig. Die mangelnde Wasserableitung der Mauerkrone wird in diesem Zuge ebenfalls konstruktiv behoben, so dass eine weitere Befeuchtung der Kreuzigungsgruppe und der dadurch bedingten Hauptschadenszonen am Objekt zukünftig auszuschließen ist. Diese Arbeiten sind immens wichtig für die Dauerhaftigkeit der aktuellen Konservierung und stehen noch aus. Sie sollen im Frühjahr 2008 durchgeführt werden.

3.15 Zusammenfassende Bewertung und Monitoring

Im Zuge der durchgeführten Konservierungsarbeiten wurde festgestellt, dass Schilfsandstein zu Recht seinen Titel als problematisch zu konservierender Stein hat. Vor allem dort, wo Dauerfeuchtebereiche mit sonnenbeschienenen Berei-

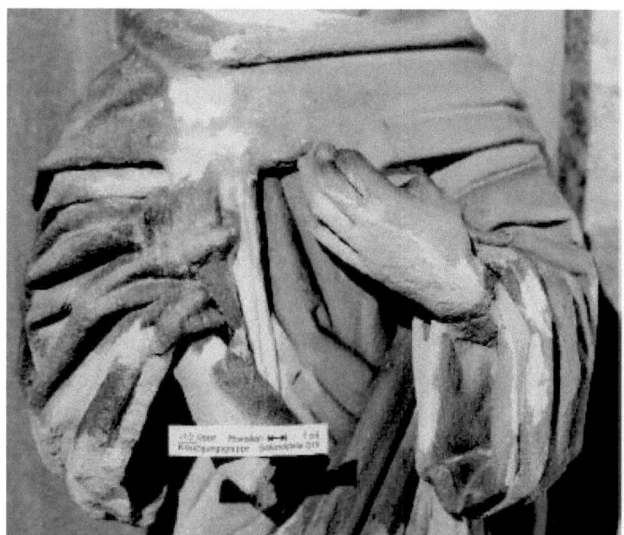

Abb. 15: Musterfläche zur Retusche – links Vorzustand/rechts Endzustand

chen deckungsgleich sind, sind die Schäden an dem stark quellfähigen Schilfsandstein der Kreuzigungsgruppe am größten. Die Tatsache, dass sehr untypische Verbräunungen durch den Einsatz von Kieselsol an grünem Schilfsandstein festzustellen sind, drängt die Frage auf, ob es nicht möglich ist, seitens der Naturwissenschaften durch chemisch-mineralogische Untersuchungen die Tendenz einer solcher Prägung des Gesteins im Vorhinein festzustellen, um das Konservierungskonzept und die meist anschließende Planung und Ausschreibung darauf hin abzustimmen. Es stellt sich hier auch die Frage inwieweit Informationen von evtl. Rezepturveränderungen der Hersteller den Weg zum Endverbraucher finden.

Die Verwendung von KSE gebundenen Massen ist sehr aufwendig, die exakte Farbabstimmung nur schwer möglich. Die dabei zu berücksichtigenden

Wartezeiten an frei bewitterten Objekten im Außenbereich sind nur schwer mit den heutigen Gegebenheiten eines straff organisierten Bauablaufs und den Verarbeitungsrichtlinien der Hersteller in Bezug auf Luftfeuchte und Temperatur zu koordinieren.

Die Optimierung des Regenschutzes am Objekt muss bei einem stark quellenden, mit Wasser und Luftfeuchte interagierendem Baustoff die oberste Priorität haben.

Durch die Anwesenheit von schwerlöslichem Gips und die dadurch nicht durchführbare Entsalzung des Objektes ist ein Monitoring, einschließlich der Wartung und Pflege, umso wichtiger. Die Kreuzigungsgruppe sollte alle 2–3 Jahre auf die Bildung neuer Schäden durchgesehen werden. Diese könnten, wenn nötig, direkt mit wenig Aufwand behoben werden.

Abbildungsverzeichnis

Abb. 1–3, 5: Regierungspräsidium Karlsruhe, Ref. 25,
Fotoarchiv (die Repros wurden für die Doku-
mentation der Maßnahmen zur Verfügung
gestellt)
Abb.4, 6–10, 14, 15: Foto Frank Eger 2007
Abb.11, 13: Skizze Frank Eger 2007
Abb.12: Grafik Frank Eger 2007

Literaturverzeichnis

Althaus,K., Machill, S., Steger, W. E.: Untersuchung zu
den Transportvorgängen während der Verwitterung der
Elbsandsteine; in Chemie der Erde Band 59, S.
151–172, München 1999.

Die Turmvorhalle des Freiburger Münsters – Untersuchung und Konservierung der Polychromie; Arbeitsheft
17 des Landesamtes für Denkmalpflege Baden-Württemberg, Stuttgart 2004.

Eger, F.: Die Grabsteine an der Unterstadtkirche zu
Haigerloch – Konservierungskonzept unter besonderer
Berücksichtigung des Einflusses diverser Konservierungsmittel auf die Gesteinsparameter, insbesondere des Längenänderungsverhaltens des Renfrizhausener Schilfsandsteins; unveröffentl. Facharbeit zum
Diplom, HAWK Hildesheim 1999.

Eger, F.: Konzeption und Untersuchung geeigneter Anböschmassen für die Konservierung von Renfrizhausener Schilfsandstein am Beispiel der Grabsteine der St.
Nikolauskirche zu Haigerloch; unveröffentl. Diplomarbeit,
HAWK Hildesheim 2000.

Ettl, H., Reiner, P., Busch, S.: Stein-Silikat-Kleber –
Steinverklebungen mit Kieselgel als Bindemittel; in
Natursteinsanierung Stuttgart, Tagungsband 2005.

Grimm, W.D.: Bildatlas wichtiger Denkmalgesteine der
Bundesrepublik Deutschland; München 1990, S. 157 und
S.159.

Grüner, F.: Untersuchungsbericht zu Renfrizhausener
Sandstein; MPA Stuttgart, Stuttgart 1999.

Grüner, F.: Untersuchungsbericht zur Salzbelastung an
der Kreuzigungsgruppe Schloss Eberstein; MPA
Stuttgart, Stuttgart 2007.

Hollemann, M.: Überprüfung von ausgewählten kieselsäurehaltigen Festigern an verwittertem Sandstein; unveröffentl. Diplomarbeit FH Köln.

Kownatzki,R.: Verwitterungszustandserfassung von
Natursteinbauwerken unter besonderer Berücksichtigung
phänomenologischer Verfahren; Aachen, 1997, S. 216.

Langenbach, H.: Führer durch das Schloß Eberstein;
Gernsbach 1929.

Pfister, P.: Klosterführer aller Zisterzienserklöster im
deutschsprachigen Raum; Strasbourg 1998.

Scholz, W.: Baustoffkenntnis; Düsseldorf 1995.

Schuh,H.: Physikalische Eigenschaften von Sandsteinen
und ihren verwitterten Oberflächen; München 1987, S.
29.

Seilacher, C.: Ein verschwundenes Zisterzienserkloster;
Karlsruhe 1927.

Untersuchungsbericht der FEAD-GmbH, Berlin, zur Manganverfärbungen am Freiburger Münster, 2002, Archiv
LAD Esslingen.

Wendler,E.: Zum Mechanismus der Schalenbildung bei
tonigen Sandsteinen; aus Jahresberichte Steinzerfall –
Steinkonservierung, Berlin 1991.

Willig, W.: Spurensuche in Baden-Württemberg – Klöster
Stifte und Klausen; Wannweil 1997.

Intelligente Bauwerksüberwachung von historischen Bauwerken

von Markus Krüger, Christian U. Große, Jürgen Frick

Die kontinuierliche Überwachung historischer Bauwerke mit geeigneten Technologien spielt im Zusammenhang mit deren Erhalt eine zunehmende Rolle. Drahtlose Sensoren und Sensornetze können hier zukünftig wertvolle Beiträge liefern. Allerdings gibt es noch Forschungs- und Entwicklungsbedarf im Hinblick auf geeignete Sensorik sowie einfache Handhabung und Zuverlässigkeit der drahtlosen Systeme. Zudem werden effiziente Analyse- und Bewertungsmethoden benötigt, die dem Konservator oder Eigentümer klare Aussagen möglichst durch eine automatisierte oder teilautomatisierte Prozessanalyse liefern. Aus diesem Grund wurde auf europäischer Ebene ein Verbundforschungsprojekt seitens der MPA Universität Stuttgart initiiert, welches die Entwicklung intelligenter drahtlose Sensortechnologien zum Schwerpunkt hat.

**SMooHS – Integriertes Projekt
im 7. Rahmenprogramm der EU**

1. Einleitung

Viele historische Bauwerke sind im hohen Maße schützenswerte Kulturdenkmale und sind daher von gesellschaftlichem Interesse insbesondere auch für die kommenden Generationen. Im Zusammenhang mit den wachsenden bzw. sich ändernden Schadstoff- und Umweltbelastungen erlangt das Wissen um den Erhalt historischer Bauwerke eine immer höhere Bedeutung. Die Dauerhaftigkeit einer Vielzahl von Bauwerken, die teilweise bereits Jahrhunderte meist schadlos überstanden haben, ist unter dem Aspekt der ansteigenden Umweltbelastungen heutzutage jedoch vielfach in Frage gestellt. Auf europäischer Ebene werden daher seitens der Europäischen Kommission vermehrt Anstrengungen unternommen, diesem Umstand Rechnung zu tragen. Eine Vielzahl von Forschungsaktivitäten ist dabei im 7. Rahmenprogramm unter dem Begriff „Umwelt" („Environment") gebündelt. Ein Teilbereich befasst sich hiervon mit dem Erhalt von historischen Bauwerksstrukturen unter Berücksichtigung von Umwelteinflüssen. Im Rahmen einer aktuellen Ausschreibung im 7. Rahmenprogramm aus dem Jahr 2007 hat die MPA Universität Stuttgart als Koordinator ein Verbundforschungsprojekt mit 14 weiteren Projektpartnern und einer angestrebten Laufzeit von drei Jahren unter dem Akronym SMooHS (Smart Monitoring of Historic Structures) beantragt. Der Projektantrag wurde bereits positiv evaluiert und zur Förderung vorgeschlagen. Die Vertragsverhandlungen sind zum jetzigen Zeitpunkt jedoch noch nicht abgeschlossen.

2. Erhaltung historischer Bauwerke

Der Erhalt kulturell bedeutsamer Bauwerke und Gegenstände auch für zukünftige Generationen stellt in Anbetracht der vielfältigen Schädigungseinflüsse und der beschränkten finanziellen Ressourcen eine große Herausforderung dar. Beim Erhalt und der Sanierung von historischen Bauwerken spielen dabei nicht nur technische und bauphysikalische Probleme eine Rolle, sondern auch ethische und ästhetische Fragen. Mit dem Erhalt von historischen Bauwerken betraute Fachleute vertreten zunehmend die Ansicht, Sanierungsmaßnahmen so behutsam wie möglich auszuführen und Eingriffe in die vorhandene Substanz auf ein Minimum zu beschränken. Dies beruht insbesondere auch auf Erkenntnissen aus der Vergangenheit, wo einige Sanierungs- und Konservierungsmaßnahmen aufgrund unzureichenden Fachwissens für den Erhalt teilweise sogar kontraproduktiv waren und vielmehr zusätzliche Schädigungen nach sich zogen.

Ein erster und zugleich sehr bedeutender Schritt zum Bauwerkserhalt ist zunächst die Bestandsaufnahme. Je mehr Wissen über die verwendeten Materialien, das Tragverhalten und die äußeren Einflüsse auf diese vorhanden ist, desto besser können geeignete Maßnahmen ergriffen werden. Minimalinvasive oder gar zerstörungsfreie Prüfmethoden werden hierbei bevorzugt und finden daher regelmäßig Anwendung, wobei wiederholte Untersuchungen insbesondere auch eine Charakterisierung des Schädigungsfortschritts ermöglichen. Zunehmend werden ergänzend hierzu auch fest installierte, autark arbeitende Sensorsysteme eingesetzt, welche quasi eine „Rund-um-die-Uhr"-Überwachung ermöglichen. Es ist zu erwarten, dass zukünftig für die Dauerüberwachung drahtlose Sensoren bzw. Sensorsysteme vermehrt eingesetzt werden. Drahtlose Sensorsysteme sind mit minimalem Aufwand zu installieren, benötigen keine zusätzliche Verkabelung und sind in der Regel kostengünstig. Aufgrund der nicht benötigten Verkabelung werden keine zusätzlichen Befestigungsmittel benötigt, was sowohl im Hinblick auf die weitere Schädigung als auch der Ästhetik Vorteile verspricht.

Auf Basis der Erkenntnisse aus der Bestandsaufnahme sind in einem weiteren Schritt geeignete Maßnahmen zum eigentlichen Bauwerkserhalt zu ergreifen. Zu derartigen Maßnahmen zählen beispielsweise der Schutz vor schädlicher Strahlung, vor Staub, Feuchtigkeit oder Temperaturwechseln und reicht hin bis zur Klimaregulierung. Daneben

Abb.1a: ***Verwitterte Steinskulptur am Heilig-Kreuz-Münster in Schwäbisch-Gmünd***

Abb. 1b: Teile der antiken Stadt Gerasa im Norden Jordaniens

werden aber auch Sanierungsmaßnahmen direkt an der Struktur bzw. dem Material vorgenommen. Dies sind konstruktive Verstärkungen, Materialverfestigungen oder Beschichtungen, um nur einige zu nennen. Aspekte der Erhaltung historischer Bauwerke erstrecken sich letztendlich von der Mikrostrukturebene bis hin zur Betrachtung ganzer Gebäudekomplexe (vgl. auch Abbildungen 1).

3. Das Verbundforschungsprojekt SMooHS – Ziele und Arbeitspakete

Ein wesentliches Ziel von SMooHS besteht in der Entwicklung und dem Test von intelligenten, drahtlosen Systemen zur Dauerüberwachung von historischen Bauwerken. Es ist dabei nicht angedacht reine Messsysteme zu entwickeln, die vornehmlich nur eine große Menge an Daten erfassen. Vielmehr liegt der Fokus auf der Entwicklung und Applikation von intelligenten Mess- und Analyseverfahren einschließlich entsprechender Technologien, die eine Beurteilung des Bauwerkszustands unter der Berücksichtigung von kontinuierlich erfassten Messdaten ermöglichen. Das Verbundforschungsprojekt SMooHS ist zur Erreichung dieser Ziele in drei wesentliche Arbeitspakete unterteilt:

- Entwicklung von intelligenten, drahtlosen Monitoringtechnologien (Arbeitspaket 1)
- Modellierung und Analyseverfahren (Arbeitspaket 2)
- Vergleichende Labor- und Feldversuche (Arbeitspaket 3)

3.1 Arbeitspaket 1: Entwicklung von intelligenten, drahtlosen Monitoringtechnologien

Innerhalb dieses Arbeitspaketes werden intelligente, drahtlose Sensorsysteme entwickelt, wobei im Wesentlichen zwei verschiedene Ansätze verfolgt werden. Ein Ansatz befasst sich mit der Entwicklung eines datenzentrischen drahtlosen Sensorsystems, der andere mit einem drahtlosen Sensornetz als sogenanntes verteiltes System (vgl. Abbildung 2). Beide Ansätze weisen ihre Vor- und Nachteile auf und sind dementsprechend für einige Anwendungen mehr, für andere hingegen weniger geeignet. Beiden Systemen ist jedoch gemein, dass sie bereits eine Datenvorverarbeitung in einem einzelnen Sensorknoten ermöglichen. Damit unterscheiden sich diese drahtlosen Systeme von reinen Datenerfassungssystemen wie einfachen Datenloggern o. ä..

Das datenzentrische System bezeichnet ein System aus voneinander unabhängig arbeitenden drahtlosen Sensorknoten, an die je nach Bedarf verschiedene Sensoren angeschlossen werden können. Mittels eines integrierten Computers werden die Daten vorverarbeitet bzw. bereits analysiert und dann mittels standardisierter Mobilfunktechnologie an den Nutzer weitergeleitet. In der Regel werden bei solchen Systemen nur an wenigen Stellen eines Bauwerks derartige Sensoren platziert.

Der zweite Ansatz, der des verteilten drahtlosen Sensornetzes, verfolgt die Entwicklung von kleinen, im höchsten Maß kosten- und leistungsoptimierten drahtlosen Sensorknoten, die mittels geeigneter Drahtlostechnologien über kurze Strecken miteinander kommunizieren. Vorteile eines solchen Multi-

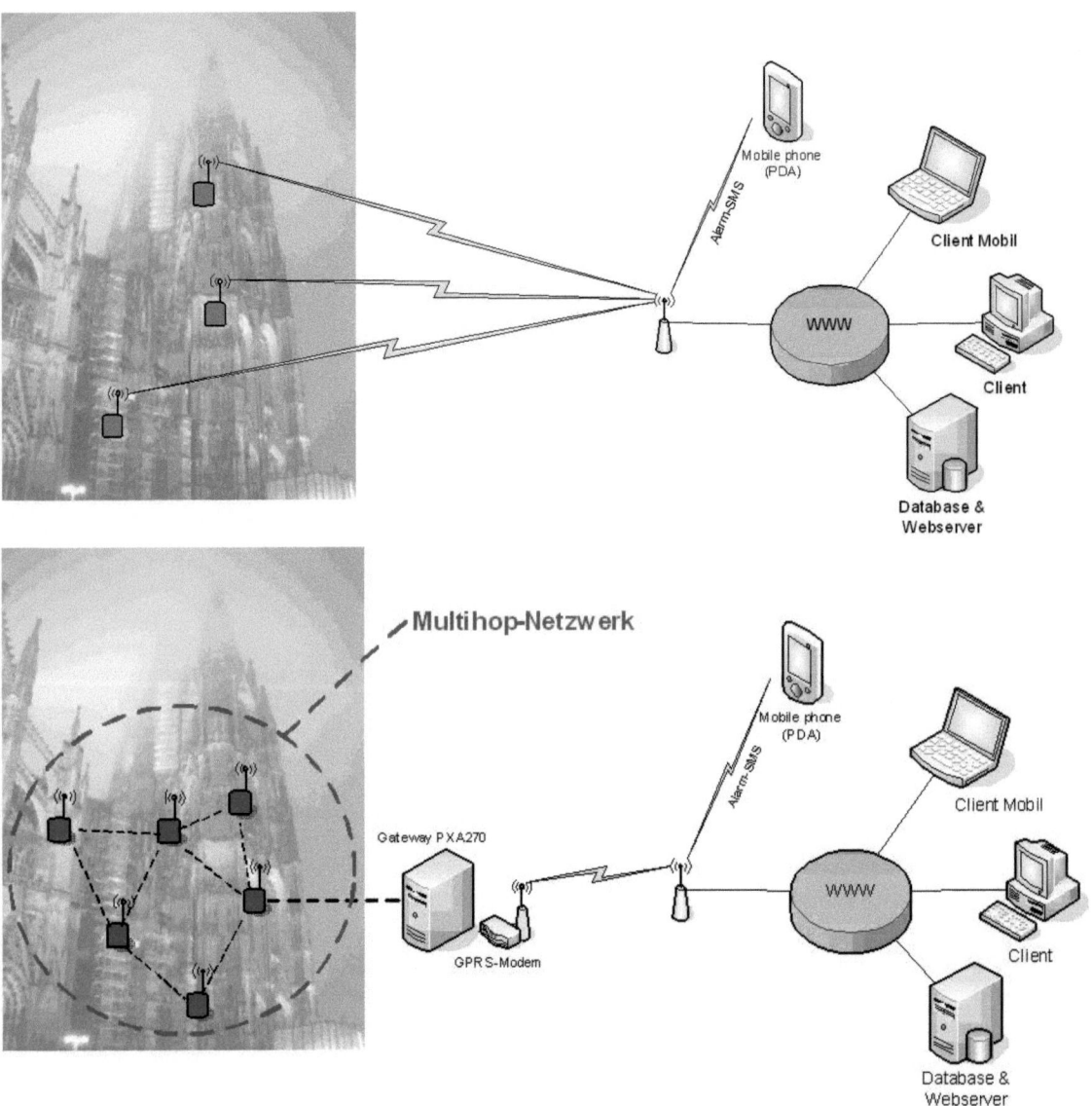

Abb. 2: *Datenzentrisches Sensorsystem (oben) und drahtloses Multihop-Sensornetz als verteiltes System (unten)*

hop-Netzes bestehen in der Installation einer Vielzahl von Sensoren genau an den Orten, wo sie benötigt werden, und der Möglichkeit, redundante Informationen zu erhalten. Ein derartiges Vielstellenmesssystem ermöglicht die Durchführung differenzierter Untersuchungen, wobei zudem Fehler, die bei einer nur lokal an wenigen Messstellen erfolgenden Datenerfassung und -interpretation entstehen können, vermieden werden. Auch bei diesem Sensorsystem findet eine Datenreduktion und Datenanalyse bereits weitgehend auf einem Sensorknoten statt, wobei auch Informationen von einzelnen Gruppen von Sensoren (Sensorclustern), ausgewertet werden können.

Die Datenvorverarbeitung in einem Sensorknoten selbst bietet eine Reihe von Vorteilen. Die wichtigsten Vorteile sind dabei die Datenreduktion und, was hinsichtlich der Lebensdauer eines drahtlosen Sensorknotens wesentlich ist, die Reduktion des Stromverbrauchs. Durch eine intelligente Datenreduktion ist es zudem möglich, dem Nutzer nur die relevan-

ten Informationen zur Verfügung zu stellen, die er tatsächlich benötigt. Es ist offensichtlich, dass eine effiziente Datenreduktion eine differenzierte Datenanalyse bedingt. Beispiele für solche Analysemethoden sind die Berechnung gleitender Mittelwerte, Rainflow-Analysen o. ä.. Auf Grundlage derartig extrahierter Werte oder Wertegruppen können dann mittels geeigneter Schädigungsmodelle mögliche Auswirkungen auf die betrachteten Strukturen bzw. Materialien abgeleitet werden. Aufgrund der vielfältigen äußeren Einwirkungen ergibt sich im Hinblick auf die Beurteilung des Material- und Strukturverhaltens allerdings eine teilweise sehr hohe Komplexität. Die Forschungsaktivitäten in den nachfolgend aufgeführten Arbeitspaketen 2 und 3 sollen diesen Aspekten Rechnung tragen.

Arbeitspaket 1 beinhaltet in erster Linie die Entwicklung und Bereitstellung von einfach handhabbaren und robusten Technologien, in die dann geeignete Analyseverfahren implementiert werden können.

3.2 Arbeitspaket 2:
Modellierung und Analyseverfahren

Eine kontinuierliche Überwachung von Bauwerken ist nur von Nutzen, wenn sich daraus neue oder auch genauere Erkenntnisse bezüglich möglicher Schädigungen und Schädigungsursachen ableiten lassen. Dies bedingt, dass geeignete Analyseverfahren und Modelle vorhanden sind, welche Einwirkungen und Auswirkungen in einen Zusammenhang stellen. Insbesondere verspricht die Kopplung verschiedener Einwirkungen, dass tatsächlich schädigende Prozesse besser charakterisiert werden können. Ein prinzipiell einfacher Ansatz ist beispielsweise die Berücksichtigung von Temperaturen und Feuchte im Hinblick auf Bauteildehnungen und resultierende Bauteilspannungen oder gar Bauteilschädigungen. Obwohl grundsätzliche Zusammenhänge hier vielfach bekannt sind, fehlt es oft an in der Praxis anwendbaren Modellen bzw. dynamischen Modellen, die kontinuierlich erfasste Messwerte aus der Dauerüberwachung berücksichtigen. Schwerpunkte der Arbeiten innerhalb des beantragten Projekts bilden die Modellierung von Temperatur- und Feuchtetransporten in Natursteinen in Verbindung mit Salzen, der Verteilung von Luftschadstoffen sowie von mikroklimatischen Einflüssen. Auf Basis der messbaren Einwirkungen werden auch

bereits bekannte Schädigungsmodelle modifiziert und hinsichtlich des Einsatzes bei der kontinuierlichen Überwachung und der notwendigen Datenreduktion optimiert. Zudem sollen die gewonnenen Erkenntnisse in ein wissensbasiertes Expertensystem einfließen, welches im Projekt konzeptioniert wird.

3.3 Arbeitspaket 3:
Vergleichende Labor- und Feldversuche

Labor- und Felduntersuchungen sind unabdingbar, will man die drahtlosen Sensorsysteme auf Praxistauglichkeit hin testen und die Messergebnisse validieren. Weiterhin bilden experimentelle Untersuchungen unter definierten Rahmenbedingungen die Grundlage, auf denen Simulationen beruhen und aus denen geeignete Modelle abgeleitet und verifiziert werden können. Während experimentelle Laboruntersuchungen vorwiegend lokal bei den universitären Projektpartnern in Italien und Deutschland durchgeführt werden sollen, können Feldversuche an mehreren Bauwerken bzw. Bauwerkskomplexen in Deutschland, Österreich, Italien sowie Jordanien und Palästina stattfinden.

4. Test- und Demonstrationsobjekte

Innerhalb des Projekts SMooHS ist eine enge Verknüpfung zwischen Forschung und Anwendung geplant. Daher werden die meisten Arbeiten vorwiegend objektbezogen durchgeführt. Insgesamt stehen den Projektpartnern sechs Fallstudien zur Verfügung, wobei drei davon einen Schwerpunkt bilden. Diese sollen in Deutschland die Museumsinsel in Berlin und das Heilig-Kreuz-Münster in Schwäbisch-Gmünd (vgl. Abbildungen 3) sowie in Italien der Palazzo Malvezzi in Bologna sein. Der Museumskomplex der Museumsinsel in Berlin wie auch das Heilig-Kreuz-Münster in Schwäbisch-Gmünd dienen vornehmlich der Untersuchung außen- bzw. raumklimatischer Aspekte und deren Einfluss auf die beweglichen und auch fest installierten historischen Objekte sowie der Bauwerksstruktur. Der Fokus liegt hier auf Staub-, Feuchtigkeits- und Gasbelastungen beispielsweise aufgrund steigender Besucherzahlen, auf Strahlungsbeanspruchungen (z. B. UV-Licht) bzw. auf Betrachtungen des Feuchtigkeits- und Salztransports innerhalb von Bauteilen. Das Heilig-Kreuz-Münster in Schwäbisch-Gmünd bietet den Vorteil, dass dort in der Vergangenheit bereits eine Vielzahl von Forschungsaktivitäten durchgeführt wurde, die eine gute Basis für weitere Messungen und eine vergleichende Interpretation der Daten darstellen. Eine Besonderheit des Palazzo Malvezzi in Bologna ist der darin enthaltene aufwändig verzierte Ratssaal mit seiner ovalen Öffnung in Raummitte sowie der vorhan-

Abb. 3 a: Fallstudie 1 – Museumsinsel Berlin

Abb. 3 b: Fallstudie 2 – Portale des Heilig-Kreuz-Münsters in Schwäbisch-Gmünd

denen Holz- bzw. Mischbauweise. Risse im Bodenbereich und wechselnde Feuchtigkeitszustände stellen die Dauerhaftigkeit dieser Konstruktion in Frage, weswegen es sich für die Dauerüberwachung innerhalb des Projekts SMooHS besonders eignet.

Ergänzend zu den Schwerpunktstudien sind drei Fallstudien, das Schloss Schönbrunn sowie Teile der antiken Stadt Gerasa im Norden Jordaniens (vgl. Abbildung 1b) und die Altstadt von Hebron vorgesehen, wobei hier nur ein Teil der am Projekt beteiligten Partner Forschungsaktivitäten durchführen. Insgesamt ergibt sich damit ein breites Feld an Forschung und Anwendungen, was interessante neue Erkenntnisse liefern dürfte.

5. Zusammenfassung

Dieser Beitrag skizziert eine Projektidee, die einerseits die Kompetenzen der Materialprüfungsanstalt MPA Universität Stuttgart auf den Gebieten Denkmalpflege und Messtechnik bündelt sowie andererseits im europäischen Rahmen einen wesentlichen Beitrag zur kostengünstigen Überwachung von Kulturgütern im Rahmen des Denkmalschutzes beitragen soll. Sofern das Projekt abschließend bewilligt wird, wird über weitere Details des Antrags von den beteiligten Wissenschaftlern berichtet werden.

Constantin **Baki**
Hüttenmeister, Bauhütte der Ev. Frauenkirche
Untere Beutau 9/1, 73728 Esslingen
Tel.: (0711) 9319371

Dr. Thomas **Bidner**
Technisches Büro Bidner
Angererweg 13, 6075 Tulfes, Österreich
Tel.: +43 (5223) 42365

Dipl.-Ing. Anja **Diekamp**
Institut für Mineralogie und Petrographie,
Universität Innsbruck
Innrain 52, 6020 Innsbruck, Österreich
Tel.: +43 (512) 507 5501
Email: anja.diekamp@uibk.ac.at

Dipl.-Ing. Daniel **Dörr**
Architekt
Staatliches Bauamt Regensburg
Bajuwarenstr. 2d, 93053 Regensburg
Tel.: (0941) 69856 - 270
Email: daniel.doerr@stbar.bayern.de

Frank **Eger**
Diplom-Restaurator für Steinobjekte
Dorfbachstraße 10, 72336 Balingen
Tel.: (7433) 277822
Fax: (7433) 277823
Mobil: (0172) 7405616
Email: frankeger@gmx.de

Dr.-Ing. Ralph **Egermann**
Bauingenieur
BfB · Büro für Baukonstruktionen GmbH
Rastatter Str. 25, 76199 Karlsruhe
Tel.: (0721) 96401-36
Email: ralph.egermann@bfb-ka.de

Dr. Christoph **Franzen**
Institut für Diagnostik und Konservierung an
Denkmalen in Sachsen und Sachsen-Anhalt e. V.
Schloßplatz 1, 01067 Dresden
Email: franzen@idk-info.de

Dr.-Ing. Jürgen **Frick**
MPA Universität Stuttgart
Pfaffenwaldring 4, 70569 Stuttgart
Tel: (0711) 685-63381
Email: juergen.frick@mpa.uni-stuttgart.de

Prof. Dr. rer. nat. Hanaa Y. **Ghorab**
Faculty of Science, Helwan University
General Manager, G&W Science and
Engineering Co.
32 Mohamed Fahmy El Mohder St., Nasr City,
Cairo, Egypt
Tel.-Fax.: +20 2 22639783
Email: gw-group@gw-egy.com,
hanaa_ghorab@yahoo.com

PD. Dr.-Ing. Christian U. **Große**
MPA Universität Stuttgart
Pfaffenwaldring 4, 70569 Stuttgart
Tel: (0711) 685-66786
Email: christian.grosse@mpa.uni-stuttgart.de

Dipl.-Ing. (FH) Peter **Horcher**
Staatliches Bauamt Regensburg
Bajuwarenstr. 2d, 93053 Regensburg
Tel.: (0941) 69856 - 283
Email: peter.horcher@stbar.bayern.de

Dipl.-Ing. Ellen **Kindl**
Architektin, Architekturbüro Dag Metzger
Bahnhofstr. 27/1, 73728 Esslingen
Tel.: (0711) 355722

Dr.-Ing. Markus **Krüger**
MPA Universität Stuttgart
Pfaffenwaldring 4, 70569 Stuttgart
Tel: (0711) 685-66789
Email: markus.krueger@mpa.uni-stuttgart.de

Dipl.-Ing. (FH) Thomas **Löther**
Institut für Diagnostik und Konservierung an
Denkmalen in Sachsen und Sachsen-Anhalt e. V.
Schloßplatz 1, 01067 Dresden
Email: loether@idk-info.de

Dipl.-Ing. Wolfgang **Mayer**
Cairo – Zamalek, 3 Achmed Heshmat
Tel.: + 20 227343037
Email: mayer@soficom.com.eg

Dr. Jeannine **Meinhardt-Degen**
Institut für Diagnostik und Konservierung an
Denkmalen in Sachsen und Sachsen-Anhalt e. V.
Domplatz 3, 06108 Halle
Email: meinhardt-degen@idk-info.de

Dipl.-Ing. Dag **Metzger**
Freier Architekt BDA
Bahnhofstr. 27/1, 73728 Esslingen
Email: metzgerES@aol.com

Prof. Dr. Peter W. **Mirwald**
Institut für Mineralogie und Petrographie,
Universität Innsbruck
Innrain 52, 6020 Innsbruck, Österreich
Telefon +43 (512) 507 5501

Johanna **Quatmann** M.A.
Kunsthistorikerin – Restauratorin
Vogesenstr. 31, 79115 Freiburg
Email: johanna-quatmann@gmx.de

Dipl.-Ing. Ingy **Waked**
Executive Manager, G&W Science and
Engineering Co.
32 Mohamed Fahmy El Mohder St., Nasr City,
Cairo, Egypt
Tel.-Fax.: +20 2 22639783
Email: gw-group@gw-egy.com,
ingywaked@yahoo.com

Dipl.-Ing. Stefan **Weise**
Institut für Diagnostik und Konservierung an
Denkmalen in Sachsen und Sachsen-Anhalt e. V.
Schloßplatz 1, 01067 Dresden
Email: weise@idk-info.de

Dipl.-Ing. (FH) Erhard **Winklmann**
Architekt
Staatliches Bauamt Regensburg
Bajuwarenstr. 2d, 93053 Regensburg
Tel.: (0941) 69856 - 137
Email: erhard.winklmann@stbar.bayern.de

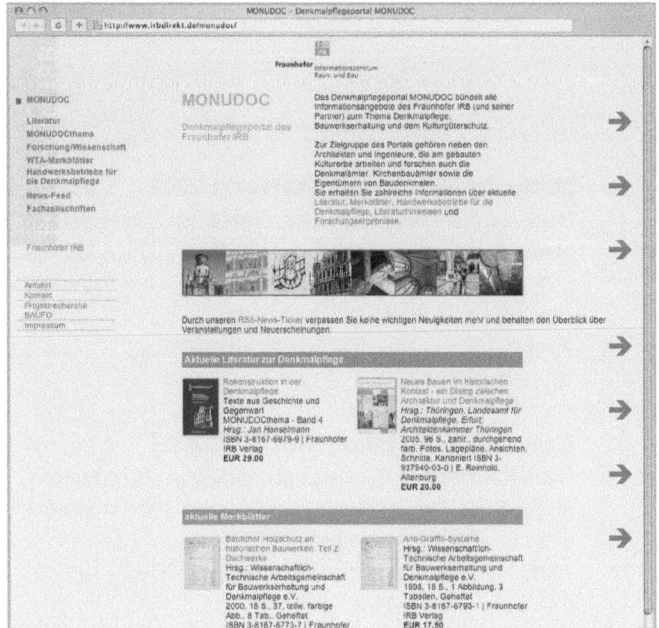

Fachliteratur – Natursteinsanierung

Bauphysik und Denkmalpflege

Helmut Künzel
2007, 136 Seiten, 114 Abbildungen und Grafiken, Gebunden
ISBN 978-3-8167-7144-9
Alles über Feuchtigkeit und angrenzende bauphysikalische Probleme in der Denkmalpflege und Altbausanierung in Theorie und Praxis, von feuchten Mauern und ihren Ursachen über die Problematik der Salze, die bauphysikalischen Eigenschaften und Probleme von Fachwerkkonstruktionen, historische Putztechniken und moderne Putzsysteme bis zur Temperierung und Beheizung von Kirchen und anderen historischen Bauten.

Risse in Beton und Mauerwerk
Ursachen, Sanierung, Rechtsfragen

Heinz Meichsner, Katrin Rohr-Suchalla
2008, ca. 300 Seiten, zahlr., meist farb. Abbildungen, Tabellen, Gebunden
ISBN 978-3-8167-7405-1
Das Buch stellt die gesamte Rissproblematik im Massivbau dar. Es erläutert die baustofftechnischen, statischen und konstruktiven Grundlagen, beschreibt die Ursachen der Rissentstehung und die unterschiedlichen Schadensbilder. Dazu werden die Möglichkeiten der Rissanalyse, der Rissvermeidung und Risssanierung beschrieben und die relevanten rechtlichen Fragestellungen wie Haftungs- und Gewährleistungsfragen behandelt.

Leitfaden Steinkonservierung
Planung von Untersuchungen und Maßnahmen
zur Erhaltung von Denkmälern aus Naturstein

Rolf Snethlage
3., überarbeitete Auflage 2008, ca. 290 Seiten, zahlr., teilw. farb. Abbildungen, Tabellen, Kartoniert
ISBN 978-3-8167-7554-6
Der Leitfaden erklärt in verständlicher Form alles Wissenswerte über die Grundlagen der Konservierung und über die Notwendigkeit von Untersuchungen und Kontrollmessungen. Er schlägt damit eine Brücke von den wissenschaftlichen Erkenntnissen zur Praxis. Eine detaillierte Inhaltsübersicht erlaubt es auch dem Nichtfachmann, den für »sein Denkmal« erforderlichen Untersuchungsumfang zu bestimmen und unterstützt ihn dabei, sein Projekt erfolgreich zu steuern.

Handbuch der Bauwerkstrocknung
Ursachen, Diagnose und Sanierung
von Wasserschäden in Gebäuden

Jürgen Knaut, Alexander Berg
2., überarbeitete Auflage 2007, 250 Seiten, 182, meist farbige Abbildungen, 3 Tabellen, Kartoniert
ISBN 978-3-8167-7293-4
Alles zur Problematik der Wasserschäden und ihrer Beseitigung. Das Buch beschreibt die häufigsten Schadensursachen und ihre Auswirkungen und stellt die verschiedenen Verfahren und Techniken zur Leckageortung und Schadensdiagnose vor. Den Schwerpunkt bildet eine ausführliche Beschreibung der heute gängigen Trocknungstechniken – auch unter dem Gesichtspunkt der Wirtschaftlichkeit.

Zur Vervollständigung Ihrer Bibliothek – die Tagungsbände der Jahre 2004 – 2007

Natursteinsanierung Stuttgart 2004
Neue Natursteinrestaurierungsergebnisse und messtechnische Erfassungen. Tagung am 19. März 2004 in Stuttgart
Hrsg.: Gabriele Grassegger-Schön, Gabriele Patitz
2004, 128 Seiten, zahlr. Abbildungen, Tabellen, Kartoniert
ISBN 978-3-935643-12-2 | Siegl

Natursteinsanierung Stuttgart 2005
Neue Natursteinrestaurierungsergebnisse und messtechnische Erfassungen. Tagung am 18. März 2005 in Stuttgart
Hrsg.: Gabriele Grassegger, Gabriele Patitz | Regierungspräsidium Stuttgart, Landesamt für Denkmalpflege
2005, 142 Seiten, zahlreiche Abbildungen, Kartoniert
ISBN 978-3-8167-6718-3

Natursteinsanierung Stuttgart 2006
Neue Natursteinrestaurierungsergebnisse und messtechnische Erfassungen. Tagung am 17. März 2006 in Stuttgart
Hrsg.: Gabriele Grassegger, Gabriele Patitz | Regierungspräsidium Stuttgart, Landesamt für Denkmalpflege
2006, 112 Seiten, zahlreiche Abbildungen, Kartoniert
ISBN 978-3-8167-7016-9

Natursteinsanierung Stuttgart 2007
Neue Natursteinrestaurierungsergebnisse und messtechnische Erfassungen. Tagung am 16. März 2007 in Stuttgart
Hrsg.: Gabriele Grassegger, Gabriele Patitz
2007, 143 Seiten, zahlreiche Abbildungen und Tabellen, Kartoniert
ISBN 978-3-8167-7311-5

Fraunhofer IRB Verlag
Der Fachverlag zum Planen und Bauen

Postfach 80 04 69 · 70504 Stuttgart · Tel. 0711 / 970-2500 · Fax 0711 / 970-2508 · irb@irb.fraunhofer.de · www.baufachinformation.de